ENSAYO · BIOGRAFÍA

Gijs Van Hensbergen, de origen holandés y afincado en Dorset, Gran Bretaña, es profesor de arquitectura. Ha publicado *Art Deco* (1986) y *A Taste of Castille* (1992), un libro de viajes por la Península. Su relación con España, que ha visitado a menudo y donde ha pasado largas temporadas, es antigua, y está también en el origen de su interés por la vida y la obra de Antoni Gaudí.

GIJS VAN HENSBERGEN

ANTONI GAUDÍ

Traducción de
Patricia Antón

⊞ DeBOLS!LLO

Título original: *Gaudí*
Diseño de la portada: Departamento de diseño de Random House Mondadori
Ilustración de la portada: Museu Comarcal Salvador Vilaseca, Reus

Primera edición en este formato: noviembre, 2003

Publicado originalmente en inglés por Harper Collins Publishers Ltd.

© 2001, Gijs van Hensbergen
© de la traducción: Patricia Antón
© 2001, Random House Mondadori, S. A.
   Travessera de Gràcia, 47-49. 08021 Barcelona

Printed in Spain – Impreso en España

ISBN: 84-9793-010-X
Depósito legal: B. 45.575 - 2003

Fotocomposición: Lozano Faisano, S. L.

Impreso en Novoprint, S. A.
Energia, 53. Sant Andreu de la Barca (Barcelona)

P 83010X

A mis hijos Enrique, Rosa y Ester

ÍNDICE

El hombre razonable se adapta al mundo;
el hombre poco razonable insiste en tratar
de adaptar el mundo a sí. Todo progreso
depende por tanto del hombre poco razonable.

GEORGE BERNARD SHAW,
Hombre y Superhombre

PREFACIO

Pocos artistas han dado forma a nuestras percepciones de una ciudad de manera tan completa como Gaudí. Y pocos arquitectos han resultado tan emblemáticos de su cultura. Gaudí, Barcelona y Cataluña estuvieron, y aún lo están, eternamente interrelacionados.

La reputación de Gaudí se ha difundido lentamente hasta convertirle, sin discusión, en el arquitecto más famoso del mundo. El legado arquitectónico de Gaudí es célebre en Japón y Corea, Alemania y Latinoamérica. Un admirador japonés describe su asombro ante el hecho de que su obra todavía esté integrada en la estructura de la ciudad, cuando en Japón se exhibiría en museos. Quizá el atractivo real de Gaudí resida en su pura accesibilidad. Algunas de sus obras muestran una chabacanería a lo Disney, pero las mejores son tan sensuales como profundamente simples. Es un arte para todo el mundo; es generoso y humanitario. Su arquitectura humanística está, una vez más, en boga.

Gaudí es una figura muy contemporánea; holística, espiritual y asombrosamente original. Era un ecologista: reciclaba azulejos, vajillas y juguetes rotos, viejas agujas de fábricas textiles, aros metálicos de fardos de tejidos de algodón, muelles de somieres y paredes chamuscadas de hornos industriales para crear sus edificios.

Cual Leonardo del siglo xx, Gaudí es la apoteosis del artista como inventor. Fantásticamente fértil, su imaginación causó verdaderos estragos en los anticuados cánones de diseño. Tenía el don de una asombrosa capacidad para imaginar un edificio y transformarlo luego en realidad. Al hacerlo, creó una tipología por entero novedosa.

A algunos les resulta difícil comprender la obra de Gaudí y evitan reconocer la generosidad de su estilo. Para ellos, sus torres exhiben los signos de la desintegración inminente, pero Gaudí siempre será atractivo para una variedad de públicos. Su afán por el detalle resulta muy japonés, y su profunda religiosidad es intensamente católica; y sin embargo, el esplendor y la blancura de sus áticos es calvinista en su pureza.

Y Gaudí todavía construye desde la tumba. Dios fue su principal mecenas y, según Gaudí, en realidad no tenía prisa. Había esperado cientos de años a que se terminaran Chartres y Sevilla. Según tales estándares, ciento cincuenta años más para la Sagrada Familia no supondría mucho tiempo.

Todo eso está a punto de cambiar. Las predicciones señalan que la Sagrada Familia quedará terminada alrededor de 2030, eso siempre que el flujo regular de donaciones no se interrumpa.

Mientras que la arquitectura de Gaudí es un libro abierto, su personalidad, como solitario «sacerdote de la belleza» de Barcelona, siempre ha resultado mucho menos accesible. Continúa siendo un enigma, es el último gran artista moderno que ha logrado escapar de la mirada del biógrafo.

Muchos estudios previos sobre Gaudí o bien han evitado situarle en el contexto cultural, prefiriendo la figura solitaria que recorre con paso furtivo el escenario catalán, o bien se han concentrado en sus elaboradas formas arquitectónicas. Pero han pasado por alto muchos sucesos clave en la vida del artista que han resultado piedras de toque y mecha para el arquitecto y su círculo de trabajo inmediato. Por ejemplo, la pérdida que España sufrió de su imperio en 1898 y la Semana Trágica de 1909, durante la cual se quemaron conventos e iglesias, tuvieron intensos efectos en Gaudí, sus amigos y clientes, e hicieron que sus pautas de trabajo cambiaran por completo.

La situación política en Cataluña era compleja y potencialmente explosiva. Su precaria alianza con España (Castilla) entrañaba una tensión enorme. Por ese motivo, siempre que me ha sido posible he permitido a los escritores españoles y catalanes expresarse en sus propias palabras.

Antes de la guerra civil, algunos intelectuales y políticos españoles reconocieron el peligro, pero no contaban con el poder de frenar el ímpetu de la crisis que se avecinaba, lo que resultó por demás trágico. Pocas generaciones han sido jamás tan salvajemente autoanalíticas como la de Gaudí. Pocas han tenido que pasar por un descubrimiento de sí mismas tan doloroso. Si fue duro entonces, muchas de sus críticas todavía hieren en lo más vivo. Tales tensiones políticas y sociales entre reforma y reacción proporcionan el trasfondo y las estructuras ocultas de la obra de Gaudí.

Una biografía que se enfrente a un mito semejante estará erizada de complicaciones. Pero existen problemas más allá de la metodología. Todos los archivos personales y de trabajo de Gaudí quedaron destruidos en los inicios de la guerra civil española. El 21 de julio de 1936 la cripta de la Sagrada Familia fue profanada y durante los dos días siguientes los dibujos, documentos y maquetas de Gaudí se quemaron o destruyeron. El mismo mes, el párroco de la Sagrada Familia Gil Parés, amigo de Gaudí, fue asesinado en un barrio cercano. Y aun así sabemos qué estaba haciendo Gaudí prácticamente en cada minuto de los últimos quince años de su vida. Gaudí era una criatura de hábitos. Uno podría ponerse el reloj en hora basándose en su rutina: la misa, las oraciones matutinas, el ángelus y su paseo diario para confesarse. Sabemos cuándo compraba el diario vespertino y en qué quiosco. Pero los entresijos de su alma se han perdido para siempre, en el silencio del confesionario.

Tras años de ejercer presión, la Associació pro beatificació d'Antoni Gaudí, que lucha por acelerar la beatificación mediante la venta de folletos y estampillas, se acerca por fin a su objetivo. En el verano de 1998 el arzobispo de Barcelona, Ricard Maria Carles, inició el proceso al declarar a Gaudí santo patrono de su profesión, declaración que el Vaticano aún tiene que ratificar. Era un artista-arquitecto que produjo (según el arzobispo) un cuerpo místico de obras a las que sólo iguala *Cántico Espiritual*, la obra sobresaliente de san Juan de la Cruz. Como escribió Ruskin de Fra Angelico, era mucho más que un artista; era, de hecho, «un santo inspirado».

AGRADECIMIENTOS

Todo libro escrito sobre Gaudí tiene que empezar con una dedicatoria a los estudiosos anteriores de su figura. El primero y más importante de quienes merecen tal reconocimiento es Juan Bassegoda i Nonell, que desde la Cátedra Gaudí ha inspirado y prestado su ayuda a los estudiosos durante generaciones. Sin su franqueza, su amabilidad, su buen humor y el profundo conocimiento que ha vertido en las páginas de su obra maestra *El gran Gaudí*, el estudio de tan destacable arquitecto se hallaría aún en algún punto de la prehistoria.

Mis investigaciones en Cataluña, sin embargo, también me condujeron a otras bibliotecas e instituciones cuyo carácter único contribuyó con frecuencia a acercarme más a la vida de Gaudí y al mundo modernista. A la Biblioteca de Catalunya, que tiene su sede en el antiguo hospital de la Santa Cruz en que murió Gaudí, debo agradecerle su eficaz respuesta a todas y cada una de mis peticiones. Mi agradecimiento igualmente al archivo de Maragall, la biblioteca de arte de la Fundación Tàpies, la biblioteca del Col·legi d'Arquitectes de Catalunya y la sugerente biblioteca del Centre dels Excursionistes en la calle Paraíso. En Barcelona, muchos me abrieron sus puertas: la Diputació de Barcelona, la Fundació Caixa de Catalunya en La Pedrera, Lourdes Figueras i Borrull en Canet de Mar, el escultor Subirachs en la Sagrada Familia, los propietarios de la casa Lleó Morera, las monjas teresianas, Maria Serrat en la Casa Batlló, el Palacio Moja, los propietarios de Bellesguard, el personal del Palacio Güell, el Asador de Aranda «Frare Blanca», el Hotel España, el restaurante de la Casa Calvet, el personal del Museu Nacional d'Art Contemporani, el departamento cultural de la Generalitat, David Miró en la Conserjería de Turismo Catalán en Londres, María Luisa Albacar en Turisme de Barcelona, Blanca Cros en Turisme de Catalunya, el fallecido Javier Amat de Martí y María Ángeles Tomás y Anna Llanes i Tuset en el Museu Cau Ferrat. Numerosas residencias privadas de Barcelona permitieron la entrada a un extraño curioso para ofrecerle una visión privilegiada de la vida de finales del siglo XIX.

En el pueblo de Riudoms y en la cercana Reus me trataron con amabilidad, y en ocasiones con curiosidad ante el hecho de que un extranjero mostrara interés en el más famoso de sus hijos. El Centro de Lectura en Reus me abrió archivos y documentos relevantes y el museo se mostró igualmente generoso. En Casa Navas, la planta de aceite de oliva Gasull, la clínica psiquiátrica de Pere Mata, el santuario de Montserrat, la cooperativa de aceite de oliva en Espluga de Francolí y en el Monasterio de Poblet, se me concedió la entrada a lugares que rara vez pisa nadie. Sebastià, el propietario del Mas de la Calderera, me mostró el jardín y la casa, al igual que el párroco de Riudoms, quien me hizo de guía en la visita de su iglesia.

Muchas personas me abrieron asimismo sus corazones. En mi infancia, la familia Bargallo de Montroig, más que ningún otro, inspiró mi amor por Cataluña y me proporcionó mi pasaporte a España. En Vic, nunca olvidaré la amabilidad y la hospitalidad de Toni Pujol. En Barcelona, les doy las gracias por todo a Nicholas Law y Mercedes Darbra, como también se las doy a Montse Albàs, Aurea Márquez, Jaume Grau, Carles Caparrós, Ferran Juste, Sergi Hernández, Roger Dedeu y Jordi Daroca.

El presente libro se ha beneficiado también de la investigación en otras ciudades españolas. En Madrid, Peter Wessel y Marga Lucas siempre me proporcionaron un hogar lejos de casa, como también lo fue la casa de Bob y Clare en Comillas. Alex y Romana Canneti acudieron también en mi rescate. Agradezco la colaboración de la biblioteca del Museo Nacional Centro de Arte Reina Sofía.

En Segovia, el arquitecto Juan José Condé y Lara Carrasco-Muñoz siempre me han brindado su hospitalidad y su amistad. También les doy las gracias, con afecto especial y en reconocimiento de una larguísima deuda, a Teresa Sanz, Ángel Yagüe, Joy y Carlos Angulo, Carmen Lois, Julio Michel, Pilar Soria, Vicki Armentia, Luis Marfagón,

Nieves Morán, Cruz Ciria, Fernando Esteban, Matilde Losano, Diego y Juan Peñalosa, Ana López, Regina, Asun, Gloria, Gema Sanz, Loli, y a la familia de Peter Poguntke, quienes han continuado alimentando mi amor por la península Ibérica.

También he aprendido un montón de cosas de compartir la vida, la calidez, las fiestas y la amistad con los vecinos y amigos especiales de Arevalillo de Cega.

En Londres, agradezco la labor del personal de la Biblioteca Británica, el consejo de la Biblioteca de Londres por facilitar mi investigación, el Instituto de Investigación Histórica y el Instituto Cervantes, así como la Biblioteca de la Universidad de Exeter. En el Instituto de las Artes de Bournemouth conté con la ayuda particular de Paul Briglin en la biblioteca, Jim Hunter, Richard Wright, Keith Bartlett y Emma Hunt. Muchísimas gracias a Tom Titherington y Rebecca Howson por proporcionarme siempre un refugio en Londres. Y a Martin Randall y Fiona Urquhart, compañeros de armas. Más cerca de casa, muchísimas gracias a mi familia por extensión: Sonia Martínez, Sandra Bovier, Vanessa Gil Fernández, Loles Cabel, Marta Torrijo Sanjuán, Laura Balbontin Galiana y Mireia Ferrer. Con respecto a cuestiones y liturgia españolas acudieron en mi rescate José Leal Fernández y el padre Patrick O'Leary. Gracias también a los hispanistas Michael Jacobs y Joan Bolton, así como a Daphne Mundy. En Condor Ferries fueron lo bastante amables como para asistirme en diversos viajes.

En mi agencia literaria Curtis Brown quisiera darle las gracias a Euan Thomeycroft por su ayuda y apoyo continuos. Y a Jane Bradish-Ellames, por supuesto, que con su energía, su entusiasmo extraordinario y su confianza me ha respaldado mucho más de lo que cree.

En Harper Collins quisiera darles las gracias de forma especial a Caroline Hotblack por descubrir fotografías por poco claras que fuesen, a la diseñadora Vera Bryce y al personal editorial de Mike Fishwick, Arabella Pike y Georgina Laycock, quienes con su valiosa atención y sensatos consejos transformaron un manuscrito en libro. Me siento en extremo agradecido.

En Plaza & Janés quisiera agradecer el apoyo siempre entusiasta de Deborah Blackman y el buen trabajo de todos cuantos han hecho posible esta edición.

Durante toda la redacción del manuscrito me han ayudado de manera constante dos mujeres especiales y amigas especiales. Mi esposa, Alexandra Coulter, ha mantenido la casa en funcionamiento y a los niños a raya mientras esperaba pacientemente a que apareciera este libro. En Barcelona, Debbie Chambers ha sido la más generosa de las anfitrionas, sin parpadear siquiera cuando mi familia entera aparecía ante su puerta.

INTRODUCCIÓN

Las más afortunadas creaciones del genio español surgen en un perseverante trabajo para vitalizar y perfeccionar modalidades propias de arraigo tradicional, pero maduradas en sazón retardada, frutos estimables por los raros, porque no dándose ya en otros países, traen elementos insubsistentes en todas partes y cuya eficiencia se echa, sin embargo, de menos.

MENÉNDEZ PIDAL,
Austeridad material y moral[1]

Venerado y vilipendiado a un tiempo, Antoni Gaudí se cierne imponente sobre el siglo XX como el inquietante gigante de Goya. Al igual que sucede con la mayoría de mitos, el Gaudí real yace oculto por capas (y décadas) de negligencia y crítica simplista.

Durante más de cuarenta años el régimen de Franco reprimió la identidad cultural catalana, ocultando el significado de la obra de Gaudí. Hubo quienes aun así le proclamaron el «Dante de la arquitectura», partidarios apasionados de la inacabada Sagrada Familia, un edificio único y destacado que había venido a representar la «teología del pueblo catalán». Pero más a menudo era desestimado como figura estilística prehistórica anclada en la Edad Media.

Sin embargo, la década de los sesenta fue testigo de un resurgir del interés. En los peldaños de la Sagrada Familia y en el serpenteante banco multicolor del Parque Güell, la rebelde contracultura catalana topó con hordas de jóvenes europeos partidarios del amor libre. En la década de los setenta los edificios de Gaudí proporcionaron el telón de fondo de películas como *El reportero*, de Antonioni, protagonizada por Jack Nicholson y Maria Schneider.

Todavía no estamos más cerca de comprender quién era Gaudí. No existen biografías en inglés, y tan sólo hagiografías en castellano y catalán; los mejores estudios aún se concentran prudentemente en las nociones arquitectónicas. Se discute sobre las complejidades de la curva hiperbólica, se muestra asombro ante su utilización de la curva catenaria y ante su empirismo. Pero, de Gaudí el hombre, todo lo que tenemos sigue girando alrededor de una docena de fotografías. Tenía fama de reservado.

En 1913 Gaudí le dijo a un reportero del periódico *La Razón* de Montevideo: «Los hombres se dividen en dos categorías: hombres verbosos y hombres de acción. Los primeros dicen; los segundos ejecutan. Yo soy del segundo grupo. Carezco de medios para expresarme. No podría informar sobre mis conceptos de arte. Me falta concretarlos. Nunca tuve tiempo de hacerme un examen. Las horas fuéronseme en laborar.»

Sus palabras resultan engañosas. Gaudí se deleitaba en utilizar formas originales y combinaciones de colores. Pero se suponía que sus edificios debían contener, además, significados claramente descifrables, de modo semejante a los frescos románicos o las catedrales góticas. La autobiografía de Gaudí quedó escrita en piedra; en azulejos rotos, caparazones de tortuga, metal retorcido, vidrieras de colores y oro bruñido; en cemento y argamasa. Para forjarnos una imagen del hombre tenemos que observar más de cerca los edificios que construyó, aquellos en que vivió, los objetos que veneró y las fuentes de su imaginación: lo que él mismo describió como «el Gran Libro de la Naturaleza».

La apreciación de Gaudí, en general, se ha basado en la ignorancia. El desdeñoso punto de vista inglés quedó sintetizado por el hecho de que sir Nikolaus Pevsner le dejara fuera de su *Pioneros del diseño moderno*.[2] Evelyn Waugh ni siquiera hizo acopio de la energía suficiente para salir del taxi a contemplar las obras de Gaudí. El escritor catalán Carles Soldevila produjo una fantástica obra satírica en esa vena. En su ensayo *El arte de mostrar Barcelona*, escrito justo después de la muerte de Gaudí, Soldevila explica sus tácticas para lidiar con los entusiastas de Gaudí: «No apruebo sus juicios, pero tampoco los contradigo abiertamente. Dejémosles despeñarse por sí mismos por las laderas del expresionismo arquitectónico.»[3]

George Orwell fue más incendiario aún. En *Homenaje a Cataluña*, escribió: «Fui a ver la catedral [sic], una catedral moderna y uno de los edificios más horrendos del mundo. Tiene cuatro agujas almenadas en la forma exacta de botellas de vino del Rin. Al contrario que la mayoría de iglesias en Barcelona no sufrió daños durante la revolución. Se libró a causa de su "valor artístico", dice la gente. Opino que los anarquistas hicieron gala de mal gusto al no volarla por los aires cuando tuvieron la oportunidad.»[4]

Gaudí saldría mejor parado a manos de los comentaristas alemanes y norteamericanos. Walter Gropius admiró su obra: «Algunos de los muros de la Sagrada Familia son una maravilla de perfección técnica.»[5] Louis Sullivan, profesor de Frank Lloyd Wright, fue incluso más entusiasta: «Es la mayor muestra de creación arquitectónica de los últimos veinticinco años. Es espíritu simbolizado en piedra.»[6]

Pero el artista/arquitecto Hermann Finsterlin sería quien haría gala de la reacción más extrema: «Para mí, la Sagrada Familia es uno de los edificios prodigiosos de este mundo. Como el Taj Mahal, la Sagrada Familia no era una casa de Dios, sino la casa de la Diosa, su Diosa, su amor celestial y por tanto desgraciado. Pues tales catedrales sólo puede construirlas un corazón presa de monstruoso desespero o uno llevado de un éxtasis dionisíaco, y sólo un superhombre es capaz de semejante desesperación creativa.»[7]

En vida, a Gaudí ya se le reconocía como un bicho raro. Su arquitectura pasaba de moda con rapidez y su difícil personalidad, empapada de religiosidad, era contraria al espíritu de la época. Meyer Schapiro desenmarañaría la paradoja: «Hegel dijo con mucha justicia que en una era de piedad uno no tiene que ser religioso con vistas a crear una obra de arte verdaderamente religiosa, mientras que hoy en día el más profundamente devoto de los artistas es incapaz de crearla.»[8]

Gaudí fue un símbolo de lo que Mario Praz describiera como «la España indómita». Apestaba a incienso y a pecado original.

De vuelta en Barcelona, en su territorio natal Gaudí tampoco estaba de moda. El joven Picasso prevendría a la gente en su contra y el crítico Eugeni d'Ors trataría de acabar con él. Para la dictadura de Primo de Rivera de 1923 el estilo de Gaudí había quedado desfasado. Un clasicismo mediterráneo más fresco que muchos consideraban representativo del verdadero espíritu catalán había reemplazado el talante «ardiente» de Gaudí.

Paradójicamente, lo que supuso la verdadera perdición de Gaudí fueron las alabanzas de que colmó su obra Salvador Dalí en el número de diciembre de 1933 de la revista de los surrealistas *Minotaure*. En *De la beauté terrifiante et comestible de l'architecture modern style*, Dalí deconstruyó, trinchó y fundió su *oeuvre*. En un solo artículo, se las apañó para etiquetar la arquitectura de Gaudí, para toda una generación, de arte «de tapas».

La reputación de Gaudí ha sufrido más aún a manos de otros detractores; el filósofo vasco Miguel de Unamuno describió su arquitectura como «arte borracho»; Oliver Sacks utilizó los edificios de Gaudí para diagnosticar el síndrome de Tourette; y Pevsner, en *The anti-Rationalists* (1973), midió a Gaudí por el mismo rasero que a fanáticos de la arquitectura como el cartero francés Ferdinand Cheval, quien de regreso a casa llenaría su saca para construir, a lo largo de treinta y tres años, su Palais Ideal incrustado de conchas. Esa marginación tiene que ver con la moda y el gusto. Lo que desagradaba más que nada a sus detractores era la díscola vulgaridad de sus edificios, lo que en 1904 T. G. Jackson tildó con desdén de su «esfuerzo consciente por la novedad y la excentricidad, que en arte son los más abyectos de los motivos». Se le veía como el ejemplo más destacado de un arquitecto «encaprichado con el encanto de lo pintoresco hasta el extremo de lo absurdo».[9]

Gaudí era «un monstruo, una de esas personalidades abrumadoras como Francesco Borromini», un neobarroco en pos de sueños desvanecientes.[10] Su fantástica arquitectura, argumentaban muchos, no era otra cosa que herejía arquitectónica, una senda falsa.

A lo largo del siglo XX Gaudí se ha visto aislado, pero también le ha sucedido a otros grandes genios españoles. Ortega y Gasset sugirió que tal era el destino del carácter español:

> Alguna vez ha surgido un hombre genial, cuya obra aislada y abrupta no ha conseguido elevar el nivel medio de la producción. Entre él, solitario individuo, y la masa llana no había intermediarios y, por lo mismo, no había comunicación. Y eso que aun estos raros genios españoles han sido siempre medio «pueblo», sin que su obra haya conseguido nunca libertarse por completo de una ganga plebeya o vulgar.[11]

A la mayoría de apologistas y críticos les ha convenido centrarse en ese Gaudí, el genio aislado: un incomprendido un poco loco y excéntrico, el último de los románticos.

La excesiva simplificación, sin embargo, ha conducido a una imagen desequilibrada. En el folclore catalán Gaudí se ha visto reducido a un estereotipo claramente reconocible: el ascético ermitaño de la arquitectura. Al parecer, la arquitectura fue su orden monástica. El mito más común presenta a un Gaudí trabajando sus últimos veinte años en la cueva del sótano de la Sagrada Familia, mientras que en realidad sólo durmió allí, y eso durante los últimos seis meses.

En el exterior de Cataluña el mito le ha hecho buen servicio a la memoria de Gaudí pero en su tierra natal su reputación es a la vez célebre y objeto de profanación. No existe término medio. Es un falso profeta, pero un grupo muy activo ejerce vigorosa presión sobre el Vaticano para su beatificación. Como san José, Gaudí se erige en símbolo del hombre trabajador, ruskiniano en su creencia en la creatividad manual.

El carácter de Gaudí, según sus más cercanos colaboradores y contemporáneos, comprendía un catálogo de antítesis: noble y mezquino; un dandi y un vagabundo; sabio y senil; ingenioso y aburrido. Tales observaciones las hicieron quienes le conocían o creían conocerle bien; y ninguna de ellas concuerda. Quizá todas estén en lo cierto, o ninguna, pero sus triunfos arquitectónicos y su religiosidad provocaron respuestas apasionadas.

Ortega y Gasset creyó comprender bien semejante fenómeno: «El orgullo es una fuerza antisocial […] la gente insigne no puede forjarse con él, y conduce inevitablemente a la degeneración del tipo humano, que es lo que le ha sucedido a la raza española.»[12]

Gaudí pertenecía a una generación de escritores, poetas, artistas y arquitectos de talento espectacular, cada uno de ellos excepción a la regla de Ortega. No era un solitario. Era, de hecho, parte de un grupo vital de arquitectos, clientes, políticos y altos cargos eclesiásticos, que se cifraban entre las mentes más innovadoras de la época.[13]

La creencia generalizada es que Gaudí erigió, para completarlos en unos casos y en otros no, tan sólo nueve edificios en la propia Barcelona y sus alrededores, y tres en otros lugares de España. Como tantos arquitectos de finales de siglo cuyo estilo había caído en desgracia, Gaudí fue víctima de las promotoras municipales. Durante su vida laboral Gaudí (junto con su estudio) fue responsable de setenta y cinco encargos. Algunos nunca llegaron más allá de la mesa de dibujo. Pero Gaudí fue mucho más prolífico de lo que se imagina. Su obra incluye planos para una misión franciscana en Tánger, un lujoso hotel en Manhattan, numerosos pabellones para exhibiciones y ferias comerciales, un pionero interior cinematográfico, capillas privadas, un quiosco de flores, el interior de un elegante café, una farmacia, interminables encargos religiosos y una lista de viviendas privadas que se desconocían previamente.[14]

Cualquier discusión sobre la contribución de Gaudí a la historia de la arquitectura es polémica de antemano. Su obra se ha dividido con precisión en tres períodos: eclecticismo temprano, madurez y decadencia. Algunos historiadores le consideran el inadaptado del movimiento *art nouveau* europeo; otros, el líder de los modernistas catalanes. Lo que no es corriente, y que al público no español le resulta imposible comprender, es lo profundamente politizada que ha llegado a estar la obra de Gaudí.

Lo que uno opine sobre la independencia catalana queda reflejado a grandes rasgos por lo que opine de Gaudí, lo que se extiende a la relación de éste con Castilla. La valoración de Gaudí en España se ha convertido en confuso pero eficaz barómetro sociopolítico.

El experto reconocido en la obra de Gaudí, el profesor Bassegoda, adopta una perspectiva más amplia, la de Gaudí como miembro integrante de la comunidad arquitectónica internacional con una intensa expresión regional. Pero advierte contra los coloristas debates sobre Gaudí como masón, como obsesivo diletante del ocultismo, como ultraderechista católico y fascista o como misántropo. Cuando entrevisté a Bassegoda, me dirigió una mirada maliciosa: «Estoy pensando en publicar un estudio biográfico de Gaudí: "Gaudí el torero." Para la cantidad de verdades que es posible encontrarse en muchas de las biografías baratas de Gaudí, bien podría hacerlo.»

No siempre he considerado su advertencia, porque incluso en la fotografía tomada sin que lo advirtiera a un Gaudí asistiendo a misa hay un destello irónico en su mirada.

La apariencia de Gaudí es fácil de describir, desde el dandismo de su juventud al desmelenado abandono de sus últimos años. Pero se hace más difícil reproducir su conversación. No escribía mucho, y cualquier correspondencia que conservara quedó destruida. Pese a su autoproclamada reticencia, muchos amigos y ayudantes le recuerdan como un gran conversador. Muchas de las citas más conocidas de Gaudí, sin embargo, no tienen el timbre auténtico de la conversación real sino que parecen haberse ido corrigiendo hasta convertirse en enigmáticos, mordaces aforismos.

Para encontrar al Antoni Gaudí real tenemos que permitir emerger de las sombras del mito los rasgos fundamentales de su carácter. Para los catalanes, resulta muy simple seguirle la pista a la fuente del genio de Gaudí: una inquebrantable fidelidad a sus orígenes. La capacidad de Gaudí de ceñirse a semejante principio rector le alentaría durante toda su vida.

Es cierto que en Cataluña imaginación y significado han surgido siempre a partir del «detalle elocuente». La naturaleza, y, lo que es aún más significativo, la naturaleza catalana, desvela sus misterios con lentitud. Con una intensidad casi proustiana, las conexiones surgen de nuestra concentración hipnótica en un objeto particular: una piedra erosionada por el viento hasta semejar un panal, o un viejo olivo.

La tierra natal de Gaudí, el *baix camp*, el campo que rodea Reus y Tarragona a una hora en coche al sur de Barcelona, es una llanura cultivada atrapada entre una cadena montañosa y el Mediterráneo. El paisaje se ve puntuado tan sólo por la ocasional masía, la evocadora granja catalana, que se alza a intervalos entre pueblo y pueblo, que a su vez no son más que grupitos de casas que se distinguen por sus orgullosos campanarios de color miel. Cada pocos kilómetros el paisaje se ve hendido, desde la montaña hasta el mar, por impetuosos riachuelos que se abren camino a través de maizales, olivares y arboledas de almendros.

A mis siete años solía jugar en el lecho seco de la riera de Maspujols. Durante el día mis hermanos y yo buscábamos lagartos y huíamos de los escorpiones. Y por las noches, bajo el puente ferroviario de la línea Barcelona-Valencia, cazábamos y cloroformizábamos murciélagos para uno de los mayores expertos del mundo en murciélagos. Poco sabía yo entonces que a tres kilómetros de allí, casi exactamente un siglo antes, un Gaudí de siete años había recorrido de arriba abajo el mismo lecho fluvial para describirlo más tarde, con todo cariño, como «el lugar más hermoso del mundo». Sin tener conciencia de ello, yo había captado la estética del *baix camp*.

I

«Gente de espacio y situación»

Como el agua, gota a gota, va desgastando la piedra, de igual modo el paisaje modela a sus hombres, costumbre a costumbre. Un pueblo es, en su último análisis, un repertorio de costumbres. El emerger momentáneo de un genio sirve tan sólo para marcar su perfil.[1]

JOSÉ ORTEGA Y GASSET

Antoni Gaudí i Cornet nació al igual que murió, por descuido, y objeto de polémica.

El 25 de junio de 1852, vino al mundo un varón hijo de Francisco Gaudí y su esposa Antonia Cornet, residentes en Reus. Su bautizo se realizó con inusual precipitación. A pesar de que era el quinto hijo, Antonia había perdido previamente a María, de cinco años, y Francisco, de dos, en el espacio de tres meses. El embarazo había sido difícil. El parto fue traumático y para salvar el alma de la criatura se le llevó a toda prisa, y con sólo unas horas de vida, a la iglesia de San Pedro Apóstol.

Los documentos bautismales de Antoni Gaudí no dejan lugar a dudas sobre dónde y cuándo nació. Sin embargo, más tarde Gaudí dejó maliciosamente abiertas esas puertas al dar a entender que, de hecho, podía haber nacido en el taller de su padre, apenas traspuesto el límite del término municipal de Riudoms.

Pero ni Riudoms ni Reus han hecho mucho por sus legados. Edificios sin señalizar permanecen abandonados y dibujos y documentos bajo llave tras imponentes puertas de museos. No se trata precisamente de un legado por el que luchar. Pero lo que está en juego siempre ha sido considerable: el orgullo local, la fama, la posesión en parte de un futuro santo católico.

El taller campestre de Francisco Gaudí, el Mas de la Calderera, se halla a dos horas andando al suroeste de Reus. Desde el límite de la ciudad la carretera a Riudoms lleva casi directamente hacia el oeste y las montañas de la sierra de Montsant. Atrapada entre las montañas y el mar, en la planísima llanura el clima siempre cambia de forma dramática. Hay días en que los estratocirros recorren el cielo azul profundo como ralas hebras de algodón. Pero el clima puede cambiar con rapidez; el azul se torna púrpura y el trueno desciende bramando de la encumbrada sierra trayendo consigo una lluvia torrencial.

Desde la carretera principal, la riera de Maspujols llega directamente al mar. A ambos lados se han allanado caminos agrícolas en la tierra roja y blanda. Las riberas del río están alfombradas de quebradizas cañas de bonetero y maderas arrastradas desde los pueblos de más arriba. Caminar por el lecho del río es como viajar a través del tiempo. Casi nada ha cambiado allí en los últimos cien años. A través de los campos es claramente visible la aguja de la iglesia de Riudoms. Pero no hay rastro alguno del taller de Francisco Gaudí. Grupos de pinos piñoneros rodean una ocasional granja. Altos muros de cactos bloquean la vista, y reina un silencio absoluto.

A casi un kilómetro de allí, protegido por un alto montículo, se halla el Mas de la Calderera. Una placa conmemorativa anuncia que es el lugar donde nació Gaudí.[2] Se trata de una simple construcción de ladrillo y yeso, de una habitación de fondo y unos cinco metros de ancho. Dos plátanos gigantescos sumen el patio frontal en una sombra casi permanente. Situada de espaldas a la montaña y con el gablete holandés, la casa tiene cierto aire de formalidad. Alrededor de puertas y ventanas se ha tallado en el yeso una simple cenefa griega, y sobre la puerta de entrada un pequeño balcón mira al mar. Las hojas de los plátanos rozan la barandilla. Bajo el gablete, como centro del diseño general, se halla grabada con orgullo en yeso una bandera catalana. Es una casa que trata de extenderse. En un costado, y de cara al río, tiene adosado un cobertizo que debió de actuar de taller del padre de Gaudí y de establo. La sensación de caos se ve acentuada por las casetas para perros, de chapucera construcción, bajo los árboles. No es un museo, y desde luego no es un santuario.

Sebastià, el actual propietario, lleva el establecimiento de pollos *al ast* de Riudoms. La granja se utiliza como almacén y fresquera para un pequeño pero próspero negocio agrícola. A sólo diez metros, y en túneles de polietileno, se cultivan pepinos, pimientos y berenjenas para el mercado de Reus.

A través de la puerta abierta de entrada un saloncito central se encuentra casi permanentemente a oscuras. Tiene puertas a ambos lados.

Detrás del desvencijado sofá, en la pared del fondo, una fotocopia de un retrato de Gaudí con las esquinas dobladas, sujeta con una chincheta, es el único vestigio de los anteriores propietarios del edificio.

Gaudí nació, según la mayor parte de versiones, en la calle San Juan, junto a la plaza Prim de Reus. Ahora se alza allí un anónimo bloque de oficinas. El más joven de tres hijos supervivientes, Gaudí se enorgullecía del modo en que su madre recordaba cómo, a pesar de su difícil nacimiento, había luchado por vivir. El tema de haber sido elegido para algún elevado designio está presente en toda su vida.

A Antoni le pusieron el nombre en honor de su madre, Antonia. Su hermano Francisco era trece meses mayor que él; según la costumbre catalana, el hermano mayor llevaba el nombre del padre, igual que el primer hijo, que había muerto unos años antes. Los dos hermanos, divididos por los nombres de sus progenitores, también eran rivales a la hora de ganarse su amor. Para Antonia eran sustitutos de los hijos que había perdido recientemente.

Antoni Gaudí heredó, de los dos linajes Gaudí y Cornet, una larga tradición artesanal.[3] Durante ocho generaciones, que se remontaban a principios del siglo XVII, habían sido mercaderes, mineros, granjeros, tejedores, caldereros y artesanos del cobre. Gaudí se sentía orgulloso de su herencia: «Tengo esa cualidad de la percepción espacial porque soy hijo, nieto y biznieto de caldereros. Mi padre era calderero; mi abuelo también. En mi familia materna también los había; mi bisabuelo era tonelero y mi abuelo, marino, todos ellos gente de espacio y situación [...] Tantas generaciones de gente de espacio acaban por dar una preparación...»[4]

Resulta significativo que el árbol genealógico tuviera sus raíces más allá del *baix camp*. En 1634 Antonio Gaudí, de Saint Quentin-sur-Sioule, en el departamento de Clermont-Ferrand, fue testigo de los esponsales de su hijo Joan con María Escura, en Riudoms. La vida preindustrial era predominantemente sedentaria. La línea de sangre de Gaudí era, por tanto, inusual en su cosmopolitismo; demostrando con ello que ya en el siglo XVII Cataluña formaba parte de una cultura transpirenaica, y su lengua misma muestra mayor afinidad con el provenzal, la lengua del Languedoc, que con el castellano. En Escocia, Francia y Prusia se han encontrado otros Gaudí. Bassegoda (medio en broma) incluso se refiere al general prusiano Gaudí del siglo XVIII, que en 1806 publicó un libro sobre la construcción de fortificaciones y tiendas de campaña.[5]

La herencia tribal de Gaudí procedía de forma primordial de Reus y Riudoms. Le proporcionaría al joven Gaudí un catálogo de imágenes e ideas y una sensación, que habría de durar siempre, de pertenecer a esos lugares. Para Gaudí, incluso más adelante en su vida, que alguien procediera del *baix camp* era más que suficiente. Las amistades que hizo en su juventud perduraron. Basta con comprobar cuántos de sus colaboradores procedían de Reus y Tarragona para comprender la fuerza de sus raíces.[6]

Gaudí fue una criatura débil. Tras una infección pulmonar padeció artritis reumatoidea. El camino hacia el restablecimiento fue largo. Cuando entraba en remisión podía asistir normalmente a la escuela, pero había ocasiones en que estaba tan inmovilizado que tenían que transportarle en burro. Uno de los primeros recuerdos de Gaudí fue el de oír al médico discutir sobre su salud. Predijo una muerte próxima a menos que hiciera mucho reposo. Un indicio de la fuerza de voluntad de Gaudí es que al enterarse de su inminente fallecimiento se concentró con gran determinación en echar por tierra la predicción del médico.[7] Pero la enfermedad se cobró su precio. Toda, su más íntimo amigo de la infancia, recordaba a Gaudí como viejo antes de tiempo; como su amigo más vejestorio en la faz de la Tierra.

Riudoms y la riera eran sus campos de juego. Y, sin compañeros con que jugar, Gaudí no tardó en descubrir un mundo imaginario de belleza y variedad comparables a las que se encontraban en la naturaleza.

En la alta Edad Media, Riudoms había sido un asentamiento amurallado provisto de castillo. El romanticismo de moda a finales del siglo XIX convirtió en objeto de culto la descomposición arquitectónica. Riudoms se hallaba entre el encumbrado monasterio de Escornalbou y el castillo Vilafortuny.[8] La proximidad de dos supuestas villas romanas alimentó los sueños de redescubrir las riquezas del pasado.[9]

Pero aún más fascinantes serían los rumores de que muy cerca se hallaba la aldea sumergida de la Edad de Hierro de Llaberia. El *baix camp* contaba con una herencia rica y sofisticada.

La vida en Riudoms estaba marcada por sus festividades y santos: Reyes Magos, Carnaval, Domingo de Ramos, Semana Santa, Corpus Christi, San Juan y San Pedro, el día del santo del pueblo, Todos los Santos y Navidad.

Las montañas entrañaban otras promesas. Desde muy pequeño Antoni visitaría las iglesias de Sant Pere y Sant Jaume, y seguramente oiría las leyendas de Montserrat. Montroig también tenía su Virgen negra, pero una visita al santuario local de Nuestra Señora de la Roca no suponía más que una sombra de la de verdad. Nada en la vida religiosa catalana era tan importante como Montserrat. La ambición de todo niño católico devoto era emprender ese definitivo peregrinaje catalán.

Al alzar la mirada desde la riera de Maspujols, el joven Gaudí se veía rodeado por agujas de iglesias y montañas. La luz es allí de una claridad extraordinaria que acerca las distancias y aplana la vista hasta tornar el entorno un paisaje cubista.

El efecto de la luz al incidir en la piedra es mágico en toda España, pero en Cataluña resulta casi místico. La luz se convertiría en *leitmotiv* de la vida de Gaudí. Esa apreciación fue, en primer lugar, una reacción visceral. En el *baix camp* la breve ocupación de los moros había traído consigo una estética de la luz que manipulaba la decoración de superficies con repetidos motivos en relieve. Lo que caracterizaría el genio de Gaudí, sin embargo, sería tanto la experiencia personal como la presencia de la historia de la arquitectura.

Desde lo alto de la sierra uno puede mirar hacia el sur y seguir la costa hasta Tortosa y las marismas del delta del Ebro. Al mirar hacia el norte, el horizonte queda delimitado por los Pirineos coronados de nieve y la cadena montañosa que desciende hasta la costa para encontrarse con el Mediterráneo en Port Bou. En las proximidades se halla Valls, y más allá, en la distancia, Santa Coloma de Queralt y Vilafranca del Penedès, ambas poblaciones atávicas por vía materna de Gaudí. Y ahí, cerniéndose en la lejanía, está Montserrat. El joven Gaudí alzaría la mirada hacia la montaña y oiría decir que algún día iría a verla por sí mismo.

Mientras estaban en el taller, la mayor parte de los viajes se hacían a Riudoms. El pueblo quedaba más cerca. Había primos a quienes visitar y había que acudir a la iglesia. La iglesia barroca, Sant Jaume, daba a la plaza del pueblo. Su entrada principal, imponente y flanqueada por nichos vacíos, está coronada por dos sobrealimentados querubines que desenrollan un pergamino con un avellano. En ocasiones, pragmáticamente, el calendario agrícola tenía prioridad sobre el de la Iglesia. San Bonaventura, el patrono del pueblo que en el siglo XVII modernizara la orden franciscana, celebraba su onomástica en plena cosecha de la avellana. Era más práctico, aunque poco ortodoxo, celebrar su muerte, cuando la cosecha ya estaba recogida y a salvo. Pero para el pueblo la vida religiosa tenía una importancia enorme. San Bonaventura (canonizado en 1911) yacía desde 1662 en un catafalco de oro y vidrio en una capilla ardiente que transformaba a Riudoms en lugar de peregrinaje. Incluso hoy en día la iglesia de Sant Jaume da la sensación de ser excesivamente grande para el pueblo.

En Reus, Gaudí asistió a la escuela. Pero en el taller paterno había motivos de sobra para maravillarse. Iniciado en la tradición artesana familiar, Gaudí quedó impresionadísimo por la habilidad de su padre a la hora de transformar las planas láminas de cobre en relucientes vasijas. Fue en el taller donde aprendió por vez primera a entender el espacio y a sentir e imaginar en tres dimensiones. Para él supondría toda una revelación. Como arquitecto maduro, Gaudí siempre reconocería la importancia de la creatividad de su progenitor.[10]

El de Antonia y Francisco era un matrimonio práctico. Supuso la unión de dos dinastías de caldereros y al padre de Antonia, Antón Cornet, le permitió retirarse, dejando el negocio en las capaces manos de su yerno, lo que era indicativo de la cercanía de un círculo social centrado primordialmente en los artesanos de una posición social similar. Reus era una ciudad pequeña, con una población que oscilaba en torno a los veintisiete mil habitantes; en resumen, provinciana. Ese provincianismo incitaba un intenso sentido de la tradición que se manifestaba en el mantenimiento de los gremios medievales y en un ferviente catolicismo, a la vez que permitía un mayor liberalismo que se veía reafirmado por el movimiento de cooperativas. Francisco Gaudí fue un ejemplo primordial del matrimonio entre esos dos mundos al parecer irreconciliables. Pero era reacio a que alguno de sus hijos continuara en su negocio. Quizá reconociera que la industria acabaría por dejar de lado cualquier negocio artesano. Pero la educación y sus posibilidades ofrecían también movilidad social. Francisco Gaudí era un artesano ambicioso y respetado. Ejercía de *mostassà* municipal de Reus —responsable de pesos y medidas—, lo cual, en la segunda ciudad industrial de Cataluña, sugiere que se le respetaba por su integridad.[11] Francisco instó, conquistó y animó a sus hijos a que estudiaran, y sólo Reus ofrecía lo que se requería.

Existen pocos datos sobre la educación primaria de Gaudí, y cuanta información poseemos al respecto procede casi exclusivamente de los recuerdos de su más temprano biógrafo, Ràfols, y de su amigo de toda la vida Eduardo Toda Güell.[12] Asistió inicialmente a la escuela primaria de Rafael Palau, para trasladarse muy pronto a un pequeño colegio fundado por Francisco Berenguer (padre del futuro colaborador de Gaudí) en un ático de la calle Monterols. Fue allí donde el joven Gaudí conoció a Toda, quien recordaría un incidente revelador mientras estaban en la escuela.

Durante una clase de historia natural sobre pájaros, en la que se discutía la utilización que hacen éstos de las alas, el joven Gaudí soltó: «En nuestra casa del campo los pollos tienen alas, pero sólo las usan para correr más rápido.» La inactividad forzada le había enseñado a analizar las cosas seriamente y a escuchar.

En el curso de 1863-1864 Antoni Gaudí aparece por primera vez en los registros oficiales del Instituto Colegio de las Escuelas Pías de Reus. Para 1865 la familia Gaudí se había mudado a un cuarto piso de la calle San Vicente, a cinco minutos del taller. Doctrina, religión, moral e historia cristianas formaban parte esencial de la educación secundaria de Gaudí, junto a griego, latín, geometría, historia, retórica y poesía.

Aparte de las pocas y excepcionales escuelas «libres» con base en Madrid y Barcelona, educación oficial significaba educación católica. Y en el instituto, con sede en un antiguo convento franciscano, Gaudí recibió lecciones de liturgia. Los sábados por la tarde era obligatorio asistir a las oraciones a la Virgen. Para la familia Gaudí-Cornet, permanecer en el instituto hasta los dieciséis ya representaba un gran paso adelante; la educación secundaria oficial no se había introducido hasta 1845. Si la clase y el bienestar económico se medían por la educación secundaria, era también en ella donde resultaban obvias las diferencias entre los sexos. Incluso en un período tan tardío como los años treinta del siglo XIX sólo uno de cada ocho estudiantes en los institutos era mujer. Para Antoni Gaudí, el mundo femenino era el del hogar; fuera de él se entraba en un mundo predominantemente masculino.

Gaudí no fue un alumno precoz. En la única asignatura que destacaba era en geometría. Todas sus demás notas iban del notable hasta el suspenso. Por contraste, Eduardo Toda y José Ribera, sus inseparables amigos, obtenían calificaciones mucho más altas. Obstaculizado por sus esporádicas dolencias, Gaudí detestaba, además, según Toda, aprender de memoria. Nada le aburría tanto como las interminables repeticiones entonando *la cantinela*.[13] Era pobre sustituto de la forja de su padre, de los descubrimientos arqueológicos que esperaban alrededor del Mas de la Calderera o de las salidas con sus amigos.

Reus estaba llena de distracciones. Desde la alta Edad Media, había sido el mercado central del *baix camp* y lo bastante cosmopolita para contar con una pequeña comunidad judía. Devastada por la peste durante el siglo XV, la ciudad había recuperado lentamente su fortuna bajo la jurisdicción religiosa de la vecina Tarragona. Reus siempre conservaría su identidad singular y cosmopolita.

El famoso mercado de los lunes de Reus controlaba virtualmente la totalidad del comercio español de avellanas, la mitad de la producción de almendras de la Península y las ventas de productos de las florecientes industrias del textil y del alcohol. En 1862, se fundó el Banco de Reus para ayudar a financiar la expansión económica y beneficiarse del crecimiento. A través de los puertos cercanos de Salou y Tarragona, la ciudad estaba en contacto directo con el resto de Europa y las Américas.[14] En efecto, incluso antes de que el comercio alcanzara su cumbre en el siglo XIX, en Reus había doce consulados europeos y uno americano.

La red ferroviaria española, que había crecido sin estrategia clara alguna, le hizo un buen servicio a Reus. En 1856 se abrió al público la línea de Tarragona; la ruta interior a Montblanc lo haría en 1863, para llegar finalmente hasta Lérida en 1879. Fue significativo que los primeros quince años de Gaudí estuvieran marcados por el hecho de que los horizontes parecían ampliarse para todo el mundo menos para el más provinciano de los reusenses.

La riqueza de Reus se ve reflejada en su arquitectura. Las ruinas medievales del castillo de Cambrer, un palacio anexo a la iglesia prioral gótica de Sant Pere, evocan el esplendor de la ciudad en la Edad Media. La prioral, una breve pero impresionante incursión en la simplicidad y la sobria grandeza del gótico catalán, presenta a su vez posteriores adiciones renacentistas y barrocas. Su torre cuenta con una imponente escalera de nautilo en piedra que Gaudí reinterpretaría más tarde en las torres de la Sagrada Familia. Allí se encuentran las capillas neoclásicas del Santuari del Roser y el Santuari de la Misericòrdia, así como la igualmente impresionante y profusamente decorada sacristía de la Mercè, del siglo XVIII. Incluso cuando acudía caminando a la escuela Gaudí podía admirar la arquitectura neoclásica y absorber su lenguaje, pues el dieciochesco Palacio de Bofarull se hallaba justo detrás de su casa. Su interior, siguiendo el modelo contrarreformista, se había construido en un estilo barroco muy recargado y decorado con un ciclo de frescos de vivos colores. Ese nivel de complejidad visual, la abundancia de imaginería de dorados bruñidos y una paleta audaz, se convertirían no en excepción sino en regla, estableciendo sus criterios de buen y mal gusto.

Pese a su riqueza y su herencia arquitectónica, Reus seguía siendo provinciana. Sin embargo, durante los días de colegial de Gaudí la ciudad se hizo famosa por ser cuna de dos de los hombres más ilustres de la España del siglo XIX: el general Joan Prim y el pintor Mariano Fortuny. La carrera política de Prim tuvo repercusiones directas en la educación de Gaudí cuando en septiembre de 1868, con el general Serrano y el almirante Topete, arrancó el poder a los incapaces moderados y la reina Isabel, en una proclamación ambiciosamente titulada «España con honor». Siguió la inevitable agitación, con el breve mandato de Amadeo de Saboya como rey, la subsiguiente Primera República y el asesinato del general Prim. Durante la Primera República, España tuvo cuatro primeros ministros en once meses. Para la generación de Gaudí, que entonces rozaba los veinte años, la educación política se forjó en la desconfianza mutua. Aun así fue un excitante momento de cambios, un momento en que poner a prueba nuevas ideologías.[15]

Mariano Fortuny supuso una influencia mucho más práctica. Gaudí había empezado ya a mostrar dotes artísticas, pintando accesorios y telones de fondo para obras dramáticas escolares. Toda recordaría su ambicioso conjunto de diseños para el *Don Juan Tenorio* de Zorrilla, una obra en la que al sibarita sevillano sólo le salvan las plegarias de doña Inés, y cuya moralidad utilizaron sin duda los sacerdotes para advertir a sus impresionables discípulos de los peligros de la depravación sexual.

Quizá parezca extraño que el irascible y excéntrico Gaudí del mito mostrara interés en un artista tan de moda como Fortuny. Su cuadro más famoso, *La batalla de Tetuán*, representaba al general Prim venciendo de forma aplastante a las tropas marroquíes. Del dandismo de Fortuny y el éxito comercial que le permitía vivir en Roma daba fe casi cada semana el *Diario de Reus*, y eran tema del chismorreo local.[16] Debió de proporcionarle un modelo de conducta a un joven que ansiaba desplegar las alas más allá de Reus. Pero las lecciones de refinamiento y desenvoltura que Gaudí aprendió de Fortuny tal vez fueran menos importantes que la destreza que adquiriría al copiar su virtuosismo interpretativo.[17]

La vida en Reus proporcionaba diversión de sobra para un muchacho de catorce años. Era un microcosmos del mundo más grande de fuera. Lo que Gaudí recordaría con mayor cariño eran sus aventuras más allá de los límites de la ciudad. Sus colegas aventureros Eduardo Toda y José Ribera Sans le brindaron un compañerismo que reemplazaría con rapidez su anterior aislamiento. Mientras estuvieron en la escuela, los tres llegaron incluso a publicar una docena de números de su revista interna *El arlequín*, de la cual Gaudí fue editor artístico y principal ilustrador. Su amistad se veía estrictamente delimitada por las convenciones románticas de finales del siglo xix; se intercambiaban prendas, elaboraban planes para sus futuras carreras, se comprometían a una amistad eterna. Sólo cruzar la frontera, en Provenza, y en una vena similar, Paul Cézanne y Émile Zola se sentaban bajo una pineda y forjaban su larga e incierta amistad artística.

El trío Toda-Gaudí-Ribera contaba con multitud de héroes catalanes. Se imaginaban a bordo del buque insignia del siglo xiii de Jaume el Conquistador, partiendo a conquistar Mallorca y asegurar las rutas marítimas para Cataluña, o adentrándose en los mares para presenciar el regreso de Colón. Los muchachos escribían poesía y discutían sobre caballeros andantes, amor romántico, historia catalana y restauración de monumentos nacionales.

En sus visitas a los hornos romanos trataron de localizar los restos del Bajo Paleolítico que, se rumoreaba, se hallaban en Burgar. En Boella, anduvieron en busca de un cementerio de la Edad de Bronce, y en su camino a la ciudad amurallada de Montblanc se detuvieron en la iglesia románica de La Sang, en Alcover.[18] En cierta ocasión Gaudí les condujo a las montañas del Priorato para ver las tierras de su familia en Masroig.

En una narración breve, *Calaverada*, el poeta Juan Maragall describiría a un grupo de hombres claramente basados en los tres amigos.[19] Cada uno de ellos relata por turnos un episodio íntimo. El relato del pintor resultaba curiosamente inocente, y el del poeta, de lo más cómico. El tercer miembro, el arquitecto de barba pelirroja basado en Gaudí, permanecía en silencio. Su desazón y sus ojos tristes les recordaban a los de un niño atrapado entre adultos. Se adelantan para escucharle cuando el arquitecto se hunde aún más en el sofá mesándose la barba y esbozando una sonrisa enigmática. Éste habla por fin:

> Era mi primer viaje en solitario; iba a ver catedrales; todo el mundo sabía adónde iba; mi padre me había hecho el itinerario perfecto, minucioso, hasta por horas y minutos, y de cada lugar yo debía escribir mis impresiones, y explicarle a madre cómo me encontraba día a día.

Es obvio que Maragall se había tomado una considerable licencia poética, pero acertaba en lo referente al clima general. La madre afectuosa y el padre en exceso protector que llegarían casi a ahogar el placer de su hijo en su primera aventura quedaban vívidamente representados.

La visita más excitante para los tres amigos fue a Tarragona, plagada de ruinas romanas. La ciudad contaba con un gran anfiteatro, un mercado cubierto, baños termales, un circo, numerosos templos y el único foro de Cataluña.

Tarragona era en sí misma una historia resumida de la arquitectura española que incluía una necrópolis paleocristiana, simples estructuras visigóticas y otras románicas, coronadas finalmente por la

catedral gótica de Santa María. Mientras estudiaba el conjunto arquitectónico de Tarragona, a Gaudí debió de llamarle la atención el que
la construcción de iglesias fuera al tiempo una expresión simbólica y
muy real del espíritu comunal; que la piedra y la argamasa pudieran
cimentar juntas la identidad local y religiosa. Casanelles escribió: «Los
hombres del campo de Tarragona participan del carácter de un paisaje que tiene una vibración noble, serena y arrebatada. Se ha insistido, como nota más característica, en su sociabilidad, su hospitalidad, el ardor e ímpetu frente a los impulsos colectivos, en contraste
con el carácter individualista del catalán. De ahí el espíritu que concibe grandes empresas en común cuando se trata de dar vigor o nuevos horizontes a la actividad expansiva.»[20]

Santa María de Tarragona está construida en lo alto de una escalinata empinada. Su imponente y fortificada simplicidad oculta un
claustro románico cuyos grupos de arcos triples están tallados en
porosa arenisca dorada. Se abren a un jardín que provee de un lugar
para la contemplación. Pero al entrar en el cuerpo de la iglesia el
observador queda súbitamente abrumado por las enormes extensio-
nes de mampostería, talladas en una piedra fría y gris. La nave em-
pequeñece al visitante hasta sumirle en la insignificancia. Arrastrado
por ese vertiginoso dramatismo, tiene la sensación de hallarse atrapado en la telaraña de uno de los grabados de las *Carceri d'invenzione*
de Piranesi.

Tarragona le enseñó a Gaudí que la arquitectura podía hacer gala
de potencia emocional. Apartándose un instante de sus compatriotas
para contemplar Santa María, Gaudí comprendió que «la arquitectura
reina, además, en absoluto silencio». Saboreando ese momento, entendió de manera instintiva que la arquitectura podía intimidar y ser
elevada a la vez.

Esa conjunción de arquitectura y arqueología *amateur* desarrollaría la
particular sensibilidad de Gaudí hacia los materiales, su percepción
del valor estético de fragmentos de cerámica, al tiempo que respondía de forma entusiasta al poder de antigüedades y detalles añejos. De
manera epigramática, Gaudí diría más adelante: «La elegancia es hermana de la pobreza, pero nunca debe confundirse pobreza con mi-

seria.»[21] O como Picasso le diría a un amigo: «Adoro la pobreza, pero el problema es que resulta condenadamente cara.» Joan Miró tenía a su vez ese don especial de descubrir la belleza arcana y oculta en los objetos cotidianos. Un admirador comentaría en cierta ocasión: «Cuando yo recojo una piedra, es una piedra. Cuando Miró recoge una piedra, es un Miró.»

Aunque muy diferentes entre sí, los tres artistas compartían una especial sensibilidad catalana, extraída de la naturaleza. Picasso la aprendió en Horta, Miró en Montroig y Gaudí en Riudoms.

En el caso de Gaudí, esa estética de lo humilde y lo «incompleto», que se deleitaba en el adobe, en la cerámica y el ladrillo cocidos, tardó casi cincuenta años en emerger. Pero cuando lo hizo, unida a todas sus otras aptitudes, produjo una de las más grandes obras maestras en la historia de la arquitectura.

II

Voces en el desierto

Por la cobarde incendiaria tea
y profanar el arte escarneciéndolo
si esto es libertad, ¡maldita sea!

EDUARDO TODA

Los tres muchachos eran inseparables, siempre explorando los alrededores en busca de nuevos emplazamientos arqueológicos. Pero, según Ribera, ninguno de los lugares que exploraran en torno a Reus podía competir con las ruinas del monasterio cisterciense de Poblet. Era a la vez cementerio y palacio de los reyes catalanes: Pere el Ceremonioso, Alfonso el Magnánimo, Alfonso el Casto y Martí el Humano. Se han propuesto varias fechas para la visita del trío de muchachos a Poblet entre 1865 y 1879, pero lo más probable es que tuviera lugar en el verano de 1867.

Poblet sería absolutamente esencial en las vicisitudes del catolicismo catalán durante el período de la Reconquista. El monasterio se fundó en 1153 a raíz de una cesión de tierras por parte del conde de Barcelona y rey de Cataluña Ramón Berenguer IV al abad Fontfreda de Languedoc. Situado en la provincia fronteriza de lo que entonces se conocía como Nueva Cataluña, quedaba protegido en la parte posterior por las estribaciones de la sierra de Prades. La disposición de su piedra fundamental en aquel desierto paraje supuso una clara proclama de la ambición cristiana. Incluso la cercana Tarragona sólo se había reintroducido en la Cristiandad en 1129, veinte años antes, y durante los siguientes cuatrocientos años continuaría en el límite exterior del reino árabe de Tolosa.

Optando por el ascetismo de san Antonio el Grande, el eremita egipcio del siglo III, los cistercienses ansiaban devolver la vida monástica a la pureza y rechazaban toda riqueza para imponerse obediencia, pobreza y castidad. Al hacerlo así produjeron una arquitectura de espléndida severidad. En el momento cumbre de la influencia cisterciense se estimaba que unos once mil «monjes blancos» habitaban en trescientos monasterios. Y Poblet era el modelo perfecto del mesurado estilo cisterciense.

La austeridad, sin embargo, no descartó la construcción a escala gigantesca. Para 1185, a través de legados y donaciones, el patrimonio de Poblet había crecido hasta incluir una impresionante biblioteca y un hospital para los pobres y necesitados. Hacia 1400 el monasterio era propietario de sesenta pueblos y controlaba diez poblaciones vecinas a través del derecho de nombrar a sus alcaldes. Poblet, era de hecho, un pequeño principado, controlado por el vigilante abad. En el momento álgido de la trayectoria de Poblet, a finales del siglo xiv, el rey Martí el Humano construyó su palacio colindante con los muros del monasterio.

En 1833, España se sumió en una serie de guerras civiles que se conocerían como guerras carlistas. Los estallidos de violencia anticlerical se tradujeron en el saqueo de monasterios en toda Cataluña. Los «monjes blancos» de Poblet se adelantaron a sus torturadores; liaron el petate y se marcharon. En el verano de 1835 unos vándalos entraron en el terreno del monasterio y se dedicaron a destrozar el edificio, arramblar con cuanto encontraron de valor y prenderle fuego al resto. Dos años después, en 1837, se revistió a tales actos de cierta legitimidad cuando el primer ministro, Juan Álvarez Mendizábal, se las arregló para que se aprobara una ley que legitimizaba la confiscación de propiedades de la Iglesia. Quienes tenían tendencias democráticas confiaban que ello redundara en la distribución de riquezas y tierras agrícolas, pero los ricos se apresuraron a comprar fincas a bajo precio para añadirlas a sus ya sustanciales fortunas. Hubo muchos, y aún los hay, que no vieron en la audaz Desamortización de Mendizábal nada mejor que un acto de pillaje auspiciado por el Estado.

Durante los siguientes treinta años Poblet fue saqueado de forma regular; se abrieron las tumbas en busca de tesoros, se robaron piedras y materiales de construcción útiles. Lo que los carroñeros no lograron encontrar lo destrozaron los elementos. El que fuera antaño uno de los más ricos tesoros arquitectónicos de la Cristiandad se vio reducido a ruina y abandonado.

Sin embargo, fue sobre esos escombros que Gaudí y Toda fundaron sus largas y distinguidas carreras. Desde las laderas envueltas en la niebla de Poblet esas «voces en el desierto» instaron a Cataluña a contemplar una vez más su glorioso pasado.[1]

Resulta sorprendente que aún existan unos cuantos documentos: dibujos, ensayos, un catálogo de biblioteca, una elegía poética de Toda y un plano de planta. Escritos en su mayor parte en el dorso de un manifiesto, fechado el 25 de septiembre de 1869, que llamaba al autocontrol en aquellos tiempos difíciles, esos documentos «de Poblet» poseen un valor inestimable, pues muestran la formación de la sensibilidad de los tres muchachos.

Gaudí y Toda tenían tan sólo diecisiete y quince años respectivamente. La elegía escrita por Toda en 1871, *A Poblet*, esgrime un tono solemne:

> *¡Oh Poblet!, un rey sin otro*
> *que lo iguale en la historia de los pueblos...*
> *seno fecundo en paz, amor y dicha*
>
> *Del triste corazón santo consuelo*
> *astro brillante de verdad y ciencia*
> *alerta centinela del progreso.*

Haciéndose eco de todas las convenciones románticas contemporáneas, la lúgubre letanía de Toda continúa en tono aún más apasionado:

> *Infames asesinos...*
> *... y todo al grito*
> *de paz y libertad, ley y derecho.*
> *¿Y esto es libertad? Si es el desprecio*
> *de los hechos y glorias de un pueblo*
> *si arrancar las losas de las tumbas*
> *y violar los sepulcros de los héroes*
> *y sembrar por doquier terror y muerte...*
>
> *Por la cobarde incendiaria tea*
> *y profanar el arte escarneciéndolo*
> *si esto es libertad, ¡maldita sea!*

Al contrario que Toda, Gaudí no sentía aficiones literarias.[2] Su excitación se derivaba directamente de la piedra desmoronada: «... La arquitectura reina además en absoluto silencio.»

Su intervención no se limitó tan sólo a una carpeta de dibujos y notas. Se empeñaron en la tarea aparentemente imposible de la restauración en sí. Su optimismo desbordado y su bravura disfrazaban su carencia de aptitudes técnicas; pero para Gaudí supuso su primer laboratorio arquitectónico y le ofreció la oportunidad de desgranar «pequeñas porciones» de los edificios a fin de observar cómo funcionaban. ¿Qué porcentaje de mampuesto y revestimiento se utilizaba en un arbotante? ¿Cuánto pesaba un sillar de clave? Gaudí quedó fascinado por esos rastros estructurales que se le revelaban, por «la desnudez del mendigo vista entre harapos».[3] Poblet era como un modelo de anatomía, con sus tendones y musculatura a la vista. Como sugirió Martinell: «Se imagina hallarse ante un moribundo que necesita auxilio.»[4]

Tras jurar que dedicarían cada instante de sus vidas al renacimiento de Poblet, se pusieron manos a la obra. Gaudí estaba a cargo de la reconstrucción de los muros, de asegurar las bóvedas, del completo retechado y del taponado de los orificios abiertos por los cazadores de tesoros. Ribera investigaría sobre la historia de Poblet y sus ilustres habitantes. Toda debía catalogar la biblioteca y sus archivos; además, entre sus obligaciones estaba la de escribir a toda prisa una monografía sobre Poblet cuyos beneficios costearían las fases iniciales de restauración. Con un poco de dinero en efectivo el monasterio pronto volvería a ser autosuficiente. En su plan de cinco años, los amigos incluso habían tenido en cuenta emplear a alguien, una mujer que se trasladara a diario a Montblanc a vender hortalizas frescas.

Pero eso era sólo el principio. Además de los animales de granja habituales, habría cien cabezas de ganado, colmenas y un centro para la cría de caballos, y cuando los visitantes se echaran la siesta los tres amigos podrían cazar conejos y liebres. En algún lugar cercano a la entrada al monasterio planteaban instalar una tienda de artículos de regalo en la que venderían reproducciones de monedas, libros sobre Poblet escritos por Toda y Ribera, miel y jabones caseros, hierbas secas y frescas, vinagre y una selección de pájaros disecados.

Siempre llenos de recursos, Gaudí y Toda reconocían también las limitaciones e implicaciones financieras del ascetismo como principio negociador. Planeaban otros pasatiempos recreativos, como billares en un café local, que también vendería tabaco y el moscatel del propio monasterio. El café desempeñaría a su vez un papel en la educación sentimental de Poblet, pues, después de todo, sería allí donde los habitantes aprenderían sus «hábitos de amor».

La excelente agua de manantial y los productos lácteos precisarían de la instalación en los pueblos vecinos, de una red de suministros eficaz y, naturalmente, los jóvenes empresarios reconocían la necesidad de una inversión considerable de capital; así pues, habían tenido en cuenta un molino de harina, una prensa industrial para aceite de oliva y un alambique, presumiblemente creado por el padre del propio Gaudí.

Desde esos inicios confiaban en expandirse con rapidez a otros negocios: un aserradero, una farmacia y un servicio de transporte desde el tren en Espluga de Francolí. El éxito dependía de un banco local fiable. De modo que instalarían uno.

A medio camino de la lista, casi como una ocurrencia de último momento, se hallaba la radical sugerencia de acudir al gobierno en demanda de una subvención anual.

Habían previsto casi cualquier eventualidad, incluida una prestación complementaria para las inevitables fluctuaciones de los ingresos según la temporada. En el invierno, a fin de cubrir el déficit, recogerían madera y la quemarían para obtener carbón, mientras que en verano venderían nieve que habrían almacenado con cautela bajo tierra.

Pero la mayor fuente de dinero iba a ser la Hospedería Poblet y sus apartamentos sin servicio de comidas. Habían fijado precios razonables para todo y calculado descuentos para quienes pasaran largas temporadas en ella. Los huéspedes no tendrían otra elección que comprar los productos de Poblet. Haciendo un cálculo modesto, el cincuenta por ciento del salario diario de un trabajador volvería a cruzar el mostrador. En lo que concernía a la fuerza laboral, les parecía que podían empezar con quince personas, incluidos doce jornaleros, un pastor, un cocinero y un botones.

Ni una sola vez, a lo largo de numerosas visitas, se les ocurrió que en realidad se trataba de una propiedad del gobierno. Pero Poblet

estaba totalmente abandonado. A la invención de la herencia industrial y la restauración estratégica de monumentos nacionales aún le
faltaba una generación para nacer.

Los muchachos rebosaban de energía y entusiasmo. Toda había
catalogado más de ciento sesenta libros y setenta cajas de documentos. La mayor parte de los volúmenes pertenecían, al parecer, a un
establecimiento de libros antiguos de Barcelona, La Antiquaria, que
los había dejado allí en depósito. Toda se llevó prestados unos cuantos volúmenes sobre contabilidad e historia natural, mientras que
Gaudí optó por volúmenes religiosos, *El camino real de la Cruz* y una
biografía del doctor Francisco de Queralt escrita por el padre Miguel
Conill, quizá a la espera de que arrojara luz sobre sus antepasados
Queralt (por parte de madre).

Los planes de los amigos no se detenían ahí. Lo que habían concebido en realidad era una comunidad modelo basada en principios
cooperativos contemporáneos, que para nada contemplaba un retorno al propósito original del monasterio. Confiaban en que los constructores locales empleados en Poblet trajeran consigo a sus familias
y se instalaran allí. Atraídos por su belleza, los artistas utilizarían los
pisos superiores, con su luz procedente del norte, como estudios y
espacios de exhibición, y como museo de ciencias naturales.

Resulta sorprendente que gran parte de lo dicho llegara a suce-
der. Toda escribió su libro y en los años treinta, libre al fin de sus
obligaciones diplomáticas, encabezó la fundación de restauración de
Poblet como presidente honorario.

Gaudí, por su parte, sacó de ello lecciones más profundas. Regresó a Poblet en ocasiones, pero éste nunca volvió a absorber toda su
atención. Sin embargo, tendría un valor inestimable para él. Sus ideas
respecto a todas las implicaciones de ese modelo utópico resultarían
un catalizador para el arquitecto en ciernes. En lo sucesivo, los sueños de crear una sociedad entera basada en el trabajo y el arte honestos daría forma a su obra.

Los sueños, sin embargo, también señalarían de forma inconsciente sus debilidades: su primordial ambición, su falta de modestia
y los problemas a la hora de encontrar una escala apropiada para su
obra. En su trabajo sobre Poblet los tres amigos habían dado rienda
suelta a la fantasía; en el *Manuscrito*, habían acordado que un direc-

tor de Poblet requisaría un barco para navegar hacia Asia en busca de un cargamento de ébano y otros materiales valiosos.

Gaudí y Toda se veían acosados por visiones de pesadilla de aves nocturnas de presa que huían de lápidas y acechaban desde las vacías cuencas de un cuerpo en descomposición. Quizá estuvieran pensando en el grabado de Goya *El sueño de la razón produce monstruos*, en el que el propio Goya, con la cabeza apoyada en una mano y desplomado sobre un escritorio, se ve rodeado por demonios amenazadores y otras criaturas de la noche. Más adelante, Gaudí retornaría a esa idea al analizar la calidad de la luz mediterránea: «La gente del sur, a causa del exceso de luz, abandona la razón y engendra monstruos.»[5]

Las ideas de Gaudí tenían el hábito de ser recurrentes. Considerando su reputación tanto revolucionaria como innovadora, su pensamiento era sorprendentemente circular y reservado para sí. Cada una de sus manifestaciones públicas sobre arquitectura y arte sería considerada a fondo. En su entrevista del año 1913 había afirmado que le faltaba concretar sus ideas, pero saltaba a la vista que no era verdad.[6] Muchas de sus ideas de juventud emergerían del polvo y el ruido de los almacenes de materiales de construcción sin verse alteradas en esencia.

Detrás de todo aquel entusiasmo y la considerable seriedad subyacía otro elemento de la personalidad de Gaudí. En el plano real, estaba jugando a ser adulto, dramatizándose a sí mismo y forjando de forma deliberada una persona. Más adelante se convertiría en el dandi. Y, más tarde aún, en monje cisterciense y sacerdote-artista.

Pero la magia de Poblet había dado sus frutos. Ribera no había decepcionado a sus dos amigos. Y, con dramática irrevocabilidad, el *Manuscrito de Poblet* anunciaba, de forma inequívoca, sus intenciones definitivas: «Poblet debe ser restaurado, sí, ya no debe volver a morar en él este ominoso poder de buitres negros que un día devoraron la conciencia del pueblo para así ahogar el recuerdo de sus maldades.»[7]

En septiembre, los tres jóvenes se separaron. Toda fue a Madrid y Ribera se dirigió al sur, hacia Andalucía; pero Gaudí, determinado entonces a ser arquitecto, tendría que esperar. Los estudios de medicina de su hermano mayor ya habían mermado bastante los fondos familiares.

III

La ciudad de los prodigios

Sin Barcelona habría faltado a los catalanes el crisol que haría la síntesis de sus esperanzas; el pedestal que elevaría su cultura al plano internacional, reduciendo la mentalidad de barretina a una definición ética y espiritual; yunque y martillo, en una palabra, la herramienta de un pueblo renaciente.

JAIME VICENS VIVES[1]

El de 1867-1868 fue el último año de Gaudí en Reus, y, separado de Toda y Ribera, debió de antojársele interminable. Pero en su aislamiento mantuvo vivo el sueño de Poblet, no tanto por su importancia arquitectónica como a modo de vía de contacto con el exterior.

Pasaba más tiempo en el taller de su padre, aunque, tristemente, nada de lo que en él hiciera sobrevive. De Francisco aprendió todas las técnicas rudimentarias: trabajar con el fuego, batir el obre y doblar el hierro. Pese a que la mayor parte del trabajo no era artístico sino técnico, fue así que aprendió la gramática de la artesanía. En la cumbre de su carrera, Gaudí aún seguía refinando la destreza que le transmitiera su padre sesenta años antes.

Ese año, el futuro arquitecto sólo completó tres de las cinco asignaturas requeridas. Dejó dos para el año siguiente. Estudió matemáticas, doctrina cristiana e historia de Reus, dejando historia natural y física elemental para el instituto Jaume Balmes de Barcelona. A pesar de ello, no obtuvo notas altas más que en una asignatura: matemáticas.

Más adelante, Gaudí alardearía de forma considerable de haber sido mal estudiante. ¿Ocultaba esa actitud displicente un arrogante desdén, o en verdad estaba por debajo de la media? Sus calificaciones nos revelan cuanto precisemos saber. Gaudí era un estudiante medio pero mejoró de forma gradual a medida que también lo hacía su aplicación. Esa mejora lenta pero notoria pondría de relieve un elemento clave de su personalidad: la tenacidad.[2] Más tarde haría frente a asombrosos volúmenes de trabajo.

La historia del arte de finales del siglo XIX es la primera en que la

lucha se torna virtud. La ausencia de artificio y la vuelta a lo básico
se erigen en medio para escapar del arte académico. Artistas como
Cézanne y Van Gogh se proclaman al fin victoriosos a causa de su
aparente ineptitud más que a pesar de ella. Son fieles a sí mismos. La
repetición y las abstracciones serían anatema para el joven Gaudí, que
ya había aprendido a buscar soluciones a través de la manipulación
directa y práctica de superficies y formas.

La partida de Gaudí hacia Barcelona en el otoño de 1868 debió
de ser agridulce. La conmovedora escena de la despedida en la estación de Reus se vio intensificada por el mutuo entendimiento de que
el coste de su aventura había entrañado considerable sacrificio; Francisco había vendido sus tierras en Riudoms.

Cuanto más tiempo permanecía lejos, más añoraba Gaudí su tierra, lo cual sintonizaba a la perfección con el más importante movimiento intelectual contemporáneo: la Renaixença. Se trataba del renacimiento de una identidad catalana, y se erigía en punta de lanza
del movimiento hacia la modernidad a través del método de escarbar
en el pasado medieval de Cataluña.

Cuando Gaudí llegó a Barcelona en el otoño de 1868 lo hizo a una
metrópolis dinámica y rebullente. Empapada en historia, con el barrio medieval de mayor tamaño de Europa, Barcelona acogió, además,
la revolución industrial con los brazos abiertos. Incluso en la actualidad, Barcelona, pese a su profundo conservadurismo, es una ciudad
que ha aprendido a cohabitar con el cambio permanente.

La insalubridad de Barcelona era legendaria y las condiciones de
las atiborradas viviendas resultaban intolerables. Cuatro años antes de
que Gaudí bajara del tren, el viajero inglés Augustus Hare describió
una ciudad en acción, celebrando una fiesta: «La vida y la animación
de Barcelona resultan encantadoras. Al entrar en coche a la ciudad
después de haber dejado la soledad de Montserrat, nos pareció que
absolutamente todos sus habitantes, alegres y amantes de los placeres, debían de hallarse en las calles...» Tras haber ascendido la colina fortificada de Montjuïc, con sus impresionantes vistas, contemplaría la ciudad «a través de un primer plano de agálocos, a los que allí
con frecuencia se les da forma de setos, toda la blanca ciudad se con-

templa como un mapa, extendida en su marronosa y ardiente planicie, rodeada de montañas y con los planos tejados de las casas confiriéndole un peculiar aspecto oriental».[3]

Pero esa visión no concuerda con la del joven violonchelista Pau Casals tan sólo diez años más tarde, en 1883. En el ínterin no se habían producido cambios espectaculares, aunque en muchos sentidos las cosas habían mejorado. El transporte era más eficaz y la industria ferroviaria se veía inundada de capital especulativo. El negocio de la construcción estaba en apogeo, afluía mucho dinero de las exportaciones a Cuba, los bancos proliferaban, el mercado bursátil se hallaba en alza y proliferaban las compañías de pasivo. El auge de la industria textil junto a un crecimiento sin precedentes en el transporte y en la producción de acero habían llenado las arcas de la ciudad con sorprendente velocidad. Pero Casals escribió: «¡Cuánta maldad! ¡Cuántos sufrimientos y penalidades! No puedo sino preguntarme: ¿fue creado acaso el hombre para vivir en semejantes miseria y degradación? [...] Recorrí las calles de Barcelona sintiéndome asqueado y lleno de aprensión.»[4]

No existen diarios o documentos de ese período formativo en la vida de Gaudí, aparte de sus calificaciones en los exámenes en el instituto, de modo que se hace imposible saber con qué Barcelona se encontró, si con la sucia cloaca o el paraíso tranquilo, sociable y exótico.

Gaudí, al igual que Casals, era un hombre sensible. el *Manuscrito de Poblet* revelaba una tendencia en su educación al romanticismo empalagoso. El joven Gaudí era un idealista, un patriota, pero todavía no un nacionalista catalán. Había empezado a pensar en las condiciones laborales y le daba vueltas a la estructura de una sociedad ideal.

Al principio Gaudí se instaló en el Borne, la zona en que predominaba la clase trabajadora. Su primer alojamiento sobre una carnicería en el número 12 de la plaza de Montcada es probable que lo compartiera con su hermano Francisco.[5] El Borne se halla en el corazón mismo del barrio de la Ribera y, como afirmaba un antiguo dicho catalán, *«Roda el món i torna al Born»* («Recorre el mundo y regresa al Borne»).

Para cuando Gaudí llegó, sin embargo, estaba en proceso de

degeneración. En dos ocasiones, durante los ciento cincuenta años anteriores, esa sección de la Ribera había quedado destruida por completo: la primera vez, en 1715 como castigo por el apoyo de Barcelona a los Habsburgo durante la guerra de Sucesión; la segunda, en el otoño de 1868 cuando el aborrecido fortín de la Ciudadela, que hiciera las veces de prisión de Barcelona, se echara por fin abajo.

Para la década de 1870, pese a su nuevo mercado cubierto y de hierro fundido, las zonas más pobres del Borne se desintegraban lentamente.[6] A sólo una calle del mar, el Borne se veía inundado de toda clase de restos humanos de naufragios. En la novela histórica de Eduardo Mendoza *La ciudad de los prodigios*, Onofre Bouvila se ve atraído con rapidez a ese límite del Borne: «El mar poblaba los callejones de personajes torcidos de idioma extranjero, andar incierto y pasado oscuro, propensos a tirar de navaja, pistola y cachiporra; el mar encubría a los que hurtaban el cuerpo a la justicia, a los que huían por mar dejando a sus espaldas gritos desgarradores en la noche y crímenes impunes.» La proliferación de tugurios en el Borne no era más que uno de los muchos cambios que tenían lugar en la ciudad. En la parte más meridional de las Ramblas, principal vía pública de Barcelona, la mayoría de instituciones monásticas que bordeaban la calle habían sido víctimas de incendios y saqueos en 1835. En el límite más occidental de la ciudad, y orientado hacia la montaña de Collserola, el proyecto de reciente autorización para la expansión urbana, el Ensanche, era a su vez escenario de frenesí constructor y del trazado en el polvo de sus cuadriculadas calles. El corazón de piedra de la ciudad se expandía desde el barrio gótico en oleadas, cada una de las cuales dejaba constancia de la relativa riqueza de sus habitantes en el empleo de unos materiales cada vez más baratos: primero mármol y piedra, luego ladrillo cocido, seguido por adobe, el económico yeso encalado, madera recuperada y, finalmente, todos los demás desechos de la ciudad industrial en expansión.

Recién llegado a la metrópoli, Gaudí recorrería con ojos muy abiertos el Borne y el barrio gótico al dirigirse al instituto Jaume Balmes para cursar las dos asignaturas que le quedaban: física elemental e historia natural. El ligero volumen de estudio debió de dejarle al alumno tiempo de sobras para desarrollar su creciente interés en la herencia arquitectónica de la ciudad. Pero, una vez más, el Gaudí maduro distorsiona y colorea nuestra visión del joven. Al volver la mirada a su infancia, Gaudí se recordaba a los dieciséis ya como un dogmático autodidacta. Los archivos sobre sus exámenes muestran, sin embargo, que mientras se hallaba en el instituto Gaudí cumplió con todos los requisitos.

El entorno inmediato le proveyó de inspiración. Las calles angostas, a las que los bloques de viviendas de alquiler de seis pisos sumían en dramáticas sombras, se abrían a plazas soleadas e íntimas. El olor, los tendederos, las peleas, las relaciones sexuales y los ruidos constituían rasgos permanentes de la vida cotidiana embutida en aquellos estrechos callejones de ladrillo y yeso descascarillado. Maragall escribiría de forma evocadora sobre su infancia en la Ribera:

> Cuando era niño
> vivía con timidez
> en una calle oscura.
> Las paredes estaban húmedas
> pero el sol irradiaba alegría.

De los cambios de temperatura y atmósfera al pasar del sol a la sombra se hacían eco en las angostas calles de la Rivera las abruptas fisuras de una estructura a otra. Un estilo había quedado absorbido o relevado, creando con ello una disonancia casi teatral. Aunque desentonara visualmente, también resultaba muy pintoresco. Tras las sencillas fachadas yacía una riqueza de detalle arquitectónico. Cada época había construido encima de la anterior. Puertas de madera curada sujetas por decorativos goznes de hierro ocultaban interiores sorprendentemente ornamentados. Portones de hierro forjado se abrían a patios modestos. Los macizos bloques de granito de las murallas romanas se convertirían en cimientos de iglesias góticas. Las columnas románicas se destinarían a sostener balcones neoclásicos. Dondequiera que uno posase la mirada veía una mezcolanza de estilos. Pequeñas entradas en fachadas, por lo demás de simple encalado, se abrían para revelar palacios semiabandonados de mercaderes medievales con elegantes escaleras que desembocaban en el *piano nobile.* A la vuelta de cada esquina esperaba un descubrimiento. El escaparate de una tienda podía ocultar la entrada a una iglesia templaria del siglo XII; la paz y la soledad de un claustro románico podía estar a un minuto tan sólo de la más ajetreada vía pública.

A un tiro de piedra de su alojamiento se hallaba Santa María del Mar, uno de los mayores logros de la arquitectura gótica e iglesia parroquial de Gaudí en la localidad, a la que se llamaba con afecto «catedral de la Ribera». La catedral de Tarragona había impresionado a Gaudí con su escala, su complejidad, la variedad de efectos arquitectónicos y espaciales y su acumulación de estilos distintos; pero Santa María del Mar era una obra maestra del gótico.

Santa María del Mar no era más que una de las muchas iglesias góticas que se erigirían durante el frenético auge en la construcción en las décadas de 1320 y 1330. A diferencia de la capilla real de Santa Águeda, en el corazón del barrio gótico, y la entreverada catedral, ambas construidas al mismo tiempo, Santa María del Mar se erigiría a ritmo acelerado. La rapidez de su ejecución conduciría a su poder unificado. Originalmente, la playa había llegado hasta los mismos muros de la basílica. Así pues, perpendicular a la arena, Santa María del Mar tenía el aspecto de una mole aislada. Sin embargo, como sucede con muchos de los más excitantes edificios de Barcelona, es el interior lo que deja embelesado al espectador. Cuando se observa la iglesia desde la entrada principal la nave queda sostenida a los lados por columnas muy espaciadas que establecen un ritmo visual cuyo *tempo* se va acelerando a medida que se aproxima al transparente deambulatorio semicircular. La mirada rebota entonces para recorrer de vuelta el pasillo opuesto y verse invitada a empezar de nuevo el proceso. Desde allí, la atención del espectador asciende vertiginosamente hacia el techo, a medida que sigue la explosiva energía y el dinámico potencial de las bóvedas de crucería que descansan de lleno en lo alto de los capiteles hexagonales de las columnas. Hay algo elástico en el muy cargado espacio de Santa María del Mar. Pero también hay algo contradictorio. Agita al tiempo que calma y permanece estática al tiempo que la mirada sigue recorriéndola. La solidez de la piedra transmite una ilusión de espacio. Y todos esos efectos se producen en un edificio que luce abiertamente su ingeniería.

La forma en que se había construido en el siglo XIV le proporcio-

nó a Gaudí un modelo para una posible unión futura entre edificación y creencia.

Santa María del Mar había sido construida por la comunidad.
Fundada por los mercaderes de la Ribera, contó con la experiencia y
las donaciones de docenas de gremios: fabricantes de velas, curtido-
res y pescateros. Incluso los no cualificados estibadores, que levan-
tarían enormes bloques de piedra de las canteras del cercano Montjuïc, formaron parte del gigantesco proyecto. Como si fueran esclavos,
comprarían su libertad ofreciendo sus servicios para tan agotadora tarea. Santa María del Mar supondría la integración de las ovejas desca-
rriadas y su vuelta a la seguridad del redil. Constituiría un estudio ejemplar en la creación de una familia cristiana. Más adelante sustentaría la
filosofía arquitectónica de Gaudí para la Sagrada Familia.

Al cruzar el Borne a la luz amarillenta del atardecer en dirección
a los muelles y el mar, Gaudí debió de pasar con frecuencia bajo los
árboles de copas planas de la plaza. Justo al otro lado del Borne, al
otro lado del cual se erigía el palacio neoclásico para mercaderes conocido como los Porxos de Xifré.

Llamados así por su característica columnata, los Porxos constituían uno de los lujosos proyectos urbanísticos a gran escala en la
recientemente abierta sección del antiguo malecón. Construidos por
Josep Xifré y Cases, los Porxos integraban uno de los pocos edificios
de algún valor arquitectónico construidos inmediatamente después de
los levantamientos anticlericales de 1835.

Xifré, el propietario más rico de Barcelona, era uno de los más
acaudalados representantes de una nueva elite urbana, los «indianos»,
que había amasado fortunas en las colonias con el comercio de azúcar, ron, algodón y esclavos. Xifré construyó su palacete mercantil a
una escala exagerada. La fachada estrictamente simétrica se vio dotada
de un estímulo decorativo a través de la concentración en el embe-
llecimiento de su superficie.

La necesidad de Xifré de honrar la memoria de su padre, que
había perdido su flota en la guerra contra los ingleses, resultaría primordial en su «elegantemente» desmesurado desarrollo del lateral del
puerto. Pero semejante propaganda no genera más que un mínimo
interés, pues el enorme edificio resulta francamente tosco.

Los Porxos muestran, en efecto, el sencillo parentesco con la ri-

queza que puede encontrarse en el corazón de la cultura de los indianos: esclavos y querubines cargan productos entre guirnaldas de
frutas tropicales, mientras que en lo alto Saturno y Urano velan por
ellos con sus instrumentos de navegación, cartabón, brújula y reloj de
arena. Medallones esculpidos de famosos viajeros catalanes se entre-
mezclan con imágenes estereotipadas de nativos de las Américas. En
algunos de sus detalles decorativos, los Porxos hacían gala de un des-
concertante lenguaje de símbolos que resultaba enigmático y deliberadamente esotérico.[7] La industria y el comercio de su época, sugerían los Porxos, eran tan épicos y heroicos como la búsqueda del
vellocino de oro por parte de los argonautas. Estudiando en la Escuela
de Arquitectura justo enfrente de los Porxos, Gaudí tendría oportunidades de sobra de familiarizarse con el conjunto decorativo del edificio e ir diseccionando lentamente sus posibles significados. El intenso contraste entre Santa María del Mar y los Porxos delimitaba su
entorno inmediato —por un lado la extraordinaria belleza de la iglesia
gótica erigida gracias al esfuerzo comunal, y por el otro, un palacio
dedicado a una industria que se basaba en la explotación colonial—
y definía los extremos en que quizá se esperase que trabajara más
adelante; el uno, la abanderada de la identidad catalana, el otro, un
intento de reescribir los éxitos y fracasos de la historia.

En octubre de 1868 Gaudí se inscribió en el instituto como alumno
por libre, motivo por el cual sólo se requería su asistencia en ciertas
asignaturas; se trataba de una condición especial que le otorgaba más
libertad que a la mayoría. Pero en realidad no se trataba más que de
un recurso provisional mientras esperaba a entrar en la universidad
propiamente dicha el año siguiente. Tras un verano de vuelta en Reus,
en el que dividió el tiempo entre la ciudad, el Mas de la Calderera y
sus planes con respecto a Poblet, regresó tarde a Barcelona para ins-
cribirse en la Facultad de Ciencias de la universidad. Allí esperaba
estudiar un programa de cinco años de asignaturas especializadas que
incluían: cálculo integral y diferencial, mecánica, geometría, química, geografía, física, historia natural, álgebra y trigonometría. Como
preparación para la arquitectura representaban la educación estándar
de la época.

Tenía buenos motivos para semejante retraso. Al golpe de Prim del año anterior le habían seguido más disturbios. El 11 de octubre de 1869 presentó por escrito a las autoridades universitarias una solicitud de matriculación tardía aduciendo razones «políticas».

Gaudí y Francisco cambiaban con frecuencia de alojamiento. Era habitual entonces, como aún lo es, dejar la ciudad para volver a la población natal durante el verano. Desde la plaza de Montcada se trasladaron en 1869 al número 10 de la cercana calle de Espaseria, y en 1872 al número 16 de la calle Montjuïc de San Pedro, en el cuarto piso. Antes de la invención de los ascensores, los pisos altos se consideraban más económicos; era frecuente que los áticos alojaran al servicio por ser más calurosos en verano y más fríos en invierno.

Gaudí disfrutó de esos primeros años en la ciudad y resultó un estudiante capaz, aunque algo irregular. Una vez más se presentó con un año de retraso al ingreso definitivo en la Escuela de Arquitectura, pero sus padres continuaron apoyándole. Y lo harían de forma especial, considerando que al final le llevaría diez años completar sus estudios. Para un arquitecto esto no era inusual, pero aun así representaba un cambio radical respecto del aprendizaje del oficio artesano de sus antepasados, en el que se esperaba que a los dieciséis años un joven ganase ya un salario. Mientras asistía a clase Gaudí expresó ya que prefería el arte por encima del análisis abstracto. Martinell así lo atestiguaría: «Las abstracciones le fatigaban. No podía soportarlas. Para él era una tortura la geometría analítica que convierte la plasticidad geométrica de las formas en fórmulas algebraicas, a las que llamaba "abstracción de abstracciones". Según su propia confesión, cuando los profesores se extendían en doctrinarismos teóricos, le aburrían; cuando se ceñían a temas concretos les escuchaba con gusto.»[8]

La impresión de arrogancia precoz se veía contrarrestada por su auténtico entusiasmo cuando un profesor inspirador lograba infundírselo. Las clases de Rovira Rabassa sobre superficies alabeadas y el estudio de la perspectiva eran sus favoritas, y más adelante sustentarían el estilo arquitectónico tardío de Gaudí en la cripta de la Colonia Güell y en la Sagrada Familia.

Antes de ingresar en la escuela Gaudí tuvo que aprobar exámenes de dibujo lineal y artístico, así como de francés. También dominaba el alemán: en años posteriores sería capaz de citar fragmentos enteros de los poemas de Goethe. Tan sólo se vería discapacitado por su desconocimiento del inglés. Sin embargo, los más influyentes escritores ingleses de la época (como Ruskin y Morris) se traducirían rápidamente al catalán y al francés.

Era un ávido lector. Un compañero estudiante recordaría que arrancaba grupos de páginas de los libros para llevarlas dobladas en un bolsillo de los pantalones, listas para ser devoradas en cualquier momento libre. En ocasiones esa actitud hacia los libros le causaba problemas. Por ejemplo, le pidió prestado un ejemplar del *Dictionnaire raisonné de l'Architecture française* de Viollet-le-Duc (la biblia de los neomedievalistas) a su amigo Emilio Cabanyes Rabassa. Cuando por fin se lo devolvió, el libro estaba plagado de notas garabateadas y subrayados.[9]

Gaudí era miembro de la sociedad estudiantil Niu Guerrer (El Nuevo Guerrero), que decoraba carrozas de carnaval y representaba parodias de la vida de figuras catalanas de renombre.[10] La vida fuera de la universidad ofrecía a su vez un amplio surtido de entretenimientos culturales: se organizaban debates en el Ateneo, el club cultural preeminente en Barcelona, y los asientos baratos en el gallinero del Gran Teatro del Liceo alimentarían una creciente afición a la ópera y el teatro.[11]

No resultaba fácil adaptarse al ritmo y las sutilezas de la vida social en la ciudad. En Barcelona se desarrollaría también, en particular durante la segunda mitad del siglo XIX, un rígido sistema de clases (basado en la admiración del modelo inglés).[12] Con los ingresos sobrantes que le proporcionaba su trabajo a media jornada, Gaudí se ganó muy pronto fama de dandi, maniático y perfectamente acicalado, al que sólo satisfacía lo mejor. Los guantes de cabritilla procedían de la tienda de Esteban Comella en la calle Aviñón. El establecimiento de Arnau, en la calle Conde del Asalto, contaba con un conformador especial de madera para hacer a medida sombreros de fieltro, canotiers de paja y los preferidos de Gaudí, los sombreros de copa de seda negra. Se rumoreaba que Gaudí era tan afectado que le pedía a su hermano Francisco que se calzara sus zapatos con vistas a evitar juanetes, ampollas y callos. Pero semejante afirmación no coincide con el Gaudí al que le encantaba pasear por la ciudad o al

dispuesto a caminar durante horas por terrenos rocosos en su búsqueda de canteras arquitectónicas o arqueológicas. Una explicación probable es que esa pose proustiana quizá ocultara la necesidad de los
hermanos Gaudí de compartir la ropa y, para el menor, la de tener que
conformarse con la que desechaba el mayor.

Otro enigma que emana del mismísimo centro de la personalidad
de Gaudí es el de si en su juventud fue anticlerical. Las fuentes sugieren que era miembro clave de una agitadora tertulia que se entre-
tenía insultando a sacerdotes y burlándose de procesiones religiosas,
cuya sede estaba en el Café Pelayo, de triste fama. Por lo visto, todos
los relatos que se refieren a la relación de Gaudí con el grupo del
Pelayo tienen su origen en la misma fuente, en aquel «repugnante y
exasperante chismoso», su profesor y en otro tiempo colega Domènech i Montaner.[13] La animación y la rebelión estudiantiles suponen
experiencias bastante comunes, como lo es también la secular licencia para satirizar y mofarse del clero durante el carnaval. Sin embargo, de haber tenido ese anticlericalismo de Gaudí raíces más profundas, no habría supuesto precisamente una novedad. En las feroces
sátiras que son los *Caprichos* de Goya, la grasienta carne clerical se ve
rebanada imagen tras imagen para revelar unos jactanciosos padres de
la Iglesia que no son sino hipócritas, crueles, parásitos y enormemente
glotones.

En el *Manuscrito de Poblet*, Toda y Gaudí se proclaman en contra
del «alarmante poder de los buitres negros», lo cual sólo sugiere in-
clinaciones anticlericales si aceptamos que los «buitres negros» son
los curas (podría interpretarse igualmente como los profanadores de
tumbas y monasterios).[14] No obstante, un pareado contemporáneo de
uso común rezaba: «Hemos derribado el trono, / acabaremos con el
clero, / que es el animal más fiero / que consume la nación.»

La de la postura anticlerical era una senda bien transitada en el
siglo XIX, cuando el rechazo inicial de la fe católica presagiaba una
repentina *volte-face* espiritual y religiosa. Casanelles describiría al
Gaudí de esa época como «inclinado a un "dandismo" pletórico y
epicúreo, amante de los buenos manjares, frecuentador de salones,
veladas musicales, Liceo, anticlerical, indiferente en materia religiosa y, por no decir ateo del todo, rayano en el ateísmo».[15]

El 24 de octubre de 1874, con veintidós años y tras haber superado los exámenes del curso preparatorio, Gaudí se matriculó por fin, de forma oficial, en la Escuela de Arquitectura. El éxito de la misma se ve confirmado por la cantidad de arquitectos formados en Barcelona cuyos nombres han pasado a la posteridad.[16] Como se trataba de una escuela nueva, la práctica docente aún tenía que calcificarse en tediosa rutina. Los estudios se compartían entre profesor y discípulo, y a menudo se extendían hasta transformarse en encargos reales. Esa atmósfera estimulante se veía potenciada, además, por la escasa diferencia de edad entre alumno y profesor; Domènech sólo tenía un par de años más que muchos de sus discípulos.

El que Gaudí no estuviera dispuesto a adular a sus profesores o a imitar ciegamente el estilo de éstos hizo que su evolución se lentificara. Con característico desdén, descartaría más adelante la docencia caracterizándola de mera disciplina.[17] Cuando más tarde transmitió su experiencia a su joven ayudante Rubió i Bellver, le sugirió, con todo cinismo, que haría bien en imitar en los exámenes finales las formas neoclásicas que prefería su maestro. Rubió los aprobó sin ningún problema.

Gaudí llegó a la Escuela de Arquitectura en un momento en que la fotografía había hecho posible, por vez primera, el acceso fácil a la herencia arquitectónica mundial, lo que hizo que se convirtiera en un asiduo obsesivo de la biblioteca de arquitectura de la universidad. Le resultaba imposible ejercitar su «capacidad de autocontrol».[18] En la biblioteca se maravillaba ante el canon clásico que Luigi Canina pusiera de manifiesto en *L'architettura romana: descrizione dei monumenti* en Roma, 1842.[19] Pero, más importante aún, podía a su vez echar un vistazo a las aberraciones arquitectónicas arriesgadamente decadentes que llegaban de lugares lejanos. En *Architecture arabe ou monuments de Kaire* (París, 1939), de Pascal Cost, o en *L'art arabe d'après les monuments de Kaire* (París, 1877), de Prisse d'Avennes, Gaudí podía admirar las cualidades exóticas y decorativas de la arquitectura islámica.[20] Los editores franceses habían sido pioneros en la fotografía de arquitecturas exóticas. El efecto de la explosión de publicaciones arquitectónicas de las décadas de 1870 y 1880 en el gusto europeo, en la cúspide de la aventura colonial, sería poderoso.

La Escuela de Arquitectura había adquirido, además, un juego de

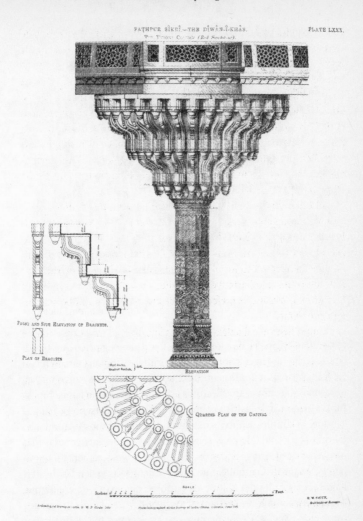

Columna excéntrica de Fathpur Sîkrî, India.
Ilustraciones de este tipo alimentaron la ecléctica orgía
de exotismo tan en boga en la Europa de finales del siglo XIX.

El interior de la Mezquita de Córdoba, en un grabado romántico
de finales del siglo XIX.

fotografías originales de monumentos hindúes y egipcios que Gaudí
consideraba un encantador «festín espiritual». Contaba también con
las más recientes reproducciones en daguerrotipo de las ruinas mayas;
obras maestras de las arquitecturas asiria y persa, como la sala hipóstila de Jerjes y la de las cien columnas de Darío en Persépolis; estupas
hindúes y templos camboyanos, monumentos chinos y japoneses.
Pero lo que a Gaudí le parecía cada vez más interesante eran las más
modestas estructuras cotidianas. Estudiaba minuciosamente fotografías y dibujos de la arquitectura provisional de las viviendas de arcilla de la parte alta del Nilo; esos curiosos palomares de arcilla que
acababan en punta como cucuruchos invertidos. Criado entre relatos
sobre las Cruzadas y la Reconquista española, quedaría fascinado por
las fortificaciones construidas en Melilla, parte del Marruecos español,
que utilizaban un arco curiosamente alargado con forma de huevo y que
él desarrollaría hasta obtener su distintivo arco catenario. También admiraba la cualidad escultórica de las cabañas de adobe marroquíes, los
pueblos fortificados de las cumbres del Atlas y las extrañas viviendas

cavadas en la roca en Capadocia, en la Turquía oriental, y en Petra.

Las exposiciones universales que proliferarían por toda Europa tras la Exposición Universal de 1851 en el Palacio de Cristal condujeron a una demanda cada vez mayor de arquitectura exótica.[21] Pero sus teatrales marcos, fotografías y grabados compartirían la falta de contexto. Una fotografía en dos dimensiones no puede transmitir una sensación de realidad geográfica, o captar el modo en que una choza sahariana de arcilla, por ejemplo, armonizaba a la perfección con su entorno gracias al uso de un material local. Libre de la necesidad de considerar lo geográficamente «apropiado», la información visual podía ser fácilmente plagiada.

Ninguna generación anterior había sido capaz de atiborrarse de semejante festín de estilos diversos. A la deriva en ese océano de imágenes, Gaudí necesitaba algo sólido. Sus profesores le proporcionaron una estructura práctica e intelectual. Estudió la resistencia de los materiales, análisis de la tensión, dibujo en perspectiva, mecánica, topografía y trazado de esbozos. Pero no fue suficiente. Gaudí buscó respuestas en otra parte, en otras facultades de la universidad, mediante la asistencia a clases de estética y filosofía.[22] España rebosaba de diferentes tradiciones culturales que aún estaban vivas en su arquitectura: fenicia, romana, griega, visigoda, celta, árabe, bereber y judía. Tradiciones éstas que habían quedado por completo integradas en la cultura. Para un catalán, castellano o andaluz, la adopción de motivos y diseños decorativos islámicos no era mera afectación.

Pero antes de que pudiera disfrutar de la nueva arquitectura española, Gaudí asimiló las lecciones de Pugin, Ruskin y Viollet-le-Duc. Lo que esos tres le proporcionaron fue el aparato crítico para interpretar toda esa información. Viollet-le-Duc (el restaurador de Notre Dame), quizá incluso más que Ruskin y Pugin, era capaz de un análisis arquitectónico radical que Gaudí encontraba particularmente estimulante.

En un principio Viollet-le-Duc había sido vilipendiado. Le habían interrumpido de malos modos en su intento de inspirar a la nada apreciativa audiencia de la École des Beaux Arts. Sus argumentos le parecieron muy convincentes a Gaudí:

¿No se ha abusado acaso de todas las posibles formas de expresión y se han utilizado ya todas las composiciones? Pues no, caballeros; el alma humana es aún la misma y sigue siendo capaz de encontrar nuevas expresiones para sus ideas y sentimientos. Pero para poseer ese poder creativo, debe existir una conciencia interior del mismo, de su ubicación y de los esfuerzos requeridos para dotarlo de vida. Debemos encontrar esa creatividad a través de un conocimiento preciso de las obras de nuestros antecesores. No es que tal conocimiento deba llevarnos a imitarles ciegamente, sino más bien a revelarnos y a poner a nuestra disposición todas las técnicas secretas de nuestros predecesores. La mismísima multiplicidad de tales técnicas hace sin duda que su uso hoy en día resulte difícil. Pero cuando uno descubre esos secretos que subyacen a las mejores obras en el seno de las más grandes y hermosas civilizaciones, no tarda en reconocer que todos esos secretos pueden reducirse a sólo unos pocos principios, y que como resultado de la clase de fermentación iniciada cuando se combinan, lo nuevo puede y debe aparecer sin cesar.[23]

Viollet insistía en que todas las obras maestras del pasado debían analizarse y reducirse a un razonamiento. Cada construcción debía compararse con su capacidad de hacer frente a sus problemas particulares. Un buen ejemplo era el uso del arbotante como soporte en la arquitectura gótica. ¿Eran necesarios los arbotantes, los mamposteros o estaban limitados por su desconocimiento de las tensiones? Se trataba de un enfoque revelador para lidiar con el peso mismo de la historia de la arquitectura. Un edificio era un objeto que se sometía a riguroso examen en un laboratorio. El genio posterior de Gaudí se basaría en su análisis de la resistencia o falta de solidez no sólo de las obras maestras sino de estructuras cotidianas como fábricas, establos y viviendas. Liberado, por tanto, del esnobismo estilístico, Gaudí continuó viéndose libre de las restricciones que imponían las jerarquías del gusto tradicional.

No era sólo la práctica filosofía de Viollet la que le resultó inspiradora; lo fue también el modo en que guiaba al estudiante atento a través del laberinto arquitectónico. Pese a ser arquitecto de mérito, la verdadera genialidad de Viollet reside en la deconstrucción. A través de ella volvía a dotarse de vida a las antiguas formas, de modo que pudieran utilizarse en nuevos contextos al arrojar luz sobre problemas de antaño.[24]

En Francia e Inglaterra el encarnizado debate arquitectónico con-

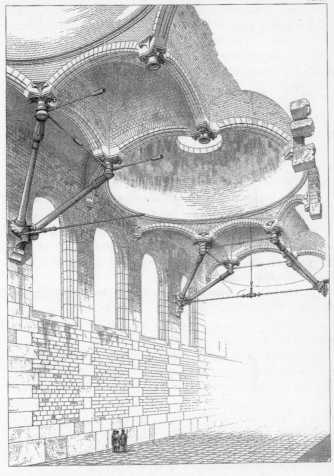

COURS D'ARCHITECTURE   PL. XXII

Ilustración de Viollet-le-Duc, en su *Curso de arquitectura*,
en la que muestra su novedoso enfoque del análisis estructural.

temporáneo se centraba en si eran o no apropiados los estilos nacionales, en el eclecticismo y en la clara superioridad de ciertos modelos clásicos. El maestro de Viollet, Le Grand Durand, abogaba por una actitud abierta. Y para la década de 1860, la adopción por parte de Francia de los modelos renacentista y un enfoque «racionalista» del urbanismo habían situado a ese país en la vanguardia artística y arquitectónica.

En Inglaterra, hasta la década de 1860 no existía una autoconfianza semejante sino más bien una arraigada sensación de inferioridad respecto del diseño francés. Pero el creciente debate en torno a la utilización de formas renacentistas o góticas impuso un nuevo enfoque. Las obras de Ruskin *Las siete lámparas de la arquitectura* (1849) y *Las piedras de Venecia* (1851-1853) actuaron como catalizadores. Finalmente, la victoria de los defensores del renacer gótico dividió el debate entre los «blandos» y los «duros». Los primeros estaban interesados en la apariencia y el estilo exteriores, mientras que los «segundos» dedicaban sus energías al análisis estructural, la ingeniería y la experimentación, es decir, a la mecánica de la construcción. Gaudí era ambas cosas.[25]

España no permanecía ajena al debate arquitectónico de finales del siglo XIX, y con su excepcional arquitectura gótica, Cataluña muy bien podía considerarse tanto un territorio al sur de Francia como un puesto de avanzada septentrional de la España mudéjar.[26]

Los escritos de Viollet, Ruskin y Morris ya habían preparado el terreno. Gaudí edificaría sobre sus sólidos cimientos. Quizá tuviera, como sir Kenneth Clarke dijera de Ruskin, una tendencia a «confiar en las Sagradas Escrituras para librarse de pensar», pero incluso en su época de estudiante estaba desarrollando un firme criterio selectivo acerca de su forma de trabajar, echando por la borda todo lo superfluo.

Llama la atención la cantidad de cosas que Gaudí y Viollet tenían en común. En su *Diccionario de Lugares Comunes* (1881), Flaubert había definido despectivamente a los arquitectos: «Arquitectos: son todos unos idiotas; siempre se olvidan de la escalera.» Pero Viollet había hecho de la arquitectura una noble profesión, abogando por el gremio medieval al tiempo que legitimizaba el arte islámico. Viollet y Gaudí compartían el mismo carácter intransigente. Aquél se oponía a ultranza al *establishment*, era apasionado y anticlerical, pero profundamente analítico y riguroso. Prefería, como Gaudí, que se le considerara un artífice y no un pensador. Su mayor felicidad era estar a solas, y se sentía «cómodo tan sólo con sus discípulos» y con sus leales artesanos. Más tarde Gaudí se referiría con afecto a Berenguer como su irreemplazable brazo derecho y alabaría a su escultor Matamala.

La educación arquitectónica de Gaudí se redondeó con visitas de obras y viajes de estudio. El director de la escuela, Elías Rogent, llevó a sus estudiantes más aplicados a contemplar monumentos y a poner en práctica las enseñanzas de Viollet.[27] Una de esas visitas fue para ver la restauración de Viollet de la Carcassonne medieval. El viaje no era más que de una jornada, pero (según Ràfols) Gaudí mostró tal seriedad que los habitantes creyeron que trataban con el propio Viollet y quisieron honrarle.[28] En este punto, y con enorme frecuencia, la personalidad de Gaudí ha resultado terreno fértil para los mitos. En este caso, el error asume resonancias simbólicas, como si de un desliz freudiano se tratara. Sin embargo, según un testigo, «halló la labor restauradora del sabio arquitecto francés demasiado escenográfica, a pesar del riguroso criterio arqueologista empleado».[29]

Otro mito sobre el viaje a Carcassonne de Gaudí gira en torno a su primer amor. Cuando el apenas disimulado protagonista de Maragall se arrellana en el sofá inicia su triste relato:

> Tres años atrás estaba enamorado de una joven que había pasado dos semanas alojada en casa de unos amigos de la familia. Fue una visita breve porque era extranjera. Pero me enamoré perdidamente de ella y la visité cada vez que me fue posible. Creo que sabía de mis verdaderos sentimientos hacia ella porque fue tan amable conmigo en las cuatro conversaciones que mantuvimos. Me vi arrastrado por ella pero pronto descubrí que en su país natal ya estaba prometida a otro. Finalmente, el día de su partida llegó pero no tuve valor para decirle adiós y me quedé en casa como moribundo. Jamás he vuelto a saber de ella, a excepción de que se casó en su población natal como se esperaba. Pero, incluso aunque han pasado ya tres años, todavía la veo cada instante que paso despierto, ahí mismo, ante mis ojos.[30]

Tal como lo explica Maragall en *Calaverada*, la historia no es más que una sandez sentimental y empalagosa.[31] Sus imágenes se derivan del lenguaje del amor cortés, de las del jardín oculto —*hortus conclusus*—, un perfecto santuario para proteger la pureza de la «virgen» inalcanzable ataviada de blanco reluciente. Los clichés románticos, que aparecen uno tras otro, nos proporcionan, sin embargo, algunos indicios acerca de las convenciones y limitaciones del trato social establecido entre los sexos en tiempos de Gaudí.

Muchos han aceptado la acusación, difundida más tarde por el propio arquitecto, de que nunca fue más que un artesano mediocre. Pero se trataba de falsa modestia. Gaudí insistía en el valor del trabajo a partir de modelos o de la improvisación en el lugar mismo de la obra; su logro, empero, fue mucho mayor de lo que se ha creído. Al relegar el dibujo a una categoría secundaria, transformó con astucia, y de modo ventajoso, su desgracia inicial, pues la tarea de dibujar es dolorosa para el artrítico.

Uno de los más brillantes ejemplos del trabajo de estudiante de Gaudí es un elaborado proyecto para la entrada de un cementerio. El dibujo tendría una génesis extraña. Concluía el proyecto definitivo del curso académico 1874-1875, pero en junio de 1875, según Juan Bergós Massó, a Gaudí se le exigió que abandonara el aula de examen por no llevar a cabo éste de la forma requerida. Gaudí había insistido en iniciar su proyecto con el esbozo de un cortejo fúnebre, una avenida de cipreses y llorosos dolientes, todos ellos bajo un cielo perturbador. Se trataba de una buena pieza teatral y de un modo, para él, de ir estableciendo lentamente el escenario. Era incapaz de imaginar otra manera de empezar, y ello nos señala una paradoja que se convertiría en una constante de su proceso creativo: la fantasía nunca fue tan minuciosamente preparada.[32]

Ajustándose a las restricciones del comité examinador, Gaudí produjo un proyecto que se consideró extraordinario. Como Arleen Pavón-Charneco afirmaría con clarividencia: «Gaudí había empezado a concebir la arquitectura no como un objeto aislado en el terreno, sino como *parlante*, capaz de una interacción mística y espiritual con quien la contemplara, a través de sus formas y de su grandiosa escala. Ese último umbral de la vida expresa toda la majestuosidad de un arco triunfal y la solemnidad de la muerte.»[33]

Quizá los vacilantes inicios de Gaudí y su lucha por crear una atmósfera fueran un subterfugio, pero la búsqueda de realidad emocional y significado simbólico en sus dibujos era genuina. Utilizando el estilo neomedieval de entonces, había dado cuerpo a la estructura básica con adiciones ornamentales. Ruskin ya se había referido a la utilización del ornamento apropiado y a cómo obedecer su jerarquía «natural»: «Las flores imitadas son más nobles que las piedras imitadas; los animales, más que las flores; las formas humanas imitadas son más nobles que cualquier forma animal imitada.»

Gaudí, sin embargo, había ido más allá de Ruskin para definir la función arquitectónica y sociohistórica. Con sólo veintitrés años había creado un monumento de profundo peso simbólico, y había acudido al Libro de las Revelaciones en busca del drama para su trabajo de estudiante de primer curso.[34] La reinterpretación casi literal de los textos bíblicos y de la liturgia católica tendría desde entonces y para siempre un lugar primordial en su método de trabajo.

> Vi una puerta abierta en el cielo y la voz aquella primera que había oído como de trompeta me hablaba y decía: Sube aquí y te mostraré las cosas que han de acaecer después de éstas.

La puerta del cementerio de Gaudí era la salida de todas las salidas, el Juicio Final que prometía un nuevo principio. En el vértice del tejado, cuyo ángulo de inclinación era escaso, se hallaba Dios sentado majestuosamente en su trono. Debajo se alzaba la figura de Cristo en oración, rodeado por las cuatro bestias apocalípticas. Más abajo «estaban sentados veinticuatro ancianos, vestidos de vestiduras blancas y con coronas de oro sobre las cabezas». Éstos representaban la suma de los doce patriarcas del Antiguo Testamento y los doce apóstoles del Nuevo. Bajo ellos se hallaban aquellos «que vienen de la gran tribulación, y lavaron sus túnicas y las blanquearon en la sangre del Cordero». Las piedras de los goznes estaban decoradas con la primera y última letras del alfabeto griego:

> Yo soy el alfa y la omega, el primero y el último, el principio y el fin. Bienaventurados los que lavan sus túnicas para tener derecho al

árbol de la vida y a entrar por las puertas que dan acceso a la ciudad. Fuera perros, hechiceros, fornicarios, homicidas, idólatras y todos los que aman y practican la mentira.

Gaudí había escogido el libro más combativo de la Biblia. Era una curiosa elección para un estudiante de arquitectura de veintitrés años, pero las imágenes y el lenguaje apocalípticos iban a ser recurrentes en toda la obra de Gaudí.

IV

El aprendiz de arquitectura

Débese trabajar mucho para salir del paso.

ANTONI GAUDÍ,
entrada de su diario del 25 de noviembre de 1876

Casi desde su primer día en la Escuela de Arquitectura, Gaudí fue un aprendiz. Para él era algo imprescindible. No contaba con protectores o amigos de la familia. Dependía estrictamente de su talento y su creciente reputación.

Desde el inicio mismo del curso se exigía a los alumnos que sometieran proyectos detallados y acabados. En 1874 Gaudí completó los diseños para un candelabro ornamental, un depósito de agua y la puerta del cementerio. La árida teoría quedaba equilibrada por el trabajo de campo: a Gaudí se le permitió unirse a un equipo con instrucciones de realizar un reconocimiento topográfico de la riera de Malla, ubicación propuesta para la edificación de una importante escuela.

A los alumnos que no lograban aprobar algún examen específico en junio siempre les quedaba la oportunidad de hacerlo en septiembre. En junio de 1875 Gaudí realizó su primera solicitud de esa clase, pero se debió a su reclutamiento para el servicio militar obligatorio y su aceptación en las reservas de Infantería en febrero de 1875. Se trataba de una época difícil para España y de un momento potencialmente peligroso para alistarse en el Ejército. El golpe del general Pavía y la continuada tercera guerra carlista habían tornado muy inestable la situación del país. Ésta acabó por resolverse en 1876 con el exilio a Francia del pretendiente Carlos VII, y la Restauración quedó firmemente implantada. Por la pequeña parte que había tomado en la victoria, como militar en activo, a Gaudí se le concedió la distinción de «benemérito de la patria», pero no se conservan archivos de acciones militares ni correspondencia alguna dirigida a familiares o amigos supervivientes. Más frustrante aún resulta el hecho de que su curso académico se vio interrumpido, lo que le obligó a posponer los exámenes de teoría artística «a causa de estar completamente ocupado en el servicio militar».[1]

El curso académico de 1876 iba a resultar todavía más complicado. Los dos proyectos principales del curso eran el diseño de un patio para las oficinas gubernamentales locales y un pabellón español para la exhibición del Centenario de Filadelfia. Trazados en un estilo que se describió como «fundido de Gustave Moreau con Viollet-le-Duc», su detalle neohelénico, su ornamentación y los arabescos que recorrían la superficie reflejaban el deseo de Gaudí de satisfacer a sus profesores mediante la imitación de su estilo. Ese neoclasicismo relajado que se concentraba en la textura de las superficies era corriente en la época. Un friso ornamental elaborado y minuciosamente ejecutado para la cúpula de la Diputación mostraría, a su vez, escasa individualidad. Gaudí había comprendido de sus amargas experiencias que los profesores rara vez premiaban la innovación, de forma que aguardaba el momento oportuno.

En otros trabajos de curso, sin embargo, tuvo más posibilidades de mostrar sus peculiares dotes. A José Fontseré i Mestre se le había encargado recientemente el diseño del nuevo parque de la Ciutadella, regalo del general Prim a los barceloneses. A Gaudí, su ayudante a media jornada, se le exigió resolver los complejos cálculos hidrológicos del embalse necesario para alimentar la gigantesca fuente ornamental y su lago para botes de remo. Realizó la tarea con tal precisión que, cuando el profesor de resistencia de los materiales, Juan Torras Guardiola, comprobó sus cálculos consideró de inmediato que había superado el curso en cuestión a pesar de que no había asistido a una sola clase. A Gaudí se le tildaba de sociable, popular y trabajador. Entre sus amigos se incluían Cristóbal Cascante i Colom, Emilio Cabanyes Rabassa y Camil Oliveras i Gensana, dos años mayor que todos ellos.

El otoño de 1876 trajo consigo la tragedia: la muerte de Francisco, el hermano de Gaudí. Con sólo veinticinco años, ni siquiera había iniciado su prometedora carrera de médico. Apenas dos meses después, el 6 de septiembre, su afligida madre le siguió a la tumba. Semejantes pérdidas sólo podían asimilarse lentamente y en la particular manera de Gaudí, quien más adelante hablaría de ese período

Página del manuscrito de Reus de 1878, en el que Gaudí describe
su visión ideal de la Casa Pairal.

en que vivió sumido en la depresión. Pero con aquellas muertes frescas en la memoria, se concentró en el trabajo. Ahora era el único hijo
varón y el responsable de las vicisitudes de la familia.

Resulta significativo que dos meses más tarde Gaudí iniciara un
diario. Aunque breve, se trata del único documento que tenemos de
la vida cotidiana de Gaudí. Empezado el 21 de noviembre de 1876,
su entrada final es de dos meses más tarde. En total contenía poco
más de mil palabras. «Débese trabajar mucho para salir del paso»,
escribió el 25 de noviembre tras haber trabajado tres horas y media
para Villar en un santuario de la Virgen de Montserrat, y dos horas
y media más en un chalé de vacaciones para el arquitecto y profesor
Leandro Serralach. Quizá la invocación se refiriera de forma específica a los problemas arquitectónicos que tenía entre manos, pero es
probable también que respondiera a su estado de ánimo en general.
Aunque el diario no peca de sentimental, nos da la impresión de estar escrito por alguien empeñado en ir por delante de sus emociones.

El 19 de octubre Gaudí amplió su ya sustancial volumen de trabajo al presentarse a un concurso para el que diseñó un pabellón
almenado y con embarcadero a orillas de un lago. El azar quiso que
esos dibujos sobrevivieran al incendio de 1936 por haberlos cedido,
junto con muchos otros de sus trabajos como alumno, para una exhibición en la escuela. Finamente detallados y coloreados con delica-
das acuarelas, era obvio que le habían llevado mucho tiempo. Para
finales de noviembre, Gaudí trabajaba la mayor parte de los días y en
ocasiones hasta para tres o cuatro estudios arquitectónicos diferentes,
estudiaba pliegos de fotografías de los monumentos españoles más
conocidos y, de manera simultánea diseñaba para la empresa de maquinaria industrial Padrós y Borrás. Esos malabarismos entre su trabajo como arquitecto y sus estudios en ocasiones le hacían sentirse
enfermo. Hay entradas que rezan: «Villar, dos horas; Villar, una hora;
Fontseré, tres horas; Serrallach, una hora.» Etcétera. Sólo dejaba de
trabajar los días festivos, como Navidad o San Esteban, y quizá fuera con una mezcla de frustración y alivio que en las entradas de otros
dos días garabateara: «Nada absolutamente. Nada, pasar el día sin
hacer nada.»

De luto por su familia, escribió una breve meditación sobre la *casa
pairal*, un estudio idealizado de la casa familiar catalana:

La casa es la pequeña nación de la familia. La casa propia es el país natal; la de alquiler es el país de la emigración: por lo mismo la casa propia es el ideal de todo el mundo. No se concibe la casa propia sin familia; sólo se concibe así la de alquiler. A la casa de familia se le ha dado el nombre de *casa pairal*. Con este nombre, ¿quién no recuerda algún bello ejemplo en el campo o en la ciudad?

Sin embargo, su nueva familia se forjaría muy pronto en el compañerismo del taller.

El 15 de marzo de 1878 Gaudí obtuvo el título oficial de arquitecto, que le permitiría adherirse al Colegio de Arquitectos de Cataluña, el cuerpo oficial que regulaba la práctica de la arquitectura, ofrecía asesoría legal, establecía una política de tarifas, registraba proyectos y contaba con una biblioteca y un club.

La graduación de Gaudí, sin embargo, no había transcurrido sin incidentes. Su asistencia a la escuela había sido esporádica. Su enfoque de los encargos asignados a menudo había quebrantado las reglas. En su proyecto de hospitales, por ejemplo, se dedicó a investigar de forma tan exhaustiva otros edificios (el Boston Free de Massachussetts, el Lariboisière de París y el Blackburn Hospital) que se le acabó el tiempo. La noche anterior a la fecha de entrega se llevó el proyecto a casa para dibujar de una sola sentada y a toda prisa la fachada que le pedían. Rogent, el director de la escuela, invitó entonces a todos sus alumnos a su casa para informarles de que habían aprobado, «a excepción, por supuesto, de Gaudí». Tras accederse por fin a un compromiso, a éste se le permitió presentar en su lugar un diseño para una fuente monumental.

A lo largo del curso Rogent y sus colegas se habían percatado del talento de Gaudí, pero la actitud de éste, en ocasiones agresiva, no siempre le granjearía amigos. En su graduación (que obtendría por voto mayoritario pero no unánime), Rogent pronunció finalmente: «¡Caballeros, nos hallamos hoy en presencia de un genio o de un loco!», a lo que Gaudí respondió sarcástico: «Bueno, por lo visto ya soy arquitecto.»

Pero ¿quién había votado en su contra? ¿Villar, Serralach, Fontseré, Vilaseca, Font, Domènech i Montaner o Rogent? Todos habían trabajado con él. Es más probable que fuese Domènech, quien empezaba a considerar a Gaudí un rival en potencia.

Si 1878 fue un año clave en la floreciente carrera de Gaudí, fue igualmente significativo para Domènech. Ambos se hacían mutuamente sombra en sus carreras y sus sendas se cruzaban con frecuencia. Domènech era un arquitecto renacentista de mente cívica que no había tardado en transformarse a sí mismo en una institución. Erudito extraordinario y genio organizativo, Domènech no era tan sólo arquitecto sino editor, diseñador de libros, autor, conferenciante, político distinguido y, finalmente, director de la Escuela de Arquitectura de Barcelona.[2]

Fue su pionero ensayo de 1878 *En busca de una arquitectura nacional* lo que situó a Domènech en el centro del debate arquitectónico catalán. Como Viollet-le-Duc y Gottfried Semper antes que él, abogaba por despojar a la arquitectura de convenciones académicas trasnochadas para reemplazarlas por un enfoque racional más funcional. «Sometamos las formas decorativas a los principios de la estructura, tal como hicieron los períodos clásicos», instaba con energía.

En sólo once páginas, Domènech analizaba de forma sistemática varios estilos arquitectónicos desechando cada uno de ellos como inapropiado para Cataluña. El tesoro arquitectónico español procedía del sur islámico y el norte románico y gótico. Todo lo demás era externo, pero la verdadera astucia de Domènech residía en su decisión de poner por encima de todo la lógica estructural de un edificio, liberando con ello el estilo nacional del provincial, lo que sería de una importancia vital para el desarrollo del estilo modernista. Domènech se las arregló para integrar la arquitectura en el debate cultural catalán conocido como la Renaixença. Paradójicamente, le correspondería a Gaudí, más que a ningún otro arquitecto, ilustrar la tesis de Domènech a través de sus edificios y de su estilo catalán único.

La Reinaxença proponía una específica respuesta catalana al romanticismo, fundamental en gran parte de las ideas de Gaudí. El papel de la religión y del nacionalismo catalán era muy importante, pero su propósito esencial consistía en el completo restablecimiento de la lengua catalana. El nacimiento de ese nacionalismo lingüístico se remonta a la publicación del poema de Aribau *La pàtria*, en 1833, en el cual el poeta declama con fervor:

Muerte al ingrato, que al sonar en sus labios
En región extraña su acento nativo, no llora
Que al pensar en su hogar no se consume ni añora
ni descuelga de la pared las liras de sus abuelos.[3]

Otros se alzaron rápidamente ante su desafío. En 1841 Joaquim Rubió i Ors publicó su *Lo gayter de Llobregat* (El gaitero de Llobregat), en el que exigía que el catalán fuera liberado de la dominante lengua castellana y eternamente protegido del mestizaje.

La Renaixença no era tan sólo un fenómeno lingüístico. También encontraba su válvula de escape en un creciente movimiento político-co que abogaba por una identidad catalana separada y aranceles proteccionistas para cuidar de la base industrial catalana que se expandía con rapidez. Era en ese punto donde las frustraciones que se albergaban respecto de Madrid se manifestaban con mayor energía.

Joan Güell i Ferrer, importante hombre de negocios catalán y padre del futuro mecenas de Gaudí, Eusebi Güell, sería una de las voces destacadas en el movimiento proteccionista catalán. Su tono era implacable: «La gente que confía en el trabajo duro, administrado con inteligencia, y en el ahorro, crea capital y acrecienta su riqueza. La gente indolente y perezosa que tan sólo confía en lo que produce el trabajo de otros, o en activos líquidos o en el oro de otras naciones, esa gente recibe su merecido en forma de pobreza, decadencia y ruina.»[4]

Lo que la Renaixença había logrado, más allá de un magnífico florecer de las artes, era una deliberada catalogación de los atributos específicos del auténtico carácter catalán, a saber: ahorro, honestidad, trabajo duro, lealtad, amor a la familia, el paisaje y el hogar. Pero la Renaixença tenía también una veta profundamente religiosa. Laicos como el profesor de literatura de la Universidad de Barcelona Manuel Milà i Fontanals darían clases a toda una generación sobre la verdadera identidad catalana. *La Ballena Literaria*, pues así se le conocía, pontificaba sobre el valor de la tradición por encima de todas las cosas. Gaudí, y muchos centenares más, se sentaron a sus pies para escucharle hablar de Schiller, los románticos, los nazarenos y sobre Roma y para oírle citar semiolvidadas canciones folclóricas catalanas.

En el seno de la Iglesia catalana, el obispo Morgades promovía un enfoque tradicionalista. Líder de un enérgico renacer, Morgades con-

siguió apoyo para obras de renovación de enorme contenido simbólico, como las de Santa María de Ripoll, que al igual que Poblet había sido saqueada en 1835. Para Morgades, así como para sus seguidores Josep Torras i Bages y Jaume Collell, la verdadera identidad
catalana se encontraba en la piedad rural. Se trataba, por supuesto,
de una piedad que reconocía antiguos privilegios y leyes feudales que
favorecían a la Iglesia y el statu quo. Sería a esa clase de piedad a la
que el propio Gaudí llegaría con el tiempo a representar.

La manifestación más simbólicamente poderosa de la Renaixença,
sin embargo, y que suscitó enorme interés en Gaudí, fue la reinstauración del antiguo concurso nacional de poesía, los Jocs Florals. Los
poetas catalanes leían en alto himnos, odas y poemas épicos que celebraban en catalán la belleza de su lengua y su tierra. Los galardo-
nes que se concedían eran, en primer lugar, una rosa para un poema
sobre cualquier tema; en segundo, la *eglantina d'or*, una rosa realizada en oro para un poema sobre costumbres o historia catalanas; y, en
tercer lugar, una violeta de oro y plata para una pieza de contenido
religioso o que levantara moralmente el ánimo. La rosa natural era
apropiada, porque nada que el hombre creara podía aspirar a la belleza de la naturaleza catalana y las obras divinas. El objetivo último
consistía en ganar los tres premios y convertirse en una leyenda catalana, el *mester de gay saber*. Uno de los pocos en lograrlo fue Jacint
Verdaguer en 1877, durante el último curso de Gaudí en la Escuela
de Arquitectura, con su monumental *La Atlántida*.

Entre 1878 y 1880, bajo la sombra de la Renaixença, Gaudí echó los
cimientos de su carrera posterior. Sin embargo, el éxito temprano en
los negocios se vio una vez más enturbiado por la tragedia personal
con el fallecimiento de su hermana mayor, Rosa, en 1879, que le
dejaría como único hijo.

Algunos de los primeros diseños de Gaudí, como arquitecto oficial, fueron para sí mismo. Un simple diseño de una tarjeta profesional de visita y un escritorio de trabajo tuvieron para él gran importancia simbólica, pues, al igual que el obrero medieval, creaba sus
propias herramientas de trabajo. En lo que concierne al estilo, además, sus diseños eran propios del momento. Las florituras aplicadas

a los restallantes caracteres de su tarjeta de color beige eran *art nouveau*. Su escritorio daba la impresión de ser de William Morris. Elaboradamente decorado, también estaba diseñado para resultar práctico.

Gaudí había invertido muchas horas en decidir el lugar del ornamento tanto en la arquitectura como en el diseño. En un ensayo no publicado, *Ornamentación*, escribió:

> La ornamentación ha sido, es y será colorada, la naturaleza no nos presenta ningún objeto monótonamente uniforme; todo en la vegetación, ni en la geología, ni topografía, ni en el reino animal, siempre el contraste de color es más o menos vivo, y de aquí que obligadamente debamos colorar en parte o en todo un miembro arquitectónico.

El escritorio era ideal para comprobar en él el desarrollo de sus teorías. Su pesada forma de ataúd, que se asentaba sobre cuatro patas afiladas, unidas por una placa de apoyo, ofrecía un ingenioso equilibrio entre la función del escritorio y su forma. Los sujetalibros redondeados eran lisos. Contra la madera, el joven arquitecto había aplicado metales decorativos que, juntos, formaban un «reino topográfico». Serpientes, pájaros de presa, una ardilla y un lagarto, una mantis religiosa, un gallo joven, mariposas y abejas hormigueaban en la hiedra trepadora y los ramitos de laurel. Ahí estaba el «gran libro de la naturaleza» de Gaudí, pero domesticado y trasladado a la seguridad del interior.

El escritorio también sería importante por otros motivos. Fue construido en el taller de Eduardo Puntí en la calle de la Ceniza, donde un día, en el transcurso de una visita, a Gaudí le fue presentado el fabulosamente rico don Eusebi Güell. Los dos hombres se hicieron amigos de inmediato. Esa amistad se transformó con rapidez en una de las más extraordinarias relaciones que jamás se dieron entre un artista y su mecenas. Para cuando tuvo lugar su primer encuentro, Gaudí sólo había completado cuatro proyectos: su escritorio; un puesto de flores de hierro forjado para Enrique Girossi, diseñado para la producción en masa pero nunca concluido debido a la bancarrota de éste; un expositor de vidrio para la exposición de París de 1878 destinado a los fabricantes de guantes Comella de Barcelona, y una serie de dibujos para un juego de farolas de hierro forjado.

Las monumentales farolas que hoy aún pueden admirarse en la plaza Real constituyen el principio de cualquier recorrido serio por la obra de Gaudí, porque supusieron su primer encargo oficial. La suya fue, sin embargo, la segunda opción: sólo se le ofreció el trabajo después de la muerte de Jaume Serra i Gibert y, según Bassegoda, gracias a la activa intervención de Martorell.[5] Transcurridos cuatro meses, Gaudí presentó ilustraciones reproducidas a una escala de 1:10. La maqueta modelo de las farolas le fue confiada, a su vez, a Puntí.

El candelabro de seis brazos de las farolas, instalado sobre un soporte de mármol y coronado por el casco de Mercurio, símbolo del auge del comercio en Barcelona, recordaba a los Porxos de Xifré, quizá de manera deliberada, pues se planeaba instalar varias farolas frente a dicho edificio. Para espacios menos imponentes Gaudí presentó una versión reducida de tres brazos. Ambas versiones fueron acogidas con la aprobación tanto de los críticos como del público.

La remuneración de Gaudí, empero, se convirtió en una batalla interminable. No se le ofrecieron por su trabajo más que 336 pesetas. Gaudí había presentado una factura detallada por 2.300 pesetas, casi siete veces esa cantidad. El mes de marzo siguiente, el principal arquitecto municipal de la ciudad, Rovira i Trias, recortó el importe a 850 pesetas. En abril, un Gaudí insatisfecho aceptó esa cantidad notablemente inferior. Pero las 514 pesetas de diferencia acabarían por salirle caras, pues Gaudí no volvió a recibir otro encargo municipal en Barcelona.

Tras aprender de semejante experiencia, Gaudí recibió su siguiente encargo de Martorell: el diseño de muebles para el adinerado marqués de Comillas, quien estaba decidido a crear un nuevo lenguaje arquitectónico que reflejara su asombroso éxito. Ignorando cualquier precedente, planeaba transformar su lugar de nacimiento, el pueblo de Comillas, en una vitrina de los arquitectos modernistas de Barcelona. Comillas le pidió a Martinell que construyera el palacio Sobrellano, además de un panteón con capilla y un seminario jesuita en la colina de enfrente. El equipo de diseño de Martinell incluía a Cascante y Oliveras. A sugerencia de Eusebi Güell, Gaudí fue invitado a diseñar algunos muebles para la capilla. El escritorio de Gaudí en el taller de Puntí quizá convenció a Güell de la aptitud de aquél para la tarea. Como todas las piezas de mobiliario religioso de la época victoriana, el reclinatorio, los bancos y el trono de Gaudí resultan tan decorosos como en exceso refinados. Por todas partes se ha abusado de la profusión de tallas. Abundan las columnas clásicas, pero es la complicación del detalle lo que se lleva la palma: la impresión dominante es la de la riqueza del marqués.

Gaudí trabajó para la familia de los Comillas en dos ocasiones más. En el verano de 1881, diseñó una glorieta en forma de turbante como escenario de teatro aficionado basado en *Las mil y una noches* para una visita real.[6] Recubierto de mosaicos y de una constelación de púas metálicas y móviles que sujetaban campanas y carillones, la glorieta resarcía a Gaudí de todos sus estudios orientalistas. En su centro había colocado una mesa de cristal sobre una alfombra turca finamente tejida. El día anterior a la visita de Alfonso XII un obrero tropezó con ella e hizo añicos con la cabeza la superficie de cristal de la mesa. Mientras que Gaudí mostraba su alegría ante el hecho de que nadie resultara herido de gravedad, Matamala sugirió que regresara de inmediato a Barcelona en busca de un recambio. La visita real constituiría un éxito, y para ello no se reparó en gastos. Doscientos vagones de tren habían recorrido lentamente España cargados con lujosos objetos capaces de asegurar la comodidad del rey.

El siguiente encargo de Gaudí fue para una cooperativa obrera en Mataró, y supuso un contraste absoluto. Gaudí trabajaba de firme en pos del éxito. Hubo muchos fracasos en el camino. Un pequeño teatro en San Gervasio de Cassoles, desaparecido tiempo atrás, no produjo impacto alguno en la escena arquitectónica. En 1880 participó en un concurso para el Casino de San Sebastián, pero no lo ganó. Un proyecto para proveer de iluminación el malecón de Barcelona se fue al agua. Como también lo hizo un retablo para el altar de San Félix de Alella. El plan para una finca rural en Gelida, Can Rosell de la Llena, nunca pasó de la mesa de dibujo. Su famoso diseño de una nueva fachada para la catedral gótica de Barcelona, un concurso patrocinado por el multimillonario Manuel Girona en que colaboraron Gaudí, Domènech y Martorell, no superó la fase de presentación del proyecto.

Los citados son sólo unos cuantos ejemplos de proyectos fracasados que han salido a la luz. Pudo haber habido muchos más. Timoteo Padrós, un amigo de Gaudí, le pidió en cierta ocasión algunas ideas para una fábrica textil en Madrid. Gaudí respondió con irritación: «Como usted sabe muy bien, yo vivo de mi trabajo y no puedo dedicarme a proyectos que sean una vaguedad o un ensayo, y creo que usted mismo no deseará que deje lo cierto por lo incierto.»

Gaudí conoció a Salvador Pagés i Anglada, director de la Sociedad Cooperativa Obrera Mataronesa, en las mesas de ajedrez del Ateneu, cuando aún era estudiante.[7] El poeta Joaquín Bartrina, antiguo compañero de clase de Gaudí, era también amigo, defensor y portavoz de Pagés. Una de las primeras cooperativas en España, la Mataronesa, a sólo quince kilómetros al norte de Barcelona, había adoptado un enfoque pionero que podría haber amenazado seriamente la oligarquía de las principales familias textiles de Barcelona. En los optimistas últimos años de la década de 1870, una utopía industrial aún parecía alcanzable. Resuelto a la expansión, Pagés les había pedido a Gaudí y su amigo Emilio Cabañes planos para viviendas obreras, una sala de decolorado industrial y un logotipo para la compañía. Los experimentos de Gaudí y Cabañes a la hora de crear una identidad corporativa fueron revolucionarios. Cada aspecto de la imagen de la cooperativa, desde los artículos de papelería hasta las viviendas obreras, fue concebido con claridad.[8] Sin embargo, pocos de los edificios planeados iban a completarse. El más interesante de ellos era el cobertizo industrial, en el que los esfuerzos mecánicos se aplicaban a la perfección. Una docena de arcos parabólicos, formados a partir de un triple laminado de finas tablas atornilladas, recorría el espacio convirtiendo la sala central en un lugar amplio y despejado. El arco parabólico distribuye uniformemente su carga a lo largo de toda su extensión. Se trataba, pues, de una solución simple y barata. Utilitaria e igualitaria a la vez, suponía la metáfora espacial perfecta para la filosofía del trabajo cooperativo de la sociedad.

La utopía industrial de Pagés es de una inocencia desarmante. El logotipo de la empresa representaba el enjambre de la industria, con abejas que trabajaban en armonía en los telares.

Los lemas de Gaudí, que explicaban en detalle el ideal que animaba a la empresa, estaban pintados en las paredes. «¿Quieres ser hombre de ciencia? Sé bondadoso», rezaba uno; otro: «¡Compañero!, sé solidario, practica la bondad», y otro más: «No hay nada más inmenso que la fraternidad.» Sin embargo, no todos sus lemas se expresaban en el lenguaje del amor fraternal. Un negocio dinámico necesita, a veces, liberar energías más toscas. Un lema advertía al personal de la cortesía fingida: «El exceso de cortesía es de mala educación.» Este último está claro que le salía del corazón: Gaudí sería famoso por su actitud brusca e hiriente.

Los demás se percataban de las contradicciones de Gaudí. Martinell le analizaría del siguiente modo:

> Sueña con el obrero selecto y refinado que ha conocido en su amigo Salvador Pagés, gerente de la Cooperativa Mataronense, y con el aristócrata trabajador que ha visto en Eusebi Güell y en la fraternal convivencia de unos y otros. Esta profunda visión de los problemas sociales la expone y discute con agilidad mental y dialéctica concluyente, haciendo respetar su opinión ante las diferentes ideologías. Más entrados los años, se retractó de sus maneras despreocupadas. Sus ideales obreristas no los abandonó jamás, aun sin hacer ostentación de ellos. Lo que hizo fue sustituir la filantropía laicista por la caridad cristiana.[9]

El encargo de Mataró llegó en una encrucijada crucial en la carrera de Gaudí como arquitecto. En las frecuentes visitas a Mataró, trabó amistad con dos hermanas, Josefa, a quien llamaban Pepeta, y Agustina Moreu, profesoras en la escuela de la cooperativa. Vivían en la calle Diputación de Barcelona, cerca de Gaudí, quien las visitaba a menudo. Pepeta le parecía la más agradable. Divorciada de su primer marido, era, para la época, poco convencional. Pasmado ante su belleza y su energía, a Gaudí, no obstante, le resultaba muy difícil, a causa de su reserva e inexperiencia, manifestar sus sentimientos. Finalmente, y con bastante torpeza, le pidió que se casara con él, pero Pepeta anunció que estaba comprometida con un próspero comerciante de maderas, Ignasi Caballol.[10] Gaudí había perdido su oportunidad. Sólo volvería a enamorarse de otra mujer, una joven norteamericana, con la que perdió todo contacto cuando ésta regresó a Estados Unidos. Resignado al celibato, Gaudí asumiría con fatalismo su estéril vida amorosa. Más tarde optaría, como tantos místicos del Siglo de Oro español, por la «llama de amor viva», el peregrinaje espiritual que llevaba hasta Dios y propugnaba la negación del yo y la abnegación

de la carne.[11] Le volvió para siempre la espalda a la compañía feme-
nina para convertirse, según Lluís Permanyer, en un misógino que
reprendía a sus ayudantes si visitaban cafés de dudosa reputación o
eran vistos paseando en compañía de mujeres.[12]

A comienzos de la década de 1880 Gaudí tenía reputación de ser
tanto radical como innovador. Conocido tan sólo en un pequeño círculo que incluía a Martorell, Fontseré, Vilaseca y Rogent, no contaba en su haber más que con casetas de exhibición (temporales), quios-
cos e interiores de tiendas. Para finales de la década, sólo siete años
más tarde, se habría convertido, junto a Domènech, en uno de los
más venerados y famosos arquitectos de Cataluña, si no de España.
Ese cambio dramático en su fortuna se debió a unos cuantos encargos fundamentales y a su transformación en figura clave del renacimiento cultural catalán.

La entrada de Gaudí en la vida cultural barcelonesa se vio facilitada por su incorporación a algunas de las muchas sociedades que
habían irrumpido en escena durante el optimista período posterior a
la guerra civil.

El 29 de abril de 1879 Gaudí se hizo miembro de la Associació
Catalanista d'Excursions Científiques, formada para promover el deporte, el montañismo, la creación de bosquejos y la topografía, las ciencias naturales, el interés por el campo catalán y el legado arquitectónico.[13] Con sólo tres años de existencia, la *associació* se había
convertido con rapidez en una institución.[14] Aún hoy continúa en su
local original, detrás de la catedral, en la angosta calle Paraíso.

Las sociedades excursionistas, exclusivamente masculinas, se formaron con vistas a que los catalanes pudieran redescubrir su esplén-
dido pasado. El pasatiempo aparentemente inocuo de recorrer los
senderos montañosos adoptó un cariz claramente politizado y nacionalista.[15] Los inicios del movimiento excursionista coincidieron casi
exactamente con un resurgir del catalanismo político.[16]

Por toda Europa habían florecido las sociedades de montañismo.
Tanto Ruskin como Viollet habían promovido la estética de las cumbres, pero su historial se remontaba mucho más atrás. Sus raíces se
hallaban en el romanticismo y en una nueva consideración panteísta
de la naturaleza, en especial de las montañas. En Finlandia, la filosofía
nacionalista del karelianismo había ido creciendo hasta convertirse en

un absoluto y vigoroso movimiento de «retorno a la naturaleza». Millares de finlandeses explorarían sus raíces espirituales mientras recogían setas con que dar sabor a sus guisos invernales. En Francia, sin embargo, el montañismo y el ejercicio físico asumirían un sabor cada vez más milenario. Déroulède escribiría sobre su temor de que la sedentaria vida moderna produjera la degeneración racial.

En contraste, el movimiento excursionista catalán, aunque en ocasiones acusado de no hacer más que contemplarse el ombligo, era casi por entero benevolente. Casi podría describírselo como la manifestación puramente física de la Renaixença. En el primer aniversario de la *associació*, en diciembre de 1877, Antoni Masso escribió un informe, *Conveniencia del estudi de les montanyes*, en el que se alegraba sobremanera del «amor a la patria» que compartían y que evocaba «entre las ruinas matices de su ilustre pasado»; ingenuo y patriótico, resultaba de lo más embriagador.

En el local de la calle Paraíso, los miembros de la *associació* se reunían, como aún lo hacen, para escuchar conferencias, utilizar la biblioteca, enfrascarse en el estudio de mapas, comprar equipos de montañismo y mantener debates informales. Se impartían clases y conferencias sobre literatura, música, arquitectura, arqueología y economía catalana. Aquélla era, en muchos aspectos, la era del aficionado. La frecuente participación de Gaudí en los acontecimientos de la asociación se vio considerablemente facilitada, en los primeros años, por su traslado al que sería su primer estudio de arquitectura, además de vivienda, en la calle del Call número 11. Estaba a un par de minutos andando. Gaudí se vería así situado en el corazón mismo de la ciudad; sería la llegada definitiva.

La revista de la asociación mantenía al día a sus lectores sobre las actividades de sus miembros, como los numerosos viajes a Egipto, Nubia y China del diplomático itinerante Toda; Domènech y Vilaseca recibirían la enhorabuena en 1878 por ganar el concurso para el edificio escolar de la Ronda de San Pedro. Incluso las farolas de Gaudí serían mencionadas.

Pero la instrucción no lo era todo. La asociación celebraba una fiesta anual, el día de San Jorge, en la que sus miembros, el propio Gaudí entre ellos, decoraban el local. Las columnas romanas se cubrían de guirnaldas de flores y se envolvían en hiedra. Los bustos y

retratos de héroes culturales catalanes, que iban de Ramón Llull a
Clavé, se coronaban de laureles y se disponían en conjuntos rodea-
dos por las palabras «pasado» y «futuro», en catalán, flanqueando un
blasón que enarbolaba el lema central, la *patria*.

Como su nombre sugiere, era en los viajes organizados y excursiones que la *associació* se lucía. Éstos exploraban con frecuencia la
arquitectura de la Cataluña medieval. En el primer año de la sociedad, se organizaron salidas a Poblet, Sant Cugat del Vallés, Ripoll,
Montserrat, Santes Creus, el castillo de Montjuïc, el Tibidabo y Tarragona para contemplar un mosaico romano recientemente excavado.
Los viajes incluían más que la mera visita turística. A los alcaldes y
sacerdotes locales se les daba la lata sin descanso en el caso de que
sus esfuerzos restauradores se juzgaran deficientes o en extremo entusiastas. Así fue como, por ejemplo, el alcalde de Sant Cugat del
Vallés recibió una severa carta en la que se le recomendaba que res-
taurase el famoso claustro románico que contenía el autorretrato del
siglo XII de Arnau Cadell, uno de los primeros en su tipo del arte
occidental.

Al principio la participación de Gaudí fue discreta. El 23 de mayo
de 1879 se sumó a un grupo de cincuenta y dos personas en la catedral de Barcelona, la excursión más exitosa organizada hasta el momento, lo cual no sorprende demasiado considerando que el local de
la asociación estaba a tan sólo veinte metros. Seis meses más tarde
Gaudí se apuntó a una visita a la iglesia gótica de San Esteban, en
Granollers, donde, como único arquitecto presente, se le requirió su
opinión sobre la restauración del edificio y la eliminación de una
antiestética fortificación erigida a toda prisa durante una de las guerras carlistas.[17] Al mes siguiente se decidió por votación unánime su
entrada en la junta y fue nombrado guardián oficial del Museo Arqueológico de la *associació*, que contenía seis columnas romanas y
poco más.

El 25 de enero de 1880 Gaudí visitó Santa María del Mar con un
grupo de treinta y una personas, que incluía a Domènech y Güell; éste
se hizo miembro tan sólo una semana después. Aun a sus veintiocho
años, Gaudí parecía satisfecho con el hecho de familiarizarse de nuevo
con unos edificios que ya conocía a fondo. Pero su presencia en esas
salidas muy bien podía deberse a que quizá entrañaran asuntos serios

que llevar a cabo. A raíz de la visita a Santa María del Mar, se envió un informe a la atención del encargado de obras con algunas sugerencias de importancia. No está muy claro hasta qué punto la *associació* ejercía poder en realidad, pero en una ciudad pequeña las «influencias» resultan a menudo más eficaces que los edictos oficiales.

Sin embargo, no eran ésas las únicas responsabilidades que el ambicioso y joven arquitecto estaba dispuesto a aceptar. En noviembre de 1880 Gaudí y el conde de Bell-lloch formaron parte del comité organizador de una exhibición en honor del Fomento del Trabajo Nacional, fundado por industriales destacados para promover las necesidades industriales de España. Al mes siguiente Gaudí haría una reseña de la exhibición para el diario moderado *La Renaixença*. La extensa nota hacía gala de un estilo crítico seguro de sí que se apoyaba considerablemente en Morris y Ruskin. Pero Gaudí ya estaba yendo más allá del movimiento de artes y oficios en sus exigencias de mayor atención hacia lo funcional y de que se mostrara mayor sensibilidad para con las necesidades de la industria. Da la clara impresión de haber sido un joven enérgico dispuesto a aceptar casi cualquier responsabilidad, un participante entusiasta excitado por la vida social y cultural de la ciudad y deseoso de unirse a ella. El logotipo de la *associació* fue diseñado por Gaudí y otros dos miembros, Torrents y Rusiñol, y al primero se le pidió, una vez más, que se hiciera cargo de la decoración para la fiesta de aniversario.[18]

Gaudí era también miembro itinerante de la Associació d'Excursions Catalana, grupo rival de la *associació*. Cuando en 1882 esta última le propuso una visita a Poblet para un selecto grupo de más de cuarenta escritores y artistas valencianos, mallorquines y catalanes, a Gaudí le fue imposible rehusar. El grupo incluía a Àngel Guimerà, el poeta, dramaturgo y editor de *La Renaixença*, Jacint Verdaguer, el escultor Pablo Gargallo y el sacerdote Jaime Collell. El grupo se reunió en Tarragona el 17 de mayo por la noche para poder asistir a la mañana siguiente a la misa matutina en la catedral, celebrada por Collell. Espiritualmente revitalizados, cogieron el tren para seguir la misma ruta que Gaudí recorriera una década antes. Por un día al menos el acariciado sueño de una colonia artística podía convertirse en realidad. En Espluga, se precipitaron hacia los carruajes y los burros para emprender (algunos a pie) el lento ascenso hasta

Poblet. Se había dispuesto que se alojaran en tres grandes granjas cercanas.

Mientras el grupo comía, Gaudí, el artista Dionisio Baixeras, Verdaguer y el pintor valenciano José Brel Giral se escabulleron para preparar una rápidamente improvisada *son et lumière* utilizando bengalas de colores. Después una luz fosforescente se irradiaría, evocadora, en la vaporosa niebla nocturna recordándole a más de un testigo cómo debió de haber sido contemplar el monasterio ardiendo en 1835. Los abrumados miembros de la fiesta se unieron a Jaime Collell y Verdaguer, sentados entre las ruinas, en una apasionada *Salve Regina*. Nada podría haber transmitido un sabor más auténtico de la matriz cultural en que Gaudí estaba a punto de entrar: un cóctel de catolicismo, romanticismo, fraternidad, catalanismo, todo ello mezclado con el amor romántico hacia las ruinas y las causas perdidas.

Justo al otro lado de la frontera franco-española visitaron los claustros románicos de Elne, en las salinas planicies entre Colliure y Perpiñán. Allí, al grupo le fue tomada una fotografía que aún se conserva. Ocultándose con timidez detrás de Àngel Guimerà, Gaudí aparece de perfil y sumido en las sombras. Contemplar esa fotografía equivale a pasar lista a la vida cultural catalana de finales del siglo XIX. Los otros presentes incluían, como siempre, al padre Collell, Verdaguer y el artista-poeta anglófilo Riquer i Inglada, quien promovería enérgicamente en España la filosofía de artes y oficios de Morris. Sin ese grupo de individuos de talento, tanto la Renaixença como el movimiento modernista habrían sido por completo diferentes.

Desde Elne, el grupo se dirigió tierra adentro hasta Toulouse. Al llegar, se dirigió de inmediato a admirar la simple ingeniería de la nave de bóvedas de cañón de la iglesia románica de Saint Sernin, del siglo XI. Pero Gaudí cuestionó la supremacía de la «mirada» occitana nativa. Según Martinell, comparó desfavorablemente a Saint Sernin con el, para él, superior románico catalán. Concluyó con desdén la visita pronunciando un ufano «Volvamos a casa», y desde entonces, aparentemente, «renunciando a las excursiones por el extranjero que, en efecto, no realizó durante el resto de su vida».[19] De ser cierto, estaba en consonancia con una visión del mundo «catalanocéntrica» cada vez más de moda. En cierta ocasión le preguntaron a Gaudí por qué no viajaba más a menudo, a lo que éste respondió con brusquedad: «¿Para qué? ¡Son los extranjeros, los que tienen que venir a esta tierra, sobre todo los del norte!»[20]

Desde el verano de 1883 la participación de Gaudí en el movimiento excursionista fue mucho más esporádica. Dado el rápido crecimiento del número de encargos que se le realizarían para el otoño del mismo año, no resulta sorprendente. Para entonces Gaudí disponía de la oportunidad de construir una obra maestra arquitectónica propia.

V

Vistas del Cielo y del harén

El estoicismo cristiano se ve confrontado con el Islam de forma tardía, y del encontronazo resultante emergen las tendencias más marcadas del espíritu religioso de España: el misticismo y el fanatismo.

R. M. Nadal

Mirándonos desde su famosa fotografía, Gaudí tiene todo el aspecto del burgués serio y respetable. El grueso abrigo de sarga de desmesuradas solapas le confiere cierta robustez que le define, por encima de todo, como un hombre formal. Rechazando el atuendo del sofisticado caballero catalán —cuello de esmoquin, corbata blanca y leontina de oro—, exhibe un porte sobrio, y la barba entrecana confirma la impresión de alguien mayor de lo que en realidad es.

El Gaudí de la foto, cercano a la treintena, tiene facciones fuertes y marcadas. El cabello peinado con raya al lado revela una frente alta y abombada, con prominencias sobre las cejas. Ésa fue la única fotografía para la que posó jamás de forma consciente. Y aun así esa aparente fobia a la cámara no suponía un rechazo total a la fotografía en sí misma. Más tarde la cámara se convertiría en una importante herramienta de diseño, en un modo de obtener una impresión rápida del modo en que progresaba un edificio. Aún más importante, sin embargo, era la forma en que Gaudí utilizaba las técnicas fotográficas para manipular, extender y encoger el espacio, e incluso para jugar con la perspectiva.

En la cultura visual española la representación del ojo desempeña un papel simbólico que va más allá de la visión para adentrarse en los reinos de la espiritualidad, la magia y la fe. Esto se observa con claridad en la mirada ensoñadora de los santos contrarreformistas captados en éxtasis por Murillo, Carducho, Alonso Cano, Zurbarán y El Greco: sus ojos nos transmiten y nos transportan a un espacio distinto. En la cultura española popular el ojo tiene a su vez poderes mágicos que resultan más prosaicos. Puede estar dotado de una presencia sexual. Picasso comprendió el poder de la intensa mirada ca-

paz de hacer pararse en seco a una mujer. Gaudí, sin embargo, era un
catalán cerebral. Su cabello pelirrojo, su cutis claro y sus penetrantes ojos azules ya resultaban bastante raros entre gentes predominantemente morenas. Sus ojos, en particular, cautivaban a casi todos los
que le conocían. Ràfols, su primer biógrafo y ayudante, recordaría:

> ... con sus ojos parecía decir tanto como con su palabra, aquellos ojos claros con la profundidad de la videncia, que nos acusaban
> con su serenidad, de nuestras defecciones.[1]

Pero, si tenía ojos de profeta, Gaudí comprendía sus limitaciones.
«Nosotros los mediterráneos tenemos ojos desacostumbrados a los
fantasmas, habituados tan sólo a las imágenes; somos más imaginativos que fantasiosos y estamos por tanto mejor dotados para las artes visuales», le había dicho en cierta ocasión a Martinell.

Otros, como Josep Pla, también se habían fijado en la observación
y el análisis extraordinarios de Gaudí, en quien advertía una nobleza particular combinada con una concentración espectacular.

> ¡Los ojos de Gaudí! Sus ojos azules carecían casi por completo de
> movimiento nervioso, pero su calma mostraba una intensidad singular; no se trataba de una calma que tendiera hacia el éxtasis y la palidez, sino de una calma pletórica de fuerza, pasión y vida. Parecía
> transportar cosas y personas con los ojos.[2]

El hipnótico atractivo de los ojos de Gaudí sería el eje central del
que quizá constituyera el episodio más extraño de su vida, uno que
iba a cambiar el perfil del horizonte de Barcelona.

Después de años de recaudar fondos, la Asociación Espiritual de Devotos de San José, fundada en la década de 1860 por el excéntrico librero José María Bocabella Verdaguer, estaba dispuesta para empezar la
construcción de la Sagrada Familia en el extrarradio del Ensanche, en
Sant Martí de Provençals, en 1881.[3] Tras las primeras discusiones al respecto, el arquitecto diocesano Francisco de Paula del Villar y Lozano
se ofreció a trazar los planos para la asociación sin cargo alguno.

El 19 de marzo de 1882, día de San José, el obispo Urquinaona colocó la primera piedra del templo expiatorio neogótico de Villar. Se esperaba que para finales de la década (momento en que la Iglesia católica contaría con defensas seguras contra los ataques de herejes, protestantes, anarquistas y ateos) sus honorables mecenas Pío IX, la reina Cristina, el príncipe de Asturias —futuro Alfonso XIII— y el que en su día sería san Antoni María Claret celebraran la primera misa.

Las cosas empezaron bien. Para julio de 1882 trabajaban en las obras cincuenta mamposteros y albañiles, ayudados por ocho carros de caballos, pero la Sagrada Familia muy pronto se vio envuelta en problemas. Las relaciones entre Villar y la junta, consejo eclesiástico del templo, empezaron a adquirir mal cariz. La crisis, que se inició con una discusión acerca de los materiales apropiados para las columnas que sostendrían la cripta (sobre los que, de hecho, Villar y la junta ya se habían puesto de acuerdo), no tardó en convertirse en una desagradable pelea.[4] Juan Martorell, un amigo de Bocabella, fue elegido asesor arquitectónico de la junta y, lo que tal vez no fuera sorprendente, decidió a favor de esta última. Resultó obvio que la continuidad de Villar como director de obra se había vuelto insostenible. Martorell suponía una elección clara como sucesor. Su participación como asesor, sin embargo, se lo impedía.

A Bocabella la ayuda le llegó rápidamente en la forma de un sueño. El folclore local nos cuenta que soñó con un joven arquitecto al que reconocería por sus penetrantes ojos azules. El «profeta» de ojos azules acudiría muy pronto a salvar a la Sagrada Familia. Cuando unos días más tarde, en el otoño de 1883, Bocabella entró en la oficina de Martorell para encontrarse cara a cara con Gaudí, supo de inmediato que había hallado a su hombre. Llegado el momento, a Gaudí, en su condición de «elegido», se le daría autonomía absoluta con respecto a la Sagrada Familia.

La secuencia real de acontecimientos resultó mucho más prosaica. La sustitución de Villar fue un compromiso, aceptable para todas las partes. Gaudí satisfacía a la perfección los requisitos. Había tenido de profesor a Villar en la Escuela de Arquitectura y además había trabajado con él en el camarín de la Virgen en el ábside de la iglesia de Montserrat. Es probable que Bocabella, que visitaba a menudo el santuario de la montaña, ya hubiese conocido allí a Gaudí. De no ser así, entonces es casi seguro que Bocabella vio por vez primera a Gaudí sentado a la mesa de dibujante en el atareado estudio de Martorell. Y es posible que Gaudí, a sus treinta y un años, fuera considerablemente más barato como arquitecto que sus colegas mayores y más experimentados.[5]

Al aceptar el encargo Gaudí se situó de un día para otro entre los más importantes arquitectos de Barcelona. En un principio sus ideas se vieron constreñidas por la forma en que el eje del edificio había sido dispuesto en un estricto ángulo recto con respecto al Ensanche circundante. Pero nadie podría haber sospechado cuán dolorosamente lenta sería, en realidad, la gestación, ni que al sustituir a Villar la junta había elegido a un arquitecto que desarrollaría su idiosincrásico estilo a lo largo de décadas en lugar de meses.

Bocabella era un hombre extraordinario. Sentado en su tienda de la calle Princesa, famosa por sus grabados obsesivamente detallistas en madera de boj, mantenía a buen recaudo todos los fondos de la asociación en una caja de caudales bajo las baldosas de cerámica del suelo. En el retrato que le hizo Alejo Clapés exhibe la mirada concentrada del fanático, encorvado sobre su escritorio, dispuesto a lanzarse a la acción o a enfrascarse en el debate. Su carácter, según Francisco Arenas, era el de un xenófobo obsesivo: «Le producían horror las cosas de naturaleza mixta u origen extranjero; desconfiaba de todos los bancos, y no compraba productos franceses porque le recordaban la ocupación francesa de Barcelona, e incluso se negaba a comer nada supuestamente importado.»

Pese al desagrado de Bocabella ante los objetos híbridos, las ideas liberales importadas y otros venenos, seguía estando abierto a cierta influencia extranjera. En 1869, durante su primera visita a Roma, pasó por delante de la iglesia de Loreto, la cual, a pesar de su pedigrí italiano, le pareció admirable como modelo de iglesia pionera que, a través del paternalismo religioso, se esforzaba con ahínco por tender un puente sobre el abismo entre el patrón y la gran masa de obreros.

El catolicismo musculoso de Bocabella era, desde luego, reflejo exacto de un más amplio movimiento hacia la fe entre los miembros de la clase dirigente y los elementos reaccionarios de la sociedad, pero lo que lo había inspirado para fundar la asociación era mucho más personal. Bocabella era asiduo visitante de Montserrat, y dice la leyenda que se le ocurrió la idea mientras contemplaba allí una imagen de la Sagrada Familia. Otro testimonio sugiere que, atemorizado por el brote de fiebre amarilla que se había producido en Barcelona, interpretó la epidemia como azote a la comunidad por todos sus pecados. Se requería una expiación para el materialismo del mundo moderno. Cualquiera de las dos razones serviría, pues llegaba en un momento en que la imagen de la Sagrada Familia contaba a su vez con beneficios políticos.

La rápida industrialización de Europa en la segunda mitad del siglo XIX y el ciclo de freno y avance del capitalismo habían traído un período de cambios traumáticos sin paralelo. En muchos casos, y en especial en la ciudad, las estructuras tradicionales de la sociedad se habían desintegrado sin ser reemplazadas por nada que actuara de aglutinante social ya fuera convincente o cohesivo. La familia, el matrimonio, el clan familiar y otros lazos sociales eran objeto de ataques, del mismo modo que el concepto de pueblo y parroquia como entidad estable estaba perdiendo una definición clara. El malestar social se volvió endémico en la ciudad, como comprobaría una vez más París con el surgimiento de la Comuna, y buscaba solaz en la fraternidad y la unión. Los tradicionalistas respondieron endureciendo su posición en la «familia ideal», y la familia cristiana idealizada se transformó en bandera católica, amenazada por multitud de fuerzas malignas.

Fue en contra de ese telón de fondo que Bocabella empezó a publicar *El propagador de la devoción a San José*, que era copia directa del tratado religioso francés *Propagateur de la dévotion a Saint Joseph* publicado por Sainte Foie, en Dijon, en edición a cargo del sacerdote marista Joseph Huguet.[6] El número uno del *Boletín Mensual* del 24 de diciembre de 1866, el precursor de *El propagador*, exponía con claridad su contenido evangélico.

En el texto Bocabella comparaba el estado de la Iglesia católica con el arriesgado cruce que los apóstoles hicieran del turbulento mar de Galilea en la maltrecha barca de Simón. Su deber como fieles católicos era luchar contra los vientos de la «inmoralidad» y el «error» sin dudar jamás, como hicieran brevemente los apóstoles, en el poder de salvación del Cristo yacente. Los «enemigos de la Iglesia serán condenados», advirtió Bocabella.[7] No resultaba difícil descubrir al enemigo. El primero entre todos los males era la prensa liberal.

La clase de catolicismo propugnado por Bocabella gozaba de atractivo para la masa popular. El interés de Gaudí era, sin embargo, más
refinado. Nacido en el seno de una familia católica devota, admiraba apasionadamente la arquitectura religiosa. También era un romántico de finales del siglo XIX, un admirador de Wagner, Walter Pater,
Pugin y Ruskin.[8] Si el movimiento romántico había presagiado una
revolución de estilos, contenidos y sentimientos al aflojar los lazos del
neoclasicismo, la Iglesia católica romana había gozado, además, de un
despertar paralelo de su potencial estético y espiritual.

Hacia finales del siglo y para gran número de intelectuales el renacimiento católico se había tornado un extraño híbrido del arte por
el arte, simbolismo, decadencia, dandismo, homosexualidad y sadis-
mo. Para muchos la búsqueda del alma y la apertura a nuevas sen-
saciones, una de ellas el catolicismo, había llegado a un precio terrible. La creatividad era el resultado de una prolongada crisis espiritual,
y Pugin, Ruskin, Holman Hunt y Baudelaire se habían vuelto locos.
Pero era la autenticidad y el riesgo de la búsqueda de la creatividad
y la fe lo que de algún modo le prestaban legitimidad.

Quizá parezca extraño que la Iglesia católica compartiera el terreno con esos decadentes que «combinaban el intelectualismo con una
turbia sensualidad»; pero tenían un enemigo común. El materialismo
se había convertido en una fuerza insensibilizadora en la sociedad. El
esteticismo ofrecía una vía de escape del implacable yugo industrial.

El decadente de finales del siglo XIX se había convertido con rapidez en una figura típica, mientras que su casa excesivamente decorada con sus mullidos cojines, plantas exóticas, brazas de seda y sa-
tén perfumados y su fumador de burdel se habían erigido en tópicos
claramente reconocibles. Don Eusebi Güell, tan admirado por Gaudí, era el epítome absoluto de esa mezcolanza de ortodoxia religiosa,
riqueza y amor por «las cosas exquisitas». La pose del dandi anticlerical al borde de la conversión o la resignación se había convertido en
arquetipo; un ángel caído que a través de la gracia de Dios había re-
cobrado la capacidad de volar.

El decadente más famoso, después de Beardsley y Oscar Wilde,
fue el *duc* Jean Floressas des Esseintes, la creación literaria de J. K.
Huysmans.[9] Des Esseintes, el héroe de *Al revés*, publicada en mayo de
1884, estaba basado en el excéntrico *comte* de Montesquiou-Fesen-

zac cuya casa en la rue Franklin fuera descrita por Mallarmé como una cueva de Alí Babá.[10]

El propio Huysmans era un excelente ejemplo del dandi-converso del siglo XIX. Después de tempranos experimentos con el realismo sería pronto persuadido por Edmond de Goncourt de refinar su arte y estudiar «cosas exquisitas». Desde ahí no había más que un corto paso para llegar a Roma. Gaudí seguiría una senda similar. En la Obrera Matoronesa había ilustrado las paredes con pintadas fraternales y revolucionarias y se había visto brevemente tentado de afiliarse al partido catalán de izquierdas Alianza Democrática (mientras su amigo Oliveras trabajaba en un monumento al anarquista Bakunin). Pero Gaudí «sólo se vio brevemente intoxicado por los frescos vientos del cambio».[11] De ahí se movería rápidamente hacia la pauta de mecenazgo religioso y aristocrático que continuaría durante el resto de su vida.

El alcance de la arquitectura religiosa de Gaudí era impresionante. Había aportado el mobiliario para el panteón del marqués de Comillas, diseñado una iglesia en Villaricos, y se había asociado con Domènech en un proyecto para completar la fachada de la catedral gótica de Barcelona. Había trabajado con Martorell en la iglesia del colegio jesuita en la calle Caspe y en la iglesia de los salesianos. A través de esa amistad y colaboración con Martorell, Gaudí se estableció como la opción más clara para encargos religiosos de importancia. Ningún otro arquitecto de su generación tenía mejor historia que él.

Los profundos anhelos religiosos que alimentaban el movimiento decadente parecían un trasfondo erótico apenas disfrazado. La reprimida sexualidad de los decadentes encontraba legitimidad a través de la renuncia al sexo, y la Iglesia católica les ofrecía un refugio seguro. La mecánica de la represión sexual de finales del siglo XIX ha llenado bibliotecas de textos psicoanalíticos. Dijkstra escribió:

> El aparente aumento de la homosexualidad, que pudo haber sido real o resultado de una mera disminución de la circunspección social entre los hombres inclinados a relaciones con el mismo sexo, se expresaba claramente en términos de sospecha, que a menudo se tornaba temor absoluto, ante la intensidad del apetito sexual de las muje-

res y sus ansias de usurpar la arena del privilegio masculino. Pero esas mismas sospechas eran una fuerza motivadora en la elección última del celibato que condujo a numerosos miembros de la *intelligentsia* durante el mismo período a abrazar la Iglesia, habitualmente la Iglesia católica romana, con enorme intensidad.[12]

Hay quienes opinan que la incesante búsqueda de la perfección de Gaudí, su creciente religiosidad y la sensualidad de su obra disfrazaban profundos anhelos psicológicos. El crítico Salvador Tarrago escribió: «Aquellos de nosotros que no estamos de acuerdo con la interpretación tradicional de Gaudí no podemos evitar pensar que su catolicismo no era más que un método histórico de satisfacer su infinito deseo de sabiduría y su necesidad de amar y ser amado.»[13] Rechazado por Pepeta Moreu, Gaudí había hecho la «elección última del celibato». Sin embargo, nunca ha habido evidencia que sustente la afirmación de que Gaudí era homosexual. Era en su trabajo donde sublimaba todos sus sentimientos y pasiones. Está claro que Gaudí utilizaba sus edificios, aun en el caso de que no fuera consciente de ello, como metáforas de algo más. Bergós recordaría la nostalgia de Gaudí al respecto. En sus conversaciones había dejado entrever la tragedia y la posterior salvación que esperaba como resultado directo del sacrificio personal que había realizado por su propio arte.

Aquellos que analizan para luego no lograr la síntesis han destrozado en esencia cualquier relación y lo que encuentran entonces no tiene sentido; lo cual es comprensible puesto que de la relación surge lo fructífero, de la separación, lo estéril.

La arquitectura secular de Gaudí, no obstante también florecía. En 1883 presentó a la oficina municipal de Gracia los planos para obtener el permiso de construcción de una villa destinada al fabricante de azulejos don Manuel Vicens Montaner. La Casa Vicens, edificada utilizando azulejos decorativos de quince centímetros como medida modular definitoria, constituía la obra más exótica de Gaudí hasta la fecha. Dice mucho del carácter de Vicens que dejara a Gaudí semejantes libertades, pero también supuso por su parte una astuta maniobra de márketing.[14] Al contemplar la Casa Vicens los azulejos acaban por convertirse en el más codiciable material de construcción.

Incluso hoy en día, arrebujada en su reducido espacio en la angosta calle Carolinas, la Casa Vicens transmite una atmósfera de somnoliento escapismo, con sus azulejos verdes y amarillo crema, sus persianas permanentemente bajadas y las puertas de hierro cerradas con firmeza. Ahora como entonces es un refugio. Cuando Gaudí inspeccionó por primera vez el solar, encontró una gigantesca palmera rodeada por una alfombra de flores amarillas a cuyo follaje los pájaros acudían a la caza de insectos. Gaudí introduciría más tarde todos esos motivos en el diseño, incluida una gran telaraña de metal como ingenioso parasol de patio que dispersa de manera inteligente la luz solar.

En el friso del comedor Gaudí recalcó el hecho de que esa vivienda privada estaba situada en un idílico rincón de una naturaleza muy catalana. En la pared noroeste, en el sombreado rincón, se hallaba escrito en catalán el conjuro «*Oh, l'ombra de l'istiu*» (Oh, la sombra del verano»). Para la pared opuesta, que daba al sureste y al sol naciente, Gaudí escogió el lema «*Sol, solet, vinam a veure*», abreviación de la invitación catalana «Sol, solecito, ven a verme que tengo frío».

En el jardín, Gaudí erigió un pequeño mirador con vistas al rincón de la finca en miniatura, dos fuentes separadas, una adosada a la pared del balcón tribuna, y una elaborada cascada en ladrillo que hacía las veces de entrada y sobre cuyo arco parabólico peldaños cubiertos invitaban al visitante a disfrutar de la agradable vista y a sentir debajo de sí las frescas aguas de aquel oasis gentil.[15]

El muro que cerca el recinto se realizó en cascote sólido posteriormente revocado y con macizas piedras talladas en los extremos. En la actualidad la Casa Vicens es una versión parcialmente mutilada del original de Gaudí. En 1883, Gracia, cuya población se cuadruplicaría en la segunda mitad del siglo XIX, todavía era en gran medida un barrio a las afueras de Barcelona. En los más elevados alrededores de la ciudad aún existían amplias zonas de terreno abierto. Sólo un poco más abajo de la Casa Vicens, por ejemplo, en la calle Mayor de Gracia, se alzaba una granja medieval en un campo abierto. Al lado de la casa, las hermanas de San Vicente de Paúl acababan de iniciar las obras de la capilla de su convento. Pero hoy en día la Casa Vicens queda ahogada por los edificios circundantes. Sus jardines, clave en el diseño original de Gaudí, se han visto repetidamente devorados a medida que los propietarios posteriores han ido vendiendo porciones.[16] Aun así, la Casa Vicens sigue constituyendo la primera incursión auténtica de Gaudí en el estilo neomudéjar.

La pasión de Gaudí por la arquitectura mudéjar se inició cuando hojeaba las páginas de los libros de Owen Jones *Grammar of ornament* (1856), *Designs for mosaics and tesselated pavements* (1842) y *Plans, elevations, sections and details of the Alhambra* (1842). Otros libros contemporáneos populares fueron escritos por el restaurador de la Alhambra, Rafael Contreras. Estaba convirtiéndose en un estilo arquitectónico popular: ya existían varios ejemplos del estilo neomudéjar en Barcelona anteriores a la Casa Vicens.[17]

La Casa Vicens ha sido reconocida como una de las pocas obras revolucionarias en el desarrollo de la estética modernista. En ella se juega con la distribución, y en ocasiones con el vertiginoso apilamiento de bloques de formas geométricas. El exterior muestra un vivo y multicolor orientalismo. En sus muros se entrelazan hileras de ladrillo con una franja de azulejos con las caléndulas africanas que Gaudí encontrara allí.

En el balcón había una hilera de girasoles cabezones. Existen muchas teorías fascinantes sobre la utilización del girasol como símbolo por parte de Gaudí. Díscola y exuberante, esta planta suele considerarse símbolo del alma. Durante las décadas de 1870 y 1880 estuvieron muy en boga en Gran Bretaña. Norman Shaw los había utilizado en 1874 en Lowther Lodge, William de Morgan en sus azulejos persas. Howell y Evans vendían relojes con esferas en forma de girasol. En Kensington y Chelsea, las manzanas de mansiones estilo Reina Ana estaban bordeadas de girasoles de terracota, y uno de los residentes más famosos de Chelsea, Oscar Wilde, que había descrito dicha planta como «ese reluciente emblema de la constancia», sería caricaturizado como una de ellas.

Ràfols afirmaba haber encontrado una revista de arquitectura inglesa entre los papeles de Gaudí que muy bien pudo servir de inspiración a éste. Una fuente probable se hallaba en la obra de Thomas Jeckyll, cuyos morillos con girasoles se habían realizado para el comedor Peacock de Whistler, y cuyo Pabellón Japonés (diseñado para el Centenario de Filadelfia en 1876) se llevaría a la Exposición de París en 1878.[18]

Éste aparecía en una de las primeras fotografías experimentales impresas en *The British Architect*. Tal vez haya sido ésa la revista.

Rejas de hierro forjado excluían el mundo exterior y actuaban, junto a los motivos de girasoles en los azulejos cerámicos y la valla de hojas de palmito forjadas en hierro, de mediadoras entre el ámbito urbano y el rural, entre lo público y lo privado.[19] Pero sería en el interior donde Gaudí daría rienda suelta a su imaginación creativa. Diseñó un escenario salvajemente exótico en el que alojar a la familia y los invitados. En el comedor, los espacios entre las vigas del techo rezuman de intrincadas tallas de brillantes cerezas rojas y exuberantes hojas verdes. Hasta el remate del friso las paredes están cubiertas o bien de paneles o bien de azulejos, pero desde ahí hasta lo alto cada centímetro que no cubren las pinturas está lleno de comprimidos relieves en cartón envueltos en hiedra, con pájaros volando en el cielo sobre hojas de otoño caídas. Debajo desfilan una serie de garzas y grullas. Gaudí había recorrido un largo camino hasta confiarle a su diario el 10 de agosto de 1878: «La ornamentación ha sido, es y será colorada.»[20]

La ornamentación se halla por todas partes en una desenfrenada profusión casi de mal gusto; un desnudo clásico en yeso se reclina sobre la entrada dispuesta oblicuamente. En las esquinas del edificio había colocado ventanas de estilo morisco que parecían minaretes en miniatura y sobre las cuales había adosado querubines de terracota totalmente inapropiados.

Sin embargo, lo que causaba verdadera sensación era el fumador árabe con sus taburetes bajos, su mesilla plegable de café en un marco de arcos de herradura y su *hookah*. Suponía un signo esencial de riqueza en una España preocupada por las modas: incluso la familia real se había hecho construir uno en el palacio de Aranjuez.[21] Pero, donde la decoración de Aranjuez consistía en secciones de copias moldeadas directamente de los multicolores suelos y paredes de la Alhambra, la versión de Gaudí constituía un pastiche más «original».[22] Con su extraordinario techo de estalactitas, de *muqarnas* (yeso tallado), lucía a la perfección el talento especial de Gaudí a la hora de adaptar lenguajes arquitectónicos a nuevos procesos de construcción. Para realizar ese techo de la Casa Vicens se había utilizado cartón moldeado.

Visión romántica de Owen Jones del Patio de Comares, de la Alhambra.

El fumador es una zona de puro escapismo para un burgués respetable.

El éxito creciente de Gaudí hizo que muy pronto se viera en la necesidad de emplear ayudantes. Mientras trabajaba en la Casa Vicens aceptó otro encargo para una casa en Comillas, conocida como El Capricho; Gaudí confió a su viejo amigo y compañero de clase Cristóbal Cascante el trabajo de interpretar sus planos y diseños. Pero el encargo de la Sagrada Familia transformó el pequeño estudio de Gaudí en todo un negocio, con los problemas inherentes. Se requirió a artesanos como el escultor Lorenzo Matamala, a quien Gaudí se había llevado del estudio de Puntí, que llevaran a cabo el trabajo más especializado. Era preciso seguir de cerca a los constructores, mientras en el estudio los dibujantes agrandaban a escala y concluían los planos de obra. La plétora de encargos (El Capricho estaba en la otra punta de España) exigía un nuevo enfoque de la marcha del estudio. Los rumores locales tildan de dandi el método de trabajo de Gaudí. Por lo visto, sin quitarse siquiera los guantes o apearse del carruaje descubierto, extendía los planos en el regazo y dirigía, imperioso, las obras desde la calle. Más aún, se dedicaba a hacer recortes y correcciones en un edificio tirando paredes o habitaciones enteras y ajustando la quebrada silueta cual si de una escultura de escayola o una maqueta de cartón se tratara. Éste fue sin duda el motivo por el que David Mackay lo describiera como un «plan de simetría titubeante que oculta una ágil agrupación de estancias domésticas». Se trataba de una forma increíblemente cara de trabajar incluso cuando el esplendor espacial logrado lo mereciera. Ganivet ha descrito esa improvisación como algo típicamente español:

> En España no hay términos medios. Los artistas pequeños, como los grandes, van a ver lo que sale; y cuando empiezan a trabajar no suelen tener más que una idea vaga de la obra que van a crear y una confianza absoluta en sus fuerzas propias... (y están)... igualmente dispuestos para crear una obra maestra o para dar vida a algún estupendo mamarracho.[24]

La construcción del distintivo portón de palmitos de la Casa Vicens fue signo de una fuerte e ininterrumpida tradición catalana en el trabajo del hierro. Gaudí tenía un conocimiento activo de la misma gracias a la forja de su padre, pero el portón supuso un esfuerzo conjunto con el talento de Juan Oños.

Ha habido una considerable disputa acerca de si el portón de Gaudí no debería atribuirse más bien a dos hombres diferentes: Francesc Berenguer y Lorenzo Matamala. Es poco probable aunque no imposible, que el joven Berenguer, a la sazón de diecisiete años, amigo de la familia de Reus y en su primer curso en la Escuela de Arquitectura, fuera el responsable. Los archivos de una exhibición en el gremio de cerrajeros y herreros de Barcelona, celebrada en 1921, muestran que el portón se presentó inequívocamente, como diseño de Gaudí. Matamala, sin embargo, recordó haber colaborado con éste en el citado portón y haber vaciado en arcilla la hoja de palmito.[25] La confusión plantea, desde luego, la cuestión de si Gaudí abusaba del talento de sus ayudantes.

Tras la muerte de Gaudí el diario *La Veu de Catalunya* publicó un acalorado debate entre Feliu Elías y Josep Camps en el que discutían sobre la verdadera naturaleza de la relación del arquitecto con sus ayudantes. Se argumentaba que Berenguer nunca acabó sus estudios de arquitectura y dejó la universidad para trabajar para Gaudí, a quien, por lo tanto, se le adjudicó el papel de demonio seductor. Según Elías, Berenguer trabajaba como «*dos negres*» mientras que Gaudí no hacía más que firmar con su nombre las obras maestras de su discípulo. Pabon i Charneco ha investigado el historial académico de Berenguer, y salta a la vista que los exámenes no eran su fuerte. Gaudí lo empleó, dejando a un lado su conexión con Reus, precisamente porque admiraba su talento como delineante y tenía en bien poca consideración, como hemos observado, su ortodoxa educación arquitectónica. Por cierto que Berenguer se casó, mientras aún estaba en la universidad, con Adelina Bellvehí, quien dio a luz a siete niños en otros tantos años.

También se acusaba a Gaudí de que nunca había permitido a Berenguer firmar sus propios proyectos. Lo cierto es que éste no podía hacerlo por carecer del título de arquitecto. Años más tarde, cuando Berenguer fue empleado como «arquitecto» por el ayuntamiento de Gracia, sería su jefe, Miguel Pascual Tintorer, quien firmase todos sus planos.

Otra crítica se ha centrado en los despilfarradores métodos de construcción de Gaudí. Hay quienes han sugerido que Manuel Vicens se vio al borde de la bancarrota a causa de la extravagancia de Gaudí. Sin embargo, durante toda la década de 1880, éste fue un frecuente y bienvenido invitado en la casa de veraneo de los Vicens en Alella. La Casa Vicens en sí misma es un monumento al exotismo. Su utilización de diversos materiales ensamblados uno al otro como ladrillo, piedra, cascote y azulejo y el juego de texturas supondrían una enorme influencia en el desarrollo del estilo modernista. Pero sería también la primera y la última vez que Gaudí produciría un edificio que no estuviera firmemente enraizado ya fuera en la fe católica, ya en el mito catalán.

VI

Los Santos Padres

Uno nunca debe vanagloriarse de haber escapado del todo del absurdo poder de la moralidad cristiana.

Michel Leiris

La relación de Gaudí con el clan Comillas y Güell se había vuelto cada vez más estrecha durante la construcción de El Capricho, la casa de veraneo de estilo neomudéjar; pero no fue hasta septiembre de 1883, cuando Eusebi Güell compró la finca de Can Cuyàs de la Riera, a las afueras de la ciudad, que Gaudí se estableció finalmente como arquitecto de la familia. Durante los siguientes treinta y cinco años, hasta la muerte de Güell en julio de 1918, Gaudí atendería casi todas las necesidades arquitectónicas de la familia, desde las de pequeño alcance como diseñar los lavaderos para el terrado de un edificio de pisos o unas cuadras y una modesta fuente ornamental, hasta los más prestigiosos proyectos como un palacio urbano, una iglesia privada y un parque ajardinado por entero.

Gaudí sentía enorme respeto por Güell. Le explicaría al cardenal Casañas qué cualidades le parecía a él que poseía un hombre como Güell.

> Un señor es una persona de excelente sensibilidad, de excelente educación y de excelente posición. Como en todo es excelente, no conoce la envidia ni nadie le estorba y ve con gusto que los de su alrededor muestren sus aptitudes, ¿no eran así los Médici?[1]

Güell procedía a su vez de Torredembarra, cerca de Tarragona, una importante consideración que Menéndez Pidal señaló en su ensayo *Centralización y regionalismo*:

> El haber nacido en la misma provincia crea entre españoles un compañerismo y una obligación de ayuda a todo trance tanto o más que entre parientes, haciéndose cerradamente exclusivista.[2]

Algunos veían a don Eusebi Güell como un poderoso «imán»,[3] como un autoritario patriarca barbado que protegía a sus mujeres y las obligaba a vivir, en palabras de Dolors Monserda, «como una planta parásita». Pero también se autodescribía con orgullo como el hijo de «un hombre que se ha hecho a sí mismo». La prudencia campesina de su padre se haría eco en la generosidad cautelosamente dirigida de que hizo gala. A Gaudí le gustaba la actitud de Eusebi Güell para con el dinero: «Güell es un caballero porque la persona que tiene dinero y no lo demuestra, controla el dinero y es, por lo tanto, un *senyor*.»

Cuando Gaudí diseñó un escudo familiar para Güell éste llevó el lema sorprendentemente honesto de *«Ahir pastor, avui senyor»* (Ayer pastor y hoy un caballero). Esa encantadora franqueza ocultaba un programa meticulosamente organizado para realzar el poder y la reputación de Güell.[4]

Güell, un indiano de segunda generación, ascendía en su posición de forma más sutil que sus antepasados. Como «caballero», dandi y diletante, don Eusebi podía desempeñar un papel mucho más activo y emprendedor en la vida cultural de Barcelona.[5] Al comparar a Güell con un príncipe renacentista, Gaudí no exageraba. La única diferencia real era que el motor del éxito de Güell no era la guerra o la tierra heredada sino la industria.

En la década precedente, mientras Gaudí prestaba el servicio militar, Güell ejercía de concejal local, y en 1878 fue elegido senador. Esas breves incursiones en la vida política, sin embargo, parecen haberle convencido de que su vocación estaba en otra parte.

Güell era un entusiasta patriota catalán; en 1870 se hizo miembro de una sociedad literaria catalana Jove Catalunya, y en 1882 del Centre Català, del que más tarde sería nombrado presidente. El Centre Català era una organización dispuesta a promover la causa catalana pero manteniéndose por encima de las políticas de partido, lo cual se adaptaba bien a la sutil política de Güell de asumir cargos de autoridad simbólica y moral. La realidad, por supuesto, fue bien distinta. Mientras que en Barcelona el Centre Català daba quizá la impresión de servir a una congregación amplia, dirigiéndose a todos los niveles de la sociedad catalana, desde la posición estratégica de las Cortes en Madrid representaba a los federalistas y republicanos de Cataluña, lo

Eusebi Güell regresa al Parque Güell con una buena cosecha de setas.

que quedó confirmado cuando a principios de 1885 el Centre Català presentó al rey Alfonso XII el *Memorial de Greuges*, que era tanto una lista de quejas como de deseos del pueblo catalán.

Güell era un modelo de hombre renacentista del siglo XIX. Durante los años 1887 y 1888 promovió activamente la Exposición de Barcelona de 1888 y ayudó a financiarla. En 1889, en París, publicó un artículo académico sobre microbiología titulado *L'immunité par les leucomaïnes*, y mostró interés, a su vez, en demostrar la antigüedad y la singularidad de la identidad de la lengua catalana.

Era un acuarelista y pintor de talento, además de patrocinador de obras de teatro, poesía y ópera y activo mecenas de varios pintores catalanes. Pero es su legado arquitectónico lo que aún perdura. Desde muy pronto quedó bien claro que Güell no iba a limitarse a pagar y encargar las obras sino que también pretendía dirigirlas.

En los años transcurridos desde 1878 Gaudí y Güell habían llegado a conocerse bien, no sólo por medio de la conexión de los Comillas o de los excursionistas, sino a través de la apreciación mutua del destacado poeta Jacint Verdaguer. Durante cinco años a partir de 1884, los tres hombres forjarían juntos un lenguaje y un estilo de arquitectura catalanes.

La relación de Jacint Verdaguer con la familia Comillas-Güell se inició en 1874 cuando empezó a trabajar como capellán de barco en el *Guipúzcoa* de la Compañía Trasatlántica. En 1878, de nuevo en tierra seca, publicó su obra maestra de épica marinera *La Atlántida*, que se convirtió en un himno a la identidad catalana.

La Atlántida combinaba el viaje de Colón con los trabajos de Hércules y la fantasía de un renacimiento español. En *La Atlántida* Hércules parte de Barcelona y circunnavega lentamente España. Mientras está en Cádiz, se encuentra con un boyero de tres cabezas que le habla de un árbol mágico cargado de naranjas de oro y de la reina de las Hespérides, que se casará con cualquier hombre lo bastante osado para cortarle la cabeza al dragón Ladón. Por sus extraordinarias hazañas Hércules es premiado con la deificación y asciende al Olimpo en el carro de Minerva. Pero Verdaguer, Antoni López (el primer marqués de Comillas) y Güell comprendían bien que quien quisiera esos premios no tenía más que cogerlos. El suministro de tabaco, esclavos, melaza y ron, las industrias mineras, del acero y textiles, y una significativa participación en los ferrocarriles, en la banca y los seguros eran los trabajos de sus tiempos. Y *La Atlántida* respondía a un propósito bien definido: dotar de autenticidad la legitimidad de la nueva plutocracia catalana.

Fue contra ese telón de fondo de *La Atlántida* que Gaudí empezó a trabajar en su primer encargo de importancia para Güell. El padre de éste ya era propietario de una gran finca en Les Corts de Sarriá, de forma que al adquirir en 1883 Can Cuyàs de la Riera extendió la presencia en la familia en el límite suroeste de la ciudad. Don Eusebi le confió las obras a Gaudí. Se trataba de un proyecto importante, con una conserjería y unas caballerizas cubiertas que incluían un patio de ejercicios que aún existe. Tristemente, sin embargo, otras adiciones de Gaudí a la finca, en concreto un alto y policromo mirador de ladrillo escalonado y una amplísima zona exterior para el ejercicio de los caballos, hace tiempo que se han perdido. Pero fue en las caballerizas, la conserjería y la famosa entrada del dragón —el *Drac de Pedralbes*— donde Gaudí creó una obra maestra.

El lenguaje estilístico que Gaudí empleó en Les Corts fue el neomudéjar que ya había utilizado con tanto efectismo en la Casa Vicens y en El Capricho. Se trataba de un estilo que se adaptaba a la perfección a las necesidades del encargo, pues era a la vez apropiadamente decorativo, novedoso y barato. Una conserjería y unas caballerizas no dejaban de ser, al fin y a la postre, espacios dedicados a los servicios.

El pabellón de las caballerizas (que en la actualidad alberga la Cátedra Gaudí, donde el profesor Bassegoda i Nonell encabeza la investigación y conservación actual de la obra de Gaudí) incorpora las más interesantes innovaciones. Sólo trasponer la puerta, una angosta escalera conduce hasta el techo que cubre la larga estancia rectangular del edificio de las caballerizas. Las escaleras son bastante estrafalarias, pero el interior nos introduce en el primer intento sostenido de Gaudí de alcanzar un orden estructural totalmente novedoso. Los muros exteriores son lo bastante bajos para permitir que una hilera de arcos parabólicos transversales se extiendan sobre el espacio. Algo así ya se había visto antes en Cataluña, en particular en el refectorio del monasterio de Santes Creus y en el Saló del Tinell, en el barrio gótico, donde se supone que Colón fue recibido por los reyes católicos tras su primer viaje a las Américas. Pero las caballerizas de Gaudí se habían creado predominantemente en ladrillo, yeso y adobe, no en piedra. Cubiertas por bóvedas poco pronunciadas que son un magnífico exponente de lo mejor de la albañilería catalana, están pobladas ahora por investigadores, y los comederos de los caballos albergan las estanterías del más importante archivo mundial sobre el arquitecto.

El exterior exhibe la creciente ingenuidad decorativa de Gaudí. Los muros están articulados con una deliciosa interacción de superficies, texturas y materiales. El espacio queda claramente dividido por arcos de ladrillo; los intradoses que los separan se elevan desde el suelo a la altura de la cintura sobre una base de piedra tosca, pero exhiben un sencillo motivo sobrepuesto de escayola que, repetido una y otra vez, semeja una hilera de tapacubos de coche, un efecto no muy distinto del de los primeros diseños decorativos visigóticos.[6] El enlucido color crema parece apagado en invierno, pero en pleno verano la luz del sol lo activa hasta crear la sensación de color.[7] Incluso allí, ocultos en la argamasa, el visitante advierte de pronto fragmentos de azulejos de colores incrustados en la pista de equitación. En el nivel del techo se producen más juegos de luz con diseños de ladrillo perforado dispuestos de canto y en diagonal para formar las barandillas de los balcones. Se trata de un hermoso despliegue de artificio.

Antoni López, primer marqués de Comillas, murió en 1883, y a Verdaguer se le requirió, como a todos los seminaristas en Comillas que se habían beneficiado de su donación de quinientas mil pesetas, que leyera plegarias a diario por la salvación de su alma. En 1884 concluidas sus obligaciones litúrgicas, él y Güell partieron juntos a recorrer Europa.

Cuando regresaron, fue para encontrarse Barcelona devastada por una epidemia de cólera en la que habían muerto mil trescientas personas. Era obvio que las obras en Les Corts debían continuar a ritmo acelerado, pero Gaudí, que normalmente pasaba los veranos en la casa de los Vicens en Alella, había alquilado su propia casa de veraneo un poco más lejos, en Sant Feliu de Codines.[8] Para cuando el tiempo refrescó, en septiembre, la epidemia había disminuido. En la catedral de Barcelona y en Reus, población natal de Gaudí, se celebraron misas de agradecimiento, y se bailó una danza macabra para señalar el final de la plaga.

Ahora los tres hombres trabajaban juntos en el desarrollo de una narrativa literaria y arquitectónica apropiada para el refugio estival de la familia Güell. Entre la conserjería y las caballerizas se colocó un gigantesco portón de hierro forjado. Soldado según diseño de Gaudí en el taller de Vallet y Piqué, representaba a un temible dragón cuyas fauces abiertas guardaban tras de sí el santuario de los Güell. Se trataba claramente del Ladón de *La Atlántida* de Verdaguer. Por si quedaba alguna duda sobre el contenido de la alegoría, una escultura de piedra lucía la inicial «G» rodeada por el follaje y los frutos del árbol de naranjas de oro y la minúscula *eglantine*, o escaramujo, que era el primer premio de los Jocs Florals que *La Atlántida* había ganado.

Durante el otoño de 1885 Güell y Gaudí iniciaron los planos para un palacio urbano en la zona sur de las Ramblas. Se trataba, en muchos sentidos, de una elección extraña, puesto que era una zona que no estaba nada de moda. Pero Güell seguía precedentes familiares al escoger el emplazamiento en el terreno de una antigua lechería en la calle Conde del Asalto, cerca de la casa de sus padres en la Rambla de Capuchinos.[9] Cuando a principios de la década de 1890 el palacio Güell quedó por fin concluido, los dos edificios familiares estaban conectados a través de los tejados por un largo y angosto pasaje cubierto que los unía cual tortuoso cordón umbilical.

Aun cuando la elección del emplazamiento tuviera sentido en términos de familia seguía tratándose de un paso arriesgado como promoción inmobiliaria. Muy poco ha cambiado en la calle Conde del Asalto en los últimos cien años. En sus apretujados callejones es en la actualidad tan normal que un colombiano transexual rubio platino le haga a uno proposiciones o que le ofrezcan cocaína barata como lo era entonces recibir la invitación de una sifilítica lavandera a un ponzoñoso trago de ajenjo y a una relación sexual más barata todavía. En los años intermedios, la zona llegó a conocerse como el *barri xinès* (barrio chino), pero no por sus residentes chinos, sino porque la descripción que hiciera de la zona el periodista Àngel Marsà en los años veinte había cuajado firmemente. Ha criado a disolutos y decadentes como el pornógrafo surrealista George Bataille y a Paul Morand (quien basó su *Ouvert la nuit* en el *barri xinès*); y Jean Genet, cuyo *Diario de un ladrón* relata festines con un elenco siempre cambiante de marineros homosexuales, los equivalentes en Barcelona a las depravadas panteras de los muelles de Oscar Wilde.

Frente al local relativamente pequeño de Güell con sus 18 por 22 metros, se hallaba el ruinoso Café de la Alegría, pronto reemplazado por el mal afamado Edèn Concert. Encima de éste, en el número 12, Carlota Valdivia, la estrábica proxeneta inmortalizada por la pintura del período azul de Picasso *La Celestina*, esperaba pacientemente otro cliente. En la casa de al lado, en el número 10, el joven Picasso compartía un estudio con Ángel de Soto, Josep Rocarol y el cada vez más sensiblero y adicto al alcohol y la morfina Carles Casegemas. Los domingos por la tarde los integrantes de su anárquico salón se dedicaban a hacer diabluras de niños como lanzar bombas de agua y tironear de monedas atadas a un largo cordel, bebiéndose enormes cantidades de brandy flameado mientras entonaban *Els Segadors*, el himno proscrito de los catalanes, y producían con Isidre Nonell sus «dibujos fritos» (esbozos que previamente habían dorado y envejecido en aceite hirviendo).[10]

Eugeni d'Ors escribiría en tono desgarrador acerca de

> ... el fétido cieno de las alcantarillas; aquellos consumidos por [...] la enfermedad, el vicio y la degeneración [...] trotamundos sin familia o patria, vagabundos y golfos y mendigos; razas proscritas [...] con las cabezas infestadas de piojos [...] almas sombrías a merced de instintos animales [...] vándalos, fulanas, alcahuetas, cretinos, locos, ladrones y asesinos a sueldo.

Esos nauseabundos antros de perdición, descritos por el escritor catalán Juan Goytisolo como una especie de «hispánica Corte de los Milagros», se hallaban bajo la constante amenaza de la tuberculosis, el ajenjo, la sífilis y la más abyecta pobreza.

Pero había cierto sentido del equilibrio. Enfrente se hallaba la sombrerería Arnau, la favorita de Gaudí. Un poco más allá, en el número 32, y en fecha tan tardía como 1900, el doctor Santaló contrataría a su amigo Gaudí para la renovación de su edificio. Y tan sólo a veinte metros de allí se encontraba la comisaría local de policía del Raval. Siguiendo calle abajo la vista se abría para revelar el monasterio románico de Sant Pau del Camp, uno de los más tempranos monumentos cristianos de Barcelona.

Incluso así, la elección de Güell seguía siendo extraña. La prin-

cipal motivación de éste era procurarse un palacio que rivalizara con
el lujoso Palacio Moja, propiedad de su cuñado Claudio López i Bru,
segundo marqués de Comillas, que quedaba al oeste más arriba de las
Ramblas. Güell quería un edificio que fuese en términos de Pugin un
«organismo útil y próspero» con una «bonita forma».

Desde el momento en que recibió el encargo Gaudí se puso manos a la obra, con la ayuda de Francisco Berenguer. Se dibujaron
veintidós versiones de la fachada, aunque sólo sobreviven tres de ellas,
y el 12 de julio de 1886 se presentó el proyecto definitivo en el ayuntamiento. El palacio de Gaudí era una notable reinterpretación de un
palazzo veneciano comprimido en un emplazamiento angosto hasta
lo imposible.[11] Considerando la limitada escala del edificio, la ambición del arquitecto se orientó a la comprensión e interpretación de su
planta abierta y sus espacios fluidos. Eficazmente dotado de ocho
pisos de altura, su exterior, de mármol gris de Garraf procedente de
la finca de caza que Güell poseía al sur de Barcelona, era absolutamente único. Al nivel de la calle dos altas arcadas, entrada y salida de
carruajes, dividen la fachada. Cada una se cerraba con gigantescos
portones de hierro que serían ridiculizados en la prensa popular; los
críticos se burlaban de las pretensiones de Güell y Gaudí en un ve-
cindario ensombrecido por la pobreza y la desesperación.[12] Pero allí,
entre los dos portones, Gaudí había hecho crear a Juan Oños un exuberante despliegue de orgullo catalán en hierro, de dos metros de
altura y en forma de farol, que representaba el escudo heráldico lis-
tado en sangre de la nación, coronado por un extraño casco en forma de espino que ostentaba un águila imperial con las alas desplega-
das como si se dispusiera a alzar el cuello. Resulta imposible decir si
simbolizaba inquietud o vigilancia, pero sobre semejante entrada
patriótica el balcón del piso principal que recorría la elevación entera imponía una sensación de orden.

Una vez en el interior, Gaudí creó un proyecto por entero original. Se utilizaron ciento veintisiete columnas de piedra caliza, cada
una diseñada de forma individual. Muchos críticos han señalado las
similitudes entre un corte transversal del Palacio Güell y un dibujo
de la Alhambra en el estudio de Owen Jones. Lo cierto es que el proyecto de Gaudí era una reinterpretación de múltiples pisos de la gran
mezquita cordobesa para la que se habían importado columnas de

mármol y objetos del saqueo de todas partes de Europa y de Oriente Medio, arrancados a culturas que abarcaban más de mil años.

Una vez traspuesta la entrada una rampa en espiral conducía al
carruaje de caballos al sótano en que macizos pilares de ladrillo, en
forma de setas, sostenían las bóvedas rebajadas. Ese espacio, que en
la guerra civil española se utilizó como cámara de torturas, parece
anclado en el pasado. Y se ha dicho que la cautelosa colocación por
parte de Gaudí de la piedra central en el piso superior de la fachada
guarda relación directa con Montserrat.[13]

El promiscuo eclecticismo de Gaudí, empero, reunía otras culturas antiguas, efecto que la crítica reconocería de inmediato. El 28 de diciembre de 1889 Rusiñol y Utrillo, dos de los modernistas que tenían
su base en el café Quatre Gats, enviaron a *La Vanguardia* una parodia
satírica sobre las pretensiones arqueológicas del Palacio Güell.

> [Se] tiene la seguridad de que aquella construcción fue babilónica
> y si esto es verdad, ¿dónde van a parar todas las lucubraciones hasta
> ahora admitidas acerca de los aborígenes de esta nación? [...] Lo más
> probable es que esa construcción sea de los tiempos de Baltasar o,
> como supone el señor Rogent, de la época de Nabucodonosor.[14]

Esa sensación de arcaísmo era algo de lo que tanto el arquitecto
como su mecenas disfrutaban. Güell incluso confiaba en tender un
acueducto desde sus fincas en Garraf para devolver con benevolen-
cia a Barcelona una parte de las *acquae vergine* y de la antigua gloria
de la Roma imperial. Pero se trataba de un proyecto innecesario.

La fachada posterior del Palacio Güell daba a una plaza interior
y exhibía un mirador de ventanas con balcón que se cerraban con una
elaborada pantalla china.

Al trasponer la entrada principal el visitante asciende, por una
estrecha escalera, hasta el entresuelo, que contiene una sala de espera, una biblioteca y oficinas administrativas. Desde allí una gran escalinata conduce al *piano nobile*, donde los suntuosos salones principales y la gran sala central dan fe finalmente de su real diseño. A la
hora de decorar el interior del Palacio no se reparó en gastos. Se utilizaron los más intrincados diseños en hierro. A las paredes de mármol se adosaron apliques, candelabros y láminas de cobre batido. En

la madera se incrustaron meticulosamente fragmentos de ébano, carey y marfil. Una habitación era un eucaliptus, otra una haya, mientras que secuencias decorativas de marquetería de inspiración islámica en madera de peral, palisandro y padouk aludían a la fuente de la riqueza de Güell. En los primeros dos salones, los techos de madera tallada, formados a partir de un ritmo regular de vigas policromas, estaban decorados con hojas aplicadas en plata y oro. Era tan lujoso y tan trabajado como cualquier encargo de Pedro el Cruel para el Alcázar de Sevilla, y obligó al taller de Puntí a dar lo mejor de sí.

Gaudí se mostró tan extravagante como se lo permitían su imaginación y su conocimiento de los materiales caros. No había necesidad de escatimar, puesto que el presupuesto era ilimitado. Antonio Oliva, un decorador de interiores, había tratado de poner mármol falso en las columnas laterales de un guardarropa que le mostró con orgullo a Gaudí. El arquitecto les propinó unos golpecitos con los nudillos y le advirtió a Oliva que nunca más cayera en la tentación de estafar. «El arte es un negocio muy serio», añadió.

El secretario, contable y factótum de Güell, el poeta Ramón Picó Campamar, estaba escandalizado por la exorbitante libertad de Gaudí. «Yo lleno los bolsillos de don Eusebi y Gaudí se los vacía», se quejaba. En una ocasión en que el arquitecto regresaba de uno de sus muchos viajes al extranjero, Picó le presentó un montón de facturas. Como hubiera malinterpretado el propósito subyacente al abrumador y notorio consumo que generaba el Palacio Güell, Picó recibió su merecido del propio Güell, quien le preguntó, irritado por la interferencia: «¿Tan sólo esto?»

La rivalidad de Picó también era profesional. Tenía que desempeñar un papel secundario con respecto a Gaudí, y sólo años más tarde disfrutaría al fin de su cuarto de hora de gloria al representarse su drama poético *Garraf*, un homenaje a Güell y a su finca de caza, que se interpretó ante dos princesas germanas y el nuncio papal de León XIII, monseñor Cretoni. Aunque Picó era poeta, el único poema loado en el Palacio Güell era *La Atlántida* de Verdaguer.[15] En el comedor, Gaudí encargó al excéntrico pintor Alejo Clapés Puig que se explayara, pero, una vez más, con el tema impulsor de Verdaguer de una tierra y un pueblo restituidos en su antigua grandeza. También mandó realizar un gran mural sobre Hércules, que fue destruido.[16]

En todo el palacio Gaudí hizo uso de hábiles alusiones reales con vistas a ennoblecerlo. Si las columnas estaban relacionadas con Pedro el Cruel y los techos de madera tallada con el estilo de decoración preferido de Isabel y Fernando, la sombría atmósfera creada por el frío mármol gris de Garraf y el alabastro recordaban más bien al adusto Escorial de Felipe II. La pintura de Hércules, sin embargo, era una referencia directa al Salón de Reinos de Felipe IV en Madrid, pues éste, decorado con los retratos ecuestres de Velázquez de la familia real de los Habsburgo y monumentales representaciones de victorias militares españolas, contaba con el broche de oro de la serie de Zurbarán *Los trabajos de Hércules*. El Salón de Reinos era una de las incursiones en la realeza más cuidadosamente orquestadas que se hubiera llevado jamás a cabo.[17] Resulta interesante que su sabor castellano nunca desanimara a Gaudí a la hora de adaptarlos al más modesto Palacio Güell. Éste era sobre todo una residencia ceremonial y oficial. Antes de que estuviera siquiera acabado recibió la visita de la reina regente María Cristina, la infanta María Eulalia de Borbón, y Antonio de Orleans.

Si la razón última del proyecto de López y Güell era la de vencer sobre el tiempo al absorber y adaptar tradiciones anteriores, entonces la zona central del Palacio Güell, los tres pisos de la sala de conciertos y capilla, representa el deseo de Gaudí de controlar y capturar el espacio.[18]

Con sus nueve por nueve metros y sus casi veinte metros de altura en la cúspide de la bóveda, el salón central era el corazón mismo del edificio. Abriéndose camino hacia lo alto por los tres pisos, la alargada cúpula parabólica unifica el palacio. En el primer nivel, una escalera discontinua con abiertos balaústres de tracería conduce hasta un balcón que da sobre el propio salón. En el siguiente, unas mamparas de madera separaban la galería de los músicos. Y sobre éste, los dormitorios y baños, discretamente ocultos. Una de las características fuera de lo común de la cúpula era que se sujetaba con pernos a un cuadrado de vigas de hierro forjado tachonadas, traídas de los astilleros, lo que suponía una poderosa demostración de que incluso allí, en medio de un lujo sin reparos, el arquitecto estaba introduciendo diseños utilitarios y novedosos. También se había pensado en la calefacción central, aunque, como Gaudí descubriría más tarde, sólo resultaba práctica en el húmedo clima de Barcelona si se acompañaba de ventilación o aire acondicionado. (Cierta mañana la familia Güell despertó víctima de una horrible congestión.)[19] En el salón principal la solución dada a la iluminación también era ingeniosa: la luz procedía de pequeñas perforaciones circulares abiertas en la cúpula, y se filtraba hasta abajo. En el interior del Palacio, el arco parabólico* se convertía, en cierto sentido en leitmotiv y forma unificadora. Por todas partes había detalles decorativos, materiales y texturas amontonados como en un bazar oriental, pero la simplicidad y la novedad de la parábola les confería cohesión.

Abajo, en el salón, Gaudí situó la capilla familiar detrás de dos gigantescas puertas de marquetería, como si de un enorme guardarropa se tratara. El poco profundo oratorio fue, por desgracia, destruido en la guerra civil, como también lo fue el órgano utilizado por Isabel Güell. La capilla ponía de relieve la absoluta flexibilidad del salón creada por la persecución del placer de exaltación moral y la piedad. Se trataba de un truco astuto. Gaudí había invertido la función del *hammam* árabe desde el cual el califa puede inspeccionar su harén sin ser visto. En la casa de los Güell, en cambio, los curiosos se encontraban con el ángelus y la misa matutina.

A quienes la opulencia fúnebre les produjera sofoco, siempre les quedaba el balcón posterior. Pero mucho más excitante que éste era el terrado, una agrupación de dieciocho chimeneas para humos y ventilación que rodeaban una aguja central cónica que semejaba un minarete cristianizado. Cada chimenea estaba cubierta de fragmentos de azulejo utilizando la técnica flexible del *trencadís*. Aunque los cazadores de *souvenirs* las dejaron en muy mal estado, han sido restauradas con el mismo espíritu de libertad con que fueron creadas, en ocasiones incorporando fragmentos de un juego de mesa de porcelana blanca de Limoges. (En una de las torres blancas aparece el perro *Cobi*, mascota de Mariscal para los Juegos Olímpicos de 1992.) El efecto, sin embargo, sigue siendo puro Gaudí y enteramente único. Tanto Robert Hughes como Ellsworth Kelly están de acuerdo «en que

---

* El arco parabólico se conoce también como arco catenario, pues se basa en la forma invertida de la caída natural de un trozo de cadena sujeto por ambos extremos.

ninguna historia de la fragmentación en el arte moderna podría ser completa sin considerar los efectos del *trencadís* de Gaudí sobre el joven Picasso», quien durante los años más formativos de su vida compartiría una vista singular del Palacio Güell desde el otro lado de la calle.

La aguja central del techo, recubierta de áspera piedra caliza triásica de color verdoso, más que reflejar absorbía la clara luz catalana. Se hallaba en completo contraste con el refinado efecto del resto de la casa y resultaba casi geológica en su simplicidad, erosionada y antigua antes de tiempo. Y coronando el conjunto había una veleta que representaba un murciélago. La revista *La Ilustración Hispano-Americana* diría en su reseña del Palacio Güell:

> Del pináculo de la cúpula emerge el vigilante murciélago que desde los días de Jaime el Conquistador ha protegido los brazos de Cataluña con sus alas: ahí se yergue el símbolo del alma poderosa de esta tierra, dotando de vida a la inmensa montaña de piedra.

Si se lo interpreta bajo una luz posmodernista, el Palacio Güell no es otra cosa que «procesional». Áreas y espacios se abren, uno tras otro, como actos en una obra de teatro. Desde el sótano hasta el techo el estado de ánimo del visitante y el ambiente del edificio están regulados con cautelosa deliberación. Resulta casi sinfónico, en su utilización del salón central como un protagonista de tamaño superior al real que retumba cual gigantesca campana de sonido hueco. Gaudí está representando de hecho el orden cósmico por entero, aderezado con un sutil pellizco de catolicismo. El sótano era el Infierno.[20] El salón central, que daba cohesión a la encumbrada estructura por entero, era a la vez tierra y firmamento, mientras que el terrado representaba el Cielo. Lo que el Palacio Güell ofrecía entonces era el lenguaje de la redención y la resurrección. Era un palacio sagrado para un príncipe mundano.

Por primera vez Gaudí fue capaz de crear una narrativa que entremezclaba mitología, alegoría y analogía. Sin embargo, el efecto general de la decoración, a través del enredo de todos los estilos históricos, llegaba finalmente a lo que Mario Praz describiría a la perfección:

El período de la antigüedad con el que a esos artistas del *fin de siècle* más les gustaba comparar el suyo era el largo ocaso bizantino, aquel sombrío ábside que reluciera de oro mate y púrpura ensangrentada, desde el que enigmáticos rostros, bárbaros pero refinados, escudriñaran con dilatadas y neurasténicas pupilas.

Durante la construcción del Palacio Güell, el estudio de arquitectura de Gaudí había estado cada vez más atareado. En 19 de marzo de 1885 se había celebrado la primera misa en la capilla de San José, en la cripta de la Sagrada Familia. En 1887 Gaudí había ofrecido consejos para un pabellón de exhibición para la Exposición Naval en Cádiz, que al año siguiente bordearía la costa hasta Barcelona para la Exposición Universal de 1888.

La Exposición Universal representa el momento en que Barcelona toma consciencia de su imagen como la menos española de todas las ciudades españolas. Inaugurada el 20 de mayo de 1888 por la reina María Cristina y el infante Alfonso XIII, la Exposición se convirtió en símbolo del auge de Barcelona y de la economía catalana, así como en trampolín del estilo modernista; asimismo el estilo modernista se erigiría en nueva marca e imagen de la industria de la ciudad.[21]

La Exposición tuvo un éxito fabuloso y atrajo a más de dos millones de visitantes; en ella participaron veinticinco países y se instalaron doce mil puestos de exhibición. Pero la imagen que transmitió de una economía boyante y unificada era falsa, pues ésta acababa de entrar en un período de crisis aguda. Varias maravillas arquitectónicas, sin embargo, ayudaron a crear la ilusión, como el café-restaurante de Domènech, por ejemplo (más tarde convertido en taller de artes y oficios, el Castell dels Tres Dragons), o su Hotel Internacional, construido en tan sólo cincuenta y tres días, con sus espectaculares salones, cuatrocientas habitaciones y treinta suites de lujo. Por no mencionar las farolas que se habían instalado en la mayoría de vías públicas centrales, y el parque de la Ciutadella, que acababa de proporcionarle al centro de la ciudad un lugar elegante en que pasear.

Gaudí no hizo un aporte importante a la Exposición; pero no fue el único. Fontseré, temiendo que su parque de la Ciutadella fuera objeto de actos de vandalismo, renunció como protesta, sólo para ser rápidamente reemplazado por Rogent. El alcalde Rius i Taulet, famoso por sus largas patillas de boca de hacha, se había puesto en contacto con Gaudí para proponerle la reforma del Saló de Cent en el edificio del Ayuntamiento, en la plaza de San Jaime, pero cuando la relación del arquitecto con el municipio se interrumpió, Domènech se ocupó rápidamente de la tarea. Otros encargos se habían interpuesto en el camino. El Palacio Güell era demasiado importante para dejarlo de lado —aun por unos meses— y la Sagrada Familia proseguía a ritmo regular. Las contribuciones de Gaudí al tejido urbano durante ese período resultarían mucho más permanentes que la efímera naturaleza de la mayor parte de la Exposición.

A principios de 1887 Gaudí recibió un tentador encargo relacionado con el Palacio Episcopal de Astorga. El palacio del obispo Grau había ardido por completo en diciembre de 1886, justo dos meses después de que éste asumiera el cargo. Normalmente el encargo de construir uno nuevo habría ido directamente al arquitecto diocesano, pero en Astorga no lo había. Tras breves intentos de encontrar a alguien en la localidad, el obispo Grau sugirió el nombre de Gaudí, a quien conocía de Tarragona.

Juan Grau tenía todo el aspecto del obispo bien alimentado de los panfletos anticlericales; un bufón glotón. Pero su apariencia ocultaba un carácter enérgico y apasionado que, combinado con su explosivo temperamento de Reus, lo convertía en formidable adversario.

En la década de 1860 Grau había sido brevemente presidente de la Sociedad Arqueológica de Tarragona, que seguía los últimos avances en la arqueología sacra encabezada en el Vaticano por Giovanni Battista de Rossi. Muy pronto, sin embargo, quedó claro que la dinámica personalidad de Grau no se vería reprimida por las restricciones de la vida en la ciudad. Se trataba, en palabras de un observador, de «un gran hombre que sobresalía de la multitud de la que nunca se sintió parte». Su ascenso en la jerarquía católica jamás fue espectacular, pero era obvio que sus superiores le consideraban digno de confianza. Durante la revolución de septiembre de 1868, Grau aceptó el cargo de vicario general en Tarragona. Al año siguiente, durante el Concilio Vaticano I, en el que el catolicismo liberal se vio eficazmente aplastado por la declaración de infalibilidad papal, Grau permaneció en Tarragona actuando de gobernador eclesiástico durante la estancia de su arzobispo en Roma. En la década de 1870 se vio con claridad que Grau desempeñaría un papel cada vez más activo en el renacimiento católico, pues primero fundó la Asociación de Sacerdotes Misioneros y luego una revista para promoverlo, *La Devoción a los Corazones de Jesús y María*. La recompensa de Grau por los años de devoto servicio militante llegó en junio de 1886 cuando el papa León XIII selló su nombramiento al obispado de Astorga y el 2 de agosto recibió el honor de la Gran Cruz de la Orden de Isabel la Católica.

Entre febrero y agosto de 1887 Gaudí preparó proyectos para el obispo Grau. Su génesis había sido ciertamente inusual. El método normal del arquitecto, como se ha visto antes en la Casa Vicens, era el de tener primero una impresión real del emplazamiento y la topografía. Sin embargo, debido a otros compromisos, no pudo viajar a Astorga, de modo que en lugar de ello Gaudí le pidió al obispo que le enviara cuantas fotografías le fuera posible de los monumentos de la localidad, libros sobre historia local, detalles del emplazamiento e impresiones sobre los estilos vernáculos. También estudió las pruebas del libro de su amigo Josep Ixart *España: Sus monumentos y artes*.[22]

Rodeada al oeste y al norte por cadenas de montañas, Astorga había sido saqueada por los asturianos desde el norte y los árabes Ummayad desde el sur hasta que, por fin, se erigió en ciudad clave del reino cristiano de León.

Más de mil años antes Plinio había descrito Astorga como «una ciudad magnífica», pero de esos tiempos lo único que quedaba eran imponentes murallas romanas de cuando había sido escala de la Séptima Legión. La tradición cristiana de Astorga se remontaba al menos hasta el 254 a. de C. En el siglo IV se había establecido como uno de los primeros obispados de España. La catedral gótica de Astorga era la gran extravagancia arquitectónica de la ciudad. Como la mayoría de ciudades españolas, Astorga rebosaba de barroco, y fueron todos esos aspectos de su larga tradición los que consideró Gaudí cuando proyectó su palacio cristiano fortificado.

Al recibir los dibujos de Gaudí en el otoño de 1887 el obispo Grau le envió su entusiasta respuesta telegráfica: «Recibidos planos magníficos. Gustan muchísimo. Enhorabuena. Espero carta.»

Al contrario que cuando se tenían tratos con los ayuntamientos, de cuyos directivos a menudo se podía hacer caso omiso, el Palacio

Episcopal dependía directamente, en tanto que monumento nacional, del Ministerio de Justicia, que contaba con expertos en arquitectura en la Real Academia de Bellas Artes de San Fernando en Madrid y cuyas sugerencias debían tenerse en cuenta antes de concederse los fondos.

A finales del verano de 1888 Gaudí visitó al obispo Grau en Astorga. A su llegada quedó sorprendido al descubrir que sus sentimientos iniciales hacia el terreno, cosechados del paquete de fotos que enviara Grau, le habían inducido a error,[23] motivo por el que estudió con rapidez las posibles modificaciones.

La comisión de arquitectura de la Real Academia ya había encontrado defectos en muchos aspectos del proyecto de Gaudí: las escaleras eran demasiado angostas, el foso no lo bastante ancho, las columnas excesivamente finas, las bóvedas muy rebajadas, y no se había prestado suficiente atención a los riesgos de incendio. Gaudí se lo tomó con sorprendente buen ánimo y se apresuró a adaptar los planos. La segunda visita del arquitecto a Astorga tuvo lugar en la primavera siguiente a la aprobación final de la Real Academia, y el 24 de junio de 1889, el día del santo del obispo, se colocó la primera piedra.

En los cuatro años siguientes Gaudí visitaría Astorga en once ocasiones para supervisar las obras del Palacio Episcopal. Había sido testigo de primera mano del proceder de una comisión eclesiástica, la Junta, en la Sagrada Familia, y allí sus maneras campechanas y bruscas le habían valido contar con una libertad artística total. En Astorga, sin embargo, la cadena de mando era mucho menos flexible. Una historia que se cuenta en Astorga nos revela los métodos de trabajo del obispo y el arquitecto. En un paseo matutino por la catedral, cuando contemplaba el retablo de mármol de 1562 de Gaspar Becerra, con sus figuras a tamaño natural talladas en alto relieve, Gaudí sugirió que quitaran el conopeo, pues en su opinión le restaba valor a la obra. Grau se mostró en desacuerdo y le recordó que el conopeo no sólo era parte esencial del dogma católico, sino que inducía a fijar la atención en la «majestuosa dignidad del Santo Sacramento». No obstante, Gaudí insistió en que el manto tallado por Becerra, sujeto por ángeles, ya lograba ese objetivo.[24] «Quizá tenga usted en esto la razón, o un poquito de razón», le dijo Grau. «¡En eso y en todo!», exclamó Gaudí.

El obispo distendió la situación ofreciéndose a transmitir la sugerencia a la Sagrada Congregación sobre el Ritual, cuya respuesta fue inequívoca: bajo ningún pretexto podía permitirse la supresión del conopeo, una pieza litúrgica de expresividad irreemplazable.

Gaudí era bien consciente de su forma de ser torpemente obstinada. «Toda la vida me he esforzado en dominar mi carácter; usualmente lo consigo, pero a veces el carácter puede más que yo», observaría en cierta ocasión. Una fotografía de Gaudí tomada exactamente en esa época, para un pase para la Exposición, muestra a un hombre fornido que obviamente había aumentado de peso. Pero parece gozar de muy buena salud, con la cabeza afeitada casi por completo.

Gaudí se pasaba horas discutiendo de liturgia con Grau. El obispo lo animó a leer *L'Année Liturgique*, de Dom Guéranger, que se convertiría en un texto clave para Gaudí y ocuparía un lugar de honor en su estantería junto a su autografiada *La Atlántida*. Años después, diría que aquél había sido, probablemente, el período más influyente en su vida profesional.

Para el invierno de 1890 las obras habían progresado lo bastante para que Gaudí colaborara en el levantamiento del pórtico. Respetando las tradiciones locales, había optado por un diseño neogótico, erigido en torno a una sala central. Construido en piedra blanca de Bierzo, el exterior ofrecía pocas novedades arquitectónicas a excepción de la estructura de la triple arcada, que se precipitaba hacia adelante para sostener un balcón como una torreta medieval. Inventar una cuna de madera para sostener las piedras hasta que estuvieran firmemente en su lugar resultó prácticamente imposible. La arcada se derrumbó en dos ocasiones. Pero entonces, según Alonso Luengo, que investigó cada aspecto de la estancia de Gaudí en Astorga, el arquitecto entró en escena.

> Media ciudad llenaba los alrededores de las obras contemplando el espectáculo, y arquitectos de toda España esperaban con una sonrisa irónica el resultado de aquella *locura*, mientras Gaudí, subido en un andamio, ausente de cuanto le rodeaba, abría los brazos a cada movimiento de la piedra, y era, todo él, como una llama arrebatada.

Gaudí acabó con aquella locura a la puesta del sol, instantes antes de que empezara a nevar. Una vez más, empero, la arcada se derrumbó y el obstinado Gaudí empezó de nuevo desde el principio.

Las manos del arquitecto, desollándose, fundían sobre la piedra, por un momento, su pulso con el del operario, que, muchos años después, evocando aquello con gran emoción, ostentaba, como el mejor timbre de su noble artesanía, el abrazo que le dio Gaudí cuando la última piedra del pórtico estuvo colocada para no removerse jamás.[25]

Sus hercúleos esfuerzos, sin embargo, no habían obtenido recompensa financiera alguna en los cuatro años precedentes. Así pues, el 21 de noviembre de 1892, Gaudí le escribió al obispo Grau agradeciéndole su hospitalidad pero expresando su profundo malestar por el funcionamiento del Estado.

Como hasta la fecha, gracias a Dios, no he tenido ocasión ni necesidad de ocupar mis conocimientos facultativos en obras relacionadas con el Estado y sí sólo se han dignado utilizar mis servicios algunas respetables personas particulares, no puedo menos de consignar que contrasta, de una manera penosa, ver la gran diferencia entre el Estado y aquéllas, que saben hacerse cargo que hay que satisfacer sus honorarios a quien vive de su trabajo, y entienden que, a personas que se creen dignas, no hay que ponerlas en el caso de mendigar lo que en justicia les corresponde.

No fue hasta el año siguiente, tras buscarle tres pies al gato a las facturas de Gaudí, que se solucionó algo. Para entonces, no obstante, era casi demasiado tarde. En septiembre de 1893 el obispo Grau se hirió una pierna mientras se hallaba en visita parroquial en la provincia de Zamora. Gaudí supo instintivamente que algo andaba mal, y lo recordaría diez años después en *La Veu de Catalunya*:

¿Sabe usted por qué comprendí que el obispo se moría? Lo encontré tan hermosamente transformado que me vino la idea que no podía vivir. Era hermoso, demasiado hermoso. Todos sus rasgos personales habían desaparecido: las líneas de la cara, el color, la voz. Y la belleza perfecta no puede vivir. La testa abstracta de las divinidades griegas no hubiera vivido.[26]

Grau murió el 21 de septiembre, tras declarárssele gangrena. El Palacio Episcopal aún no tenía techo, pero Gaudí renunció, dedicando sus palabras de despedida a los canónigos de la catedral: «No serán capaces de acabarlo, ni tampoco de dejarlo interrumpido.» Los canónigos habían puesto todos los obstáculos posibles en el camino del arquitecto, que ahora se quedaba sin su aliado y protector. El último acto de Gaudí en Astorga fue el de diseñar la lápida del obispo Grau. Había presentado su renuncia porque sabía muy bien que sin el apoyo de éste nunca lograría acabar la obra. Escribió de Grau:

> Su esfuerzo por levantar la ciudad fue tremendo, pero inútil. Emprendió esa obra para dar ejemplo y para estimular la actividad de la región. Acabó peleándose con todo el mundo: con sus superiores de León y con sus parroquianos de Astorga. Todos, desde el alcalde, que era el contratista para los materiales, hasta el capítulo de la catedral le pusieron obstáculos. Nosotros acudimos allí durante un largo período de cada año, y eso hizo que el ánimo del doctor Grau reviviera. Jamás he visto una voluntad más firme o más bienintencionada que la suya. Mientras vivió logramos vencer toda amargura.

En su primer año como obispo, Grau se las había arreglado para lograr la aprobación de la reconstrucción del Palacio Episcopal con inusual prontitud; también había discutido varios cambios en la liturgia, que los canónigos habían rechazado de forma rotunda, además de instituir un museo diocesano y fundar varias escuelas en la provincia. Su energía e integridad eran incuestionables. En 1887 había dispuesto la venta de todas sus propiedades para subsidiar obras de caridad. Pero lo que Gaudí y Grau habían subestimado era la fuerte resistencia al cambio que imperaba en Astorga, descrita por un viajero contemporáneo como la más «melancólica ciudad en España».[27]

Años más tarde se llevaron a cabo intentos de atraer de vuelta a Gaudí, pero el trato recibido le había dejado lleno de amargura. El Palacio Episcopal tardó décadas en acabarse y nunca llegó a parecerse a los planos originales de Gaudí, que, en cualquier caso, había quemado presa de la rabia.[28] «¡No volvería a cruzar Astorga ni en globo!», decía.

Además del encargo relacionado con el palacio del obispo, Gaudí fue contratado para proyectar un edificio religioso muy diferente: un colegio de monjas diseñado sobre las líneas básicas que recomendaba santa Teresa, construido por el organizador del culto a la santa, el padre Enrique Antonio de Ossó. Ossó había empezado por utilizar al constructor Joaquín Codina Matalí, quien según lo convenido había proyectado la escuela y el colegio mayor en el estilo bizantino que estaba de moda. Pero pronto se trajo a Gaudí para que acabara el trabajo. Así pues, como en la Sagrada Familia, el arquitecto heredó una vez más una planta predominantemente inflexible. Los muros exteriores ya tenían dos metros de altura cuando se recurrió a él.

Exactamente contemporáneo del más ostentoso edificio de Astorga y del Palacio Güell, el Colegio Teresiano es característico por su «pobreza» y su diseño «minimalista». Ossó contaba con un presupuesto apretado e interfería con frecuencia, lo que desagradaba sobremanera a Gaudí: «Cada cual a lo suyo, mosén Enrique. Yo a hacer casas; usted a decir misas y predicar sermones.»

La planta baja (de Codina) se había construido con muros de ladrillo rellenos de cascote, pero a partir de ahí el bloque rectangular de cuatro pisos produce una apabullante sensación de verticalidad y de empuje hacia lo alto. En el nivel del techo el pretendido efecto gótico se ve acentuado por estrechos aguilones. Por todas partes había emblemas teresianos e invocaciones a adorar al Señor.

Una vez en el interior, el edificio estaba dividido en tres crujías que recorrían toda su longitud. El efecto era más acusado en el primer piso, donde blancos corredores de arcos parabólicos de escayola se extendían hasta donde alcanzaba la vista. Despejados y modernos, constituían un milagro de circunspección. Es posible que esos pasillos provistos de arcadas sean los espacios más espirituales que Gaudí creara jamás. Fueron diseñados para caminar, pero de una manera especial; están ahí para dar lentos paseos mientras se medita sobre la pasión de Cristo.

A lo largo de la crujía central Gaudí dividió el espacio en siete rectángulos más pequeños que se abrían alternativamente al cielo. En términos arquitectónicos suponía una forma inteligente de que la luz llegara al corazón del edificio. Sin embargo, poseía un simbolismo mucho más profundo. El libro más influyente de santa Teresa era *Las moradas*, también llamado *El castillo interior*, obra que gozaba de un atractivo obvio para un arquitecto decidido a prestar a sus edificios tanto narrativa como significado. Santa Teresa utilizaba la metáfora arquitectónica de las siete mansiones para describir los siete estratos de la búsqueda espiritual. Los siete espacios de Gaudí, cerrados al corredor pero abiertos al mundo, son precisamente lugares para esa contemplación.[29] Y en mi primera visita a las teresianas vi a las monjas sentadas en silencio entre macetas de cactos y helechos trepadores, hacer exactamente eso.

Con frecuencia se ha considerado al obispo Grau artífice de la creciente participación de Gaudí en el renacimiento católico, pero también fue exactamente en esa época, durante los meses de noviembre y diciembre de 1889, cuando el arquitecto acudió a un monasterio en Tortosa para realizar un retiro espiritual. Quizá le inspirara a hacerlo el Colegio Teresiano, que iba a concluir en un tiempo récord en el verano de 1890. Lenta pero indudablemente se estaba integrando en el círculo más allegado a la Iglesia catalana.

A finales del verano de 1891 Claudio López, segundo marqués de Comillas, invitó a Gaudí a acompañarle a Tánger para estudiar la posibilidad de construir en la ciudad una misión franciscana. Al viajar a través de Andalucía y cruzar por primera vez a África, desde Málaga, Gaudí tuvo la oportunidad de ampliar sus conocimientos de primera mano. Desde los famosos pueblos blancos de Andalucía, predominantemente cúbicos, se dirigió hacia las esculturales curvas de las casas bereberes.

De su proyecto, sin embargo, sólo queda un dibujo. El edificio, de haberse construido, habría sido casi tan ambicioso como la Sagrada Familia. Envueltas por un muro con torrecillas y de forma elíptica, un puñado de torres se erigían como estalagmitas en el interior de una empalizada de Benin a modo de cinturón coralino.

No obstante, incluso sin el proyecto de Tánger, era fácil que Gaudí tuviera trabajo suficiente para mantener ocupado su estudio. En León, se le había encargado la construcción de un palacio comercial para la firma catalana Fernández y Andrés, amigos y socios de Güell. La Casa de los Botines sería uno de los edificios más sobrios de Gaudí. La fachada de granito, con su escultura de san Jorge y el dragón, ocultaba un espacio comercial interior construido a base de pilares de hierro forjado. El edificio, emplazado en un lugar con vis-

·tas a la magnífica catedral gótica de León, es de todos los proyectados por Gaudí, el menos sensible a su entorno inmediato. Se trata de
un sólido bloque de piedra, un híbrido entre palacio y castillo (con
foso), la corpulencia de cuyo conjunto sólo se ve aligerada por la ingeniosa articulación de las ventanas y las torres esquineras. Sin embargo, se construyó con una rapidez notable —tan sólo diez meses—, y
con el tiempo ha llegado a aceptarse como el edificio secular más importante de León. Desde León, Gaudí visitó con frecuencia Astorga
hasta la muerte del obispo Grau. Pero la conclusión prematura de ese
edificio no aligeró en exceso su volumen de trabajo, pues para 1894
ya había recibido el encargo de construir una bodega para la finca de
Güell en Garraf, la autoría de la cual se ha atribuido con frecuencia
a su ayudante, Berenguer.[30]

En 1894, y a medio camino de todos esos proyectos, el cada vez
más ferviente catolicismo de Gaudí se puso claramente de manifiesto con su observancia de un completo ayuno cuaresmal. Todos los
periódicos locales informaron de ello, publicando imágenes del demacrado arquitecto tendido bajo capas de abrigos y mantas. Cada día
más débil, Gaudí quedó postrado en cama en su piso del número 339
de la calle Diputación. Ni su padre ni Santaló lograron convencerle de que dejase aquello, y fue sólo Torras i Bages, a quien las demostraciones exageradas y fanáticas de fe y misticismo le resultaban profundamente desagradables, quien le persuadió de abandonar por fin
el ayuno. Los testigos describirían morbosamente a un Gaudí atrapado en su «profundo sueño letárgico» y verían «nobleza y majestad de
santo» en sus esqueléticas facciones.

Como carecemos de diarios, cartas, conversaciones registradas o
acceso al confesionario, en la actualidad resulta imposible comprender plenamente la necesidad que experimentaba Gaudí en aquel momento de una fe más profunda. Lo que sí es seguro, sin embargo, es
que para 1894 su observancia del ritual católico se había vuelto tan
extrema que incluso al obispo Torras i Bages le resultaba incómoda.
No es una coincidencia que el episodio tuviera lugar cuando el renacimiento católico en Barcelona se hallaba en su apogeo. Si para algunos la relación cada vez más intensa de Gaudí con la Iglesia católica
representaba una forma de autoindulgente escapismo, no cabía duda
acerca de la autenticidad de su lucha.

Dos manifestaciones de esa creciente religiosidad se centrarían en el círculo más íntimo de Gaudí. Es posible que la observancia un poco demasiado «literal», incluso exagerada, del ayuno cuaresmal por su parte fuera una reacción a la destitución de su amigo Jacint Verdaguer, cuyo declive constituiría un episodio trágico en la vida cultural catalana.

Verdaguer regresó de los mares para asumir el cargo de capellán del Palacio Moja. Capaz de expresar en sus poemas los más profundos anhelos, se negó con gazmoñería a asistir a los banquetes formales a causa de los profundos escotes de los vestidos de las mujeres. Relevado entonces de las obligaciones sociales, se le confió el exigente cargo de despensero.[31] El resultado fue catastrófico.

Verdaguer fue terriblemente despilfarrador con los fondos de su señor; las estimaciones sugieren que gastó el equivalente a las obras de construcción del Palacio de Sobrellanos y el enorme seminario católico. También surgieron rumores de que Verdaguer había tratado de convencer a la marquesa de que se recluyese en un convento. Comillas se sintió molesto por la ridícula conducta de Verdaguer, y cuando le llegaron noticias de posesión demoníaca y violentos exorcismos tomó medidas de inmediato.[32]

Después de diecinueve años bajo el techo de los Comillas, Verdaguer fue finalmente expulsado. Supuso una terrible humillación para él, y lo fue doblemente por la intervención del obispo Morgades, que lo despojó de su *a divinis*. Se le ofreció con mucho tacto el exilio en el monasterio de la Gleba, en Vic, pero Verdaguer rehusó.

Para 1895, al borde de la bancarrota, Verdaguer suplicó ayuda a Comillas, pero éste llamó a la policía. En su breve autobiografía *En defensa propia*, Verdaguer dio rienda suelta a su orgullo hecho añicos: «¡Un amigo de toda la vida y me vendió a traición por menos de treinta monedas de plata!» Se quejó amargamente a Apel·les Mestres: «Me encerraron en un círculo de hierro y dejaron que diera vueltas y más vueltas interminables sin siquiera ofrecerme la posibilidad de escapar.»[33]

A medida que el siglo tocaba a su fin, la sociedad estaba cada vez más polarizada. En un extremo florecían la anarquía, el sindicalismo y la bohemia, mientras que en el otro la jerarquía católica, el *establishment* y un gobierno cada vez más reaccionario se empeñaban en im-

poner su autoridad incluso, como demuestra el incidente de Verdaguer, entre sus propias filas.

La intolerancia y el temor a la decadencia crecientes también tenían su correlato en el mundo artístico. Molesto por el tono ebrio,
lascivo y anticlerical del baile del Círculo de Arte, Josep Llimona
decidió que había llegado el momento de acabar con la podredum-
bre. El Cercle Artístic de Sant Lluc, que fundó para promover el arte
católico, tiene tanto que ver con el rechazo como con la creatividad.
Su primer edicto fue que no hubiera más desnudos femeninos al
natural en las clases. Mientras Gaudí yacía enfermo en casa, Torras i
Bages, consejero espiritual del Lluc, daba la conferencia inaugural.
Declarándole la guerra al liberalismo, anunció que el arte por el arte
era para entonces una idea en bancarrota. Gaudí no se unió a ellos
hasta 1899, pero sin duda sus amigos gozaban de sus plenas simpa-
tías.

Se ha escrito mucho sobre el «enjambre de mojigatos» del Cercle Artístic y de sus rivales los bohemios. Si el aroma predominante
relacionado con los modernistas de Rusiñol era el del opio, entonces
el Sant Lluc olía, según el artista Marià Pidelaserra, a «funerales lujosos y cera cara».

Unos y otros estaban en pie de guerra. El 25 de octubre de 1900,
Picasso le escribió a un amigo: «Si ves a Opisso, dile que mande al
infierno a Gaudí y a la Sagrada Familia.»

A Picasso y los demás Quatre Gats les repugnaba la naturaleza
paródica del Cercle de Sant Lluc. Gaudí se convirtió en blanco especial de la mordaz y satírica pluma del primero. La repugnancia era
mutua, pues según John Richardson, Gaudí «sentía desprecio y desconfianza por los progresistas artistas jóvenes de Barcelona, que pronto incluirían a Picasso».[35]

En el museo Picasso de Barcelona es fácil pasar por alto un pequeño dibujo a plumilla, trazado con brío característico, titulado
Hambre y fechado en 1902.[36] En primer plano aparecen los miembros
de la «sagrada» familia y tras ellos la figura del intimidante artista-
arquitecto entre restos de bustos clásicos. Barbado, como tantos catalanes de la época, se cierne con su traje desaliñado y los hombros
caídos para reprender a la multitud.

El grupo familiar tiene la mirada velada por el hambre. «Muy importante —dice el arquitecto—. Os hablo de cosas muy importantes, de Dios, del Arte.» «Sí, habla cuanto quieras de Dios y el Arte —parece sugerir la figura del padre campesino—, pero mis hijos tienen hambre.» Aunque nunca se ha identificado a la figura del artista, sin duda representa una caricatura del ultraconservador Sant Lluc.[37] Y de paso guarda parecido con Gaudí, famoso por sus «declaraciones de oráculo».[38]

Pese a los incesantes tijeretazos hubo pequeñas pero simbólicas victorias para el grupo católico de Gaudí. El 26 de junio de 1903 asumieron el contrato de arrendamiento del legendario pero en quiebra Els Quatre Gats.[39] Estaba claro que, a corto plazo, las figuras consagradas del revitalizado arte católico, con Gaudí a la cabeza, habían ganado.

VII

Hacia una Nueva Jerusalén

Con dos reglas y un cordel se genera toda la arquitectura.

Antoni Gaudí

En España, esas divisiones crecientes se veían cada vez más marcadas por la violencia. Para mediados de la década de 1890, los actos brutales de anarquismo, más que permanecer aislados y esporádicos, se habían convertido en una característica cotidiana del paisaje político. Todo ello quedaría rápidamente eclipsado, sin embargo, por la catástrofe de Cuba de 1898.

En 1895 una caída del precio del azúcar había conducido a una rebelión en Cuba, entonces colonia española. La respuesta oficial fue rápida y brutal. El general Weyler, apodado *el Carnicero* por el *New York Journal*, fue enviado a Cuba, donde su táctica de despejar las tierras y apiñar a los granjeros en campos de concentración resultó eficaz. Mientras que las negociaciones podrían haber llevado a los rebeldes de vuelta al redil, la crueldad de los campos incrementó su resolución de liberarse del yugo español.

La proximidad de Cuba a Estados Unidos pondría en juego otras cuestiones.[1] Los norteamericanos sostenían que Cuba, «desligada de su nada natural conexión con España e incapaz de sustentarse por sí misma, sólo puede gravitar hacia los Estados Unidos de Norteamérica».[2]

La inestable relación diplomática entre el Viejo Mundo y el Nuevo estaba a punto de quebrarse. El 25 de abril de 1898, tras el hundimiento del acorazado estadounidense *Maine* en el puerto de La Habana, se declaró la guerra.[3] Tan sólo duró diez semanas. Pero no quedó restringida a Cuba. Manila, Hawai y Guam cayeron en rápida sucesión. La «pequeña y espléndida guerra» había concluido y lo único que quedaba era embarcar a los veinticuatro mil desmoraliza-

dos y heridos soldados españoles de vuelta a casa. El tratado de París, firmado en diciembre de 1898, cedía Puerto Rico, Guam y las
Filipinas directamente a Estados Unidos, en tanto que a Cuba se le
permitía una independencia nominal, protegida por las bases nava-
les estadounidenses en la isla.

Para España, la guerra había supuesto un desastre y una humillación.

Ambos proyectarían una sombra sobre la desencantada Generación del 98, un grupo de asombroso talento que incluía a Ortega y
Gasset, Unamuno, el poeta Antonio Machado y Ángel Ganivet, quienes compartían un inquietante pesimismo. Económica y artísticamen-
te, la primera década del siglo XX estuvo erizada de dificultades para
cualquier español. Para Gaudí, sin embargo, supuso el período más
creativo y exitoso de su larga carrera. Seguro bajo el mecenazgo de
Güell, se vio libre de cualquier preocupación financiera. Reorganizó
su estudio. El volumen de trabajo cada vez mayor requería que de-
legase cada vez más. La contribución de Berenguer fue, como siempre, vital. Un arquitecto recientemente titulado, Joan Rubió i Bellver
(nacido en Reus) se las había arreglado, a través de la intervención de
su madre, para asegurarse un empleo en el estudio.[4] El siguiente
encargo marcaría el ascenso de Rubió de ayudante a «colaborador».[5]
Gaudí era afortunado. Rubió sabía expresar sus ideas, era un teórico
brillante, un profesional consciente y, en el lenguaje del modernismo
maduro, un arquitecto que prometía muchísimo.

En el otoño de 1897 Gaudí había recibido de la viuda doña Juliana
Pintó Roldós y los hijos de Pedro Mártir Calvet el encargo de construir las oficinas centrales de su negocio textil, que comprendían, a
su vez, una residencia familiar y una serie de pisos de alquiler.[6]

Para el 29 de marzo de 1898 ya tenía listos los planos. La Casa
Calvet, situada en el número 48 de la calle Caspe, a poca distancia andando de la casa de Gaudí, en el cuarto piso del 370 de Consejo de
Ciento, fue construida al estilo de una *insulae* romana; la planta baja
albergaba el negocio familiar, mientras que la familia Calvet vivía encima. Enclavada en un espacio entre medianeras la Casa Calvet planteaba un problema arquitectónico nuevo. La única oportunidad para

los arquitectos de exhibir su talento residía en la manipulación de la fachada. Tal hecho sería reconocido incluso por el progresista ayuntamiento, al que le parecía que a la arquitectura de fachadas debían concedérsele prestigiosos premios. Pero, mientras que los efectos beneficiosos de semejante política resultaban obvios, algunos han criticado lo que consideran una tendencia intrínsecamente catalana hacia el diseño insustancial y la elegancia para cubrir las apariencias. La cuestión se vería satirizada por el filósofo vasco Unamuno con su teoría del «fachadismo», en la que se burlaba de la obsesión catalana por el diseño a expensas de la salud pública. El interior de la Casa Calvet desmiente cualquier crítica de esa clase.

Mereció el galardón del ayuntamiento en el concurso anual creado hacía poco para premiar el mejor edificio del año en Barcelona.[7] El jurado incluía a los arquitectos Pere Falqués, Bonaventura Bassegoda y Villar. Sólo hubo uno que se mostró en desacuerdo, un colega del Sant Lluc, Enrique Sagnier Villavecchia, uno de los más capaces competidores de Gaudí, que respaldaba otro edificio y cuyo acuerdo sólo se consiguió tras un prolongado debate.[8] La Casa Calvet era un edificio de calidad obvia, pero como «tipo» planteaba varios problemas.

Las ordenanzas sobre la construcción de 1891 habían socavado el mucho más igualitario plano del Ensanche de Cerdà de 1857, en que estaba implícito el reconocimiento de las fuerzas sociales y económicas que hacían necesario potenciar al máximo todo el espacio disponible. Las ordenanzas permitieron un pragmático aumento del límite de altura para los edificios de veintidós metros, establecido en 2,60 metros. Pero lo más importante es que con ello se concedía la libertad de explotar los elementos decorativos —galerías acristaladas, torres esquineras y esculturas en los tejados—, alentando así un «entusiasmo por el lujo» y «una prodigalidad de ornamentación».[9]

Pese al rápido crecimiento y la continua afluencia de dinero contante y sonante, el éxito del Ensanche nunca estuvo garantizado. Para la década de 1890 la jerarquía de la vivienda en el Ensanche se había cristalizado en líneas geográficas muy claras. Un especulador en bienes raíces, el señor Gaziel, le aconsejó a su padre que trazara una línea resiguiendo el eje del Paseo San Juan y vendiera todo lo que quedaba a la derecha (incluida la zona en torno a la Sagrada Familia).

Muchas de las viejas familias aún sentían un desdén aristocrático hacia lo nuevo. El marqués de Gelida fue famoso por construirse un palacio en el Ensanche, pero no pudo soportar vivir en él. La comedia de 1886 *Un pis a l'Ensanche* gira en torno al traslado de los protagonistas de un cuchitril en el Ensanche de vuelta a los encantos a la antigua usanza de un piso cerca de la catedral. El éxodo sistemático de la ciudad vieja sólo tuvo lugar tras el brutal asesinato de dos prostitutas a manos de sus chulos en el umbral de don Eusebi, en 1906.[10]

A principios del siglo XX Europa fue testigo de una explosión de estilos diferentes. Los observadores quedaban «atónitos al ver erigirse ante sus deslumbrados ojos más minaretes que en el Cuerno de Oro, más cúpulas que en Odeypour, más gopuras que en Kombakoroum o Chidambaram».[11] Si la Casa Vicens había reflejado la decadencia mudéjar, y la Sagrada Familia y Astorga eran meditaciones sobre el neogótico, entonces la Casa Calvet suponía la prudente incursión de Gaudí en el barroco y el rococó.

Sólidamente asentado sobre contrafuertes macizos, el edificio, construido con arenisca de Montjuïc, tiene cinco plantas de altura. Las dobles pilastras que confieren cierto relieve a la entrada suponen una referencia ingeniosa a las bobinas de madera utilizadas en la manufactura textil. Esas bromas particulares eran característica común de las lujosas casas del Ensanche construidas por arquitectos. Cada familia jugaba con los símbolos de su heredada o recientemente manufacturada genealogía. Unos rasgos aludían a la fuente de la riqueza del propietario y otros a sus aficiones e intereses. Pero todos (si el arquitecto era lo bastante listo) halagaban al cliente y su posición.

Para la Casa Calvet Gaudí buscó como siempre en el Gran Libro de la Naturaleza. En el tejado inclinado de la tribuna unas cornucopias llenas de frutas revelan un par de tórtolas entre las manzanas y peras. Las verjas retorcidas y batidas del balcón inmortalizaban la afición por las setas típicamente catalana de Pedro Calvet. Se trata de un catálogo de setas comestibles: la trompeta de los muertos, el fúnebre y negrísimo cuerno de la abundancia; la sabrosa *gita de bruixa* y, naturalmente, la *Morchella esculenta*, la mejor aliada del pollo asado, la telúrica exquisitez que es la espongiforme seta de Cuaresma.

Hay quienes han descrito la Casa Calvet como «convencional» y «casi aburrida».[12] Quien busque en ella innovación arquitectónica quizá se sienta engañado. Pero la casa se erige como testimonio de la sensibilidad de Gaudí ante los deseos de su cliente. Tiene una contenida elegancia barroca que no se encuentra en ninguna otra de sus obras. El texto que acompañaba a la «Mejor Fachada» alababa a Gaudí por seguir el dictado de Beau Brummel de utilizar en todo el criterio del buen gusto.

La verdadera delicia de la Casa Calvet reside en los detalles decorativos de la puerta principal, el vestíbulo de entrada y el mobiliario fabricado especialmente para ella. Gran parte de la imaginería y ornamentación era deliberadamente agradable, pero subyacía la presencia de la política y el sufrimiento. Al llegar a la casa, el visitante asía una aldaba de hierro en forma de cruz que golpeaba contra una chinche de hierro forjado. Se ha interpretado como la fe aplastando el pecado, pero otras versiones incluyen una representación de la batalla entre la católica Cataluña y la parásita Castilla, un tema favorito de la Renaixença. Gaudí disponía de poco tiempo para lo que él desdeñaba como la cultura española del flamenco y las repiqueteantes castañuelas. Siempre que le era posible repetía sus teorías sobre la superioridad de la creatividad catalana. Ràfols recordaría un famoso arrebato:

> Los catalanes tienen el sentido de la plasticidad, que es el que proporciona una idea del conjunto de los objetos y de su emplazamiento relativo. El mar y la luz mediterráneos proporcionan esa cualidad tan admirable; y es por esa causa que las cosas reales no les engañan sino que les instruyen. Los castellanos, en cambio, no tienen esa equilibrada percepción. Ellos son, respecto a los catalanes, lo que los cíclopes eran respecto a los griegos. Los cíclopes no tenían más que un ojo. Así les sucede a los castellanos: se percatan de la existencia de las cosas, pero no adivinan la justa situación. No ven la imagen clara sino un fantasma de la imagen.[13]

Pero no había nada insustancial en la inventiva de Gaudí en la Casa Calvet. Una vez traspuesta la gran puerta de madera el visitante-residente podía expiar sus pecados repitiendo la plegaria católica pintada en la pared: *«Ave Maria Puríssima, sens pecat fou concebuda.»*

Como era típico en él, Gaudí había traducido la súplica en latín a su lengua vernácula. El vestíbulo revestido de azulejos estaba decorado en los colores de María: el azul y el blanco, y para aquellos que salían, podían comprobar su aspecto en espejos colocados en cuidadosos ángulos.

Ningún detalle era demasiado insignificante. Al entrar, los visitantes podían limpiarse el polvo de la calle en una fuente de agua fresca de un manantial cercano. Al fondo del vestíbulo había un soberbio ascensor barroco de hierro. Al subir a la primera planta, uno se siente de inmediato en medio de un espacio privado. El intenso detallismo continúa, pero el neobarroco ha quedado atrás y el tema es algo nuevo, algo a un tiempo «relacionado con la vegetación y con piedra fluida». Incluso los herrajes de la puerta —mirillas, rejillas de ventilación y picaportes— tienen forma ergonómica.

La Casa Calvet supuso un éxito que combinaba bien todos los diferentes aspectos de la obra de Gaudí. Incluso el único contratiempo que surgió se solucionó de un modo por completo característico. El arquitecto municipal, Falqués, advirtió que la altura total del edificio había excedido la estipulada en las ordenanzas de 1891. La respuesta de Gaudí fue rápida y simple. El 24 de noviembre de 1898 Rubió fue despachado al ayuntamiento con un plano de la elevación, en el que Gaudí, sencillamente, había tachado el gablete con lápiz rojo. Un mes más tarde se concedió el permiso para que el edificio no se alterara y continuara como se había proyectado originariamente.

Las fotografías contemporáneas del Paseo de Gracia y la plaza de Cataluña son melancólicas. En una que muestra la plaza en primer término para continuar con el Paseo de Gracia y, dos kilómetros más allá, las laderas del Tibidabo, no aparecen más que siete carruajes de caballos y un solo tranvía. Es otoño y los árboles están tremendamente desmochados. *Flâneurs* con canotiers de paja holgazanean bajo los plátanos. Un caballero bien vestido se vuelve en redondo para llamar a su mujer, que se ha detenido a hablar con un conocido. La gente pasea por en medio de la calle. Pronto todo aquello cambiaría.

En contraste con la barroca Casa Calvet, la casa con torre adosada de Bellesguard era magníficamente arcaica. Construida en las estribaciones de Collserola, en la ladera del Tibidabo, Gaudí volvió la mirada al fortín cristiano medieval y al complejo *hisn* de Al-Andalus, de fortificación morisca, en busca de inspiración.[14] Por entonces el castillo estaba muy en boga en toda Europa, quizá porque combinaba dos lenguajes arquitectónicos: un romanticismo norteño con cierto deje muy marcial.[15] Pero Gaudí estaba buscando algo que resultara más sólido en conjunto.

Bellesguard entraña una narrativa cultural fascinante. Ahí, sobre las ruinas de la residencia de caza de Martí el Humano, Gaudí exploró el diseño de jardines y la relación entre un edificio y la naturaleza.[16]

Las ruinas daban testimonio de las gloriosas hazañas de la casta guerrera católica de Cataluña. El 17 de septiembre de 1409, el rey Martí desposó allí a Margarita de Prades. Lamentablemente, murió al cabo de seis meses dejándole Bellesguard a ésta, que más tarde se recluyó en el convento cisterciense de Valdonzella.

Se contaba con unos buenos cimientos de piedra sobre los que construir. Y, unos meses después de que Gaudí firmara la escritura de compra en favor de la analfabeta doña María Sagués Molins, se excavó el terreno.

Bellesguard era especial para Gaudí, quien por ello desalentó a cualquier miembro de su estudio a participar en su diseño. Bellesguard, «vista hermosa», iba a convertirse en la casa solariega de doña María. La masa cuadrada del edificio, situada de forma que se hiciera eco de los puntos cardinales, se construyó con antiguos cascotes, de forma muy semejante al de las teresianas. La diversidad se introducía mediante estrechas ventanas ojivales que se estiraban para formar expresivas interrupciones en la masa de mampuestos. Justo debajo de la cornisa de almenas de puntas dentadas discurría una galería de ventanas. El tejado, con sus pasarelas peligrosamente angostas, actuaba de pieza complementaria del mirador medieval del rey Martí en el barrio gótico.

Pero el diseño deliberadamente arcaico de Bellesguard quedaba contrarrestado por poderosas innovaciones arquitectónicas. En los jardines, entre las ruinas, Gaudí dio nueva forma al ondulante terreno mediante una arcada de columnas inclinadas que formaban un viaducto y contrafuerte para sostener el enorme peso de la tierra. El material empleado estaba constituido en su mayor parte por rocas y fragmentos de piedra que Gaudí reutilizó de manera ingeniosa. Creando moldes, las formas huecas se rellenaban de capas de fragmentos de piedra y luego de argamasa. Ese método infinitamente flexible —«podía repetirse una y otra vez»— suponía una exploración tan barata como fascinante de las técnicas de fabricación en serie.

Hoy en día el visitante verá al entrar la prístina pureza del proyecto inicial de Gaudí ensombrecida tan sólo por las más tardías adiciones policromas de su ayudante Sugrañes. Una variedad de simples nervios de ladrillo recorren el tejado. En otras zonas, bandas de metal tensadas se retuercen justo sobre la altura de la cabeza, haciendo las veces tanto de tirantes como de metáforas del espacio elástico en perfecta tensión. Bellesguard supone una síntesis impecable de la ciencia estructural con el diseño elegante.

El ejemplo de Gaudí actuó de catalizador: exigió la respuesta de otros arquitectos. En la otra vertiente de la ladera del Tibidabo, mirando hacia el norte, Enric Sagnier proyectó la Casa Arnús, conocida familiarmente como El Pinar. Sagnier utilizó su técnica característica de descorrer el velo de piedra tallada para revelar el revestimiento subyacente de yeso suavemente enlucido. En contraste con el deliberado catalanismo de Bellesguard, la ciudadela de Sagnier es decididamente paneuropea, lo que se ve acentuado por sus torres gemelas que recuerdan los techos abruptamente inclinados de Chambord.

La Casa Calvet y Bellesguard fueron encargos de prestigio. Muchos otros de los proyectos asumidos por el estudio de Gaudí serían más modestos y prosaicos, aunque igual de reveladores de su filosofía del diseño. Para el Orfeó Feliuà, una sociedad coral, Gaudí diseñó un estandarte ceremonial de dos metros de altura, a emplear en las procesiones religiosas. La enorme bandera habría resultado muy pesada si el arquitecto no se hubiese mostrado ingenioso al utilizar corcho. Sant Feliu era uno de los mártires de Cataluña que fue aplastado hasta morir en una piedra de molino, en el siglo IV.[17]

En agosto de 1901 Gaudí inició la modernización de una casa para los marqueses de Castelldosrius, en la Junta de Comerç. Lamen-

tablemente destruida en la guerra civil, supuso un lucrativo resultado indirecto más de la conexión Comillas-Güell. La que fuera doña
Isabel Güell había entrado a formar parte por matrimonio de la más
antigua familia aristocrática de los nobles Sentmenat, hecho que ra-
tificó el meteórico ascenso de la familia Güell del campesinado a la
aristocracia en tan sólo tres generaciones. En muchos sentidos Isabel
era la Güell favorita de Gaudí. Muy unida a su padre, tenía también
talento para la música y tocaba con frecuencia en los informales conciertos del Palacio Güell. Un día, tras completar la nueva casa, Gaudí se encontró casualmente con ella y la vio decepcionada. Su padre
le había regalado un piano de cola Errad, pero al hacerse la entrega
se descubrió que no había espacio para colocarlo en ninguna de las
estancias destinadas a recepciones públicas. La respuesta de Gaudí ha
pasado a la historia: «Isabel, créame, toque el violín.»[18]

Gaudí también colaboró en el proyecto de un nuevo taller para José
y Luis Badia, que se habían visto obligados a trasladarse por las quejas de los vecinos. Acordaron con Gaudí que le pagarían en especie, un
sistema de trueque que había sido muy corriente en la Edad Media.

El diseño de Gaudí para la fachada del taller era simple pero
austero; utilizó unas proporciones agradables que muy pronto se reconocieron como suyas. En 1902 volvería a emplear ese método en
la entrada, el pórtico y el muro circundante que proyectó para la finca
de Miralles, y una vez más en el inacabado chalet Graner, en 1904.

Con frecuencia Gaudí aparecía en el taller Badia armado de planos a escala natural y maquetas de yeso. Cuando Gaudí llegaba, Oñós
se escondía o bien se enfrascaba en alguna otra tarea. Su actitud
no se debía a que le desagradase la presencia del arquitecto sino más
bien al temor de perder un tiempo valioso. Oñós estaba convencido
de que Gaudí se presentaba con la intención de plantearle adivinan-
zas espaciales y técnicas. Gaudí nunca aceptaría dos veces la misma
solución, pues una vez descubierta se tornaba aburrida. Luis Badia co-
mentaba las ideas con el arquitecto y Oñós sólo volvía a salir tras la
partida de éste para preguntar qué era preciso hacer. Gaudí prefería
una apariencia relajada, como si el metal no hubiera sido forjado por
el hombre sino por los elementos. Ningún otro de sus clientes era tan

exigente y aun así tan estimulante. Badia comentaría más tarde: «Ninguno de los que hemos trabajado con Gaudí podemos huir de su influencia. Al vivir tan próximos a aquel mar rebosante de ideas, pronto se tornaron las nuestras.»

Otros edificios más elementales parecen haber sido menos obra del propio Gaudí que de su estudio. En noviembre de 1899 el arquitecto firmó los planos para la casa de Clapés, en la calle del Escorial, en Gracia. Se trataba de un simple edificio de tres plantas, más funcional que obra maestra. Un proyecto similar fue la renovación de una casa en el numero 32 de la calle Conde del Asalto para el doctor Santaló, otro amigo íntimo. La participación de Gaudí pudo haber sido a cambio del consejo profesional «no oficial» del médico. El callado Santaló era el complemento perfecto del arquitecto, quien en monólogos cercanos a la divagación disponía de multitud de oportunidades para exponer sus teorías sobre la arquitectura, la religión y la vida en general.[19]

Fue en el Ateneu donde Gaudí y Santaló se hicieron amigos. La estrecha cerrazón de su círculo social, que incluía a los del Café Pelayo y los excursionistas, significaba que se vieran con frecuencia. Los domingos, tras un desayuno a la una y media, Santaló visitaba a los Gaudí. La existencia del independientemente acaudalado Santaló transcurría sin prisas. Dos veces a la semana colaboraba en la administración del hospital de maternidad, cuya presidencia declinó al descubrir que el puesto conllevaba una asignación para gastos. Gaudí y Santaló estaban unidos por algo más que la amistad. Tenían también vínculos familiares. El hijo de Santaló, Juan, volvió a la forja del hierro, la artesanía familiar, y estableció una cooperativa artesanal con el primo de Gaudí, José Gaudí Pomerol.

Santaló era a su vez un católico comprometido y que cada verano se retiraba a Montserrat durante quince días con su familia. Gaudí, su padre y su sobrina Rosa les visitaron allí en 1904. Más adelante, el acceso de Santaló a la información y los registros médicos le fue de ayuda a Gaudí en sus investigaciones anatómicas para la fachada del Nacimiento. Pero al arquitecto le sirvió asimismo para requerir consejos sobre su dieta. Como comprometidos vegetarianos, Gaudí y su padre estaban obsesionados por el aire puro, el agua y la dieta especial promovida por el doctor Kneipp.[20]

En Cataluña existía una larga tradición de vegetarianismo que se remontaba al menos hasta los romanos. En Roma, los legionarios españoles eran famosos por tener unos cuerpos adaptables a la abstinencia y los grandes esfuerzos. Y se ha sugerido que lo que Cristo recibió de la cantimplora del centurión cuando estaba en la cruz era gazpacho. Séneca sostuvo en *Ad Lucilium epistulae morales* que lo único que requería para sustentarse en el *prandium* era un poco de pan y unos cuantos higos.

En la Edad Media, grandes hombres de medicina como Arnau de Vilanova, nacido en 1235, dedicaron volúmenes a la dieta correcta que debía seguir un catalán sano. En su *Regimen sanitatis ad inclinatum regem aragonum*, Vilanova hablaba de la dieta, el ejercicio, el baño e incluso inventaba un brebaje a base de alcohol y hierbas para facilitar la digestión.

En la Cataluña de Gaudí, sin embargo, no hay duda de que éste era una excepción. De hecho, la marcha adecuada de la *casa pairal* dependía en gran medida del éxito en la matanza del cerdo.

Cabe sospechar que la dieta de Gaudí surgiera directamente de la tradición judaica según la cual convenía quedarse con el estómago medio vacío para dejarle espacio al Señor. Gaudí era, después de todo, franciscano de corazón, y la comida suponía una innecesaria interrupción en el eficaz funcionamiento del motor corporal durante un día pasado ante la mesa de dibujo. Torres García, el ayudante de Gaudí en Palma de Mallorca, dijo que trabajaba tan duro que dudaba de que tuviera estómago.[22] Nada más que lechuga, un chorrito de leche o de aceite de oliva, nueces, una suave compota de tallos de remolacha y pan untado con miel eran necesarios para mantener la agitación en el cuerpo, acompañados de agua sin límite. O, quizá, unos rápidos mordiscos a las pastas secas, los panes de San Antonio, que llevaba consigo en pequeñas bolsas que ofrecía a los demás mientras guardaba para sí las sutilmente sazonadas con comino tostado.[23] En Navidad, con el mismo espíritu de abstinencia, Gaudí dividía el turrón que cada año sin falta recibía entre familiares y amigos: la familia de su primo José Gaudí Pomerol, el doctor Santaló, el clan de los Matamala y el portero del Parque Güell.[24]

Por supuesto, el artista de mejillas hundidas estaba de moda en la época, tanto en los círculos católicos como en los anarquistas. El «príncipe del pesimismo», Schopenhauer, escribió en *El mundo como voluntad y representación* que los preceptos del buen hombre eran «pobreza, ayuno, castidad y tortura de uno mismo». Los dos mundos extremos del catolicismo y el anarquismo serían aunados por Pompeyo Gener en uno de los primeros números de la revista de Picasso *Arte Joven*, en 1901, donde escribió: «Si Nietzsche hubiese tenido el corazón de San Francisco, hubiera sido el más grande profeta que han visto los siglos.»[25]

Volviendo a una Barcelona más proclive a los placeres, el hombre de negocios italiano Flaminio Mezzalana quería que el Café Torino, en la esquina del Paseo de Gracia y Gran Vía, fuera su establecimiento bandera.

Para entrar se pasaba a través de una gran abertura arriñonada dividida por la mitad por una columna de piedra tallada revestida de una Venus modernista, obra de Eusebi Arnau, que empujaba su copa a rebosar de vermut (el edificio era un escaparate de Martini & Rossi) a través de una vid para que una ninfa de los bosques se la rellenara. Al trasponer la cubierta de cristal y hierro de Falqués i Urpí, manufacturada por Ballarín, el visitante accedía a una caótica serie de habitaciones creadas por un catálogo de maestros artesanos venecianos y catalanes. Puig i Cadafalch decoró las vigas con brillantes motivos coloristas, mientras que Gaudí creó un evocador salón árabe en el que experimentó, una vez más, con molduras de cartón comprimido. Su intervención supuso una breve incursión en la habilidad para mezclar la austeridad de las sillas Thonet de madera curvada con la abigarrada decoración de un burdel chic.

Ocupado con los encargos que tenía en marcha, y con la fachada del primer crucero de la Sagrada Familia casi concluida, Gaudí continuó acudiendo de vez en cuando a media docena de locales barceloneses. Al mismo tiempo, en los Pirineos, en La Pobla de Lillet, cerca del límite del Ripollès, Gaudí recibió el encargo de Güell de crear un refugio-club para los trabajadores de su cercana factoría Asland. El resultado fue extraño, pues recordaba a la vez la bodega de Garraf y el simple arco del puente románico de La Pobla de Lillet, el Pont Vell, que cerca de allí cruzaba el burbujeante río Llobregat.

Pero lo más insólito sería la contribución de Gaudí a uno de los primeros cines de Barcelona, la Sala Mercè, dedicada de manera más bien estrafalaria a la Virgen.

El cine constituía un campo nuevo y moralmente dudoso, aunque excitante. Gaudí, y no sería el único, deseaba dotarlo de mayor dimensión moral a través de la arquitectura. Utrillo y Romeu ya habían demostrado una inclinación hacia la *mise en scène* moralizadora. Se habían unido a León-Charles Môret para llevar a la feria mundial de Chicago un teatro de sombras chinescas repleto de simbolismo. De regreso en casa, Romeu exploró temas instructivos como *Jesús de Nazaret* y *El naufragio de la fragata Aurora* para la clientela más joven.

Cuando el artista Luis Graner Arrufí volvió de Nueva York rebosante de planes para la Sala Mercè, la situación social de la cinematografía estaba lejos de ser clara. Gaudí acababa de completar una serie de planos no utilizados para la casa de Graner y ahora se le pedía que aportara ideas para otro plan dudoso. Eric Rhode, historiador de cine, insiste en la arriesgada naturaleza del medio:

> Los embaucadores, los timadores, los cascarrabias, los frustrados: todos ellos tomarían parte en la fiebre del oro de la invención del cine. Pero durante años sería más probable que el cine le hiciera a uno perder una fortuna que ganarla. Rondaba por avernos como las ferias, los music-hall de segunda, los patios de bares, los salones recreativos y las reuniones sociales eclesiásticas.[26]

Graner, sin embargo, había elegido bien el emplazamiento. El nuevo cine estaba en la Rambla de los Estudios, cerca de la rumorosa plaza de Cataluña. Era muy distinto de los cines de la actualidad. Descendiendo por una rampa, la audiencia entraba en una gran sala rectangular con un foso para la orquesta en un extremo y dotada de un ingenioso sistema de aire acondicionado. Sigue ahí todavía, con el nombre de Cine Atlántico, pero la decoración de Gaudí hace mucho que se ha perdido.

Fue en el espacio bajo la rampa donde Gaudí construyó las instalaciones tridimensionales basadas en Montserrat.[27] Se escribió un musical (también llamado *Montserrat*) para acompañar la más permanente pieza del arquitecto. Junto a la Montserrat de escayola de Gaudí, había una selección de edificantes escenas montañeras en que varias esculturas a tamaño natural representaban *La huida de Egipto*, *El nacimiento de Nuestro Señor*, *La Anunciación* y la cueva de un ermitaño. En exhibición especial, por sólo unos meses, podía verse un interior de *Un suq en Teherán* y un friso tropical que mostraba el despliegue de *Las tropas rusas en Manchuria* previo a su terrible derrota a manos de los japoneses. Antes de acomodarse en sus asientos para la proyección de *Jorge y el dragón* o *Escenas de la Pasión*, los espectadores podían atisbar sobre el borde de un hirviente volcán simulado.

Para la inauguración el 29 de octubre de 1904 Graner había planeado un ardid publicitario-benéfico para anunciar el cine mediante el encargo de una enorme cantidad de hogazas de pan y arroz con carne que serían distribuidos entre los pobres de las Ramblas.

Pero el cine no fue un éxito; quizá a causa de la didáctica moralidad de la decoración y el espectáculo, o del morboso sentido del humor de Graner. Sobre el umbral Narbón, un demoníaco autómata, procedente del averno, exclamaba: «¡Mortales que os reís de mí, todos vendréis a mí!» Para acabar de arreglarlo, uno se percataba, después de hacer cola pacientemente ante una de las dos ventanillas de billetes, que el acomodador era un muñeco.

Gaudí perdió interés en el bienestar financiero de la Sala Mercè. No importaba que la clientela se quejara con frecuencia a la dirección de que los chirridos de las butacas especialmente diseñadas hacían que resultase difícil oír.[28] Lo que le había producido excitación era el hipnótico poder del medio cinematográfico y lo directo que éste era, su capacidad de utilizar lo que Walter Benjamin llamaba su «ágil y aun así penetrante notación». Sobre todo agradecía su potencial de encender la psique colectiva y apropiarse de la atención de la multitud predominantemente ignorante. Se trataba de algo que su arquitectura posterior exploraría con lujo de detalle.

Pese a la absoluta variedad de encargos asumidos el estudio de Gaudí todavía era famoso únicamente por la arquitectura religiosa. Se había forjado fama de ser uno de los grandes expertos en el gótico catalán.[29]

El 20 de noviembre de 1899 Gaudí recibió en la Sagrada Familia la visita del obispo de Mallorca, que se hallaba en misión investigadora para la propuesta restauración y el fomento de su sede isleña.

Aunque quedó impresionado por Gaudí, retrasó invitarle a presentar sus ideas hasta que se hubieran solucionado varias cuestiones internas. En el verano de 1901, después de visitar a León XIII en Roma, Campins regresó a Barcelona tras un recorrido por las catedrales e iglesias de Italia y Francia. El 19 de agosto, de regreso en tierras catalanas, las sugerencias del doctor Campins fueron acogidas con entusiasmo por un Gaudí excitado ante sus planes. Obispo y arquitecto estaban de acuerdo. Lo que necesitaba la catedral de Palma era una vuelta radical a su glorioso pasado gótico. Aunque el instinto de Gaudí le advertía que era probable que nunca se convirtiese en realidad, pues un proyecto tan hermoso resultaría difícil de ejecutar.[30] No obstante ello, como Viollet antes que él, deseaba trabajar con la piedra proporcionada por los maestros mamposteros medievales, con la plena confianza de que con su superior conocimiento de las estructuras mejoraría el original. Estaba claro que la tentación de aceptar el encargo de Mallorca era demasiado fuerte.

Muchas oportunidades de intervención en el patrimonio nacional catalán habían pasado de largo a Gaudí. Mallorca le ofrecía la oportunidad de hacerse con una parte de la herencia gótica de Cataluña.

El 27 de marzo de 1902 el arquitecto llegó a Palma por primera vez para alojarse en el palacio episcopal.

Vivir con su mecenas podría haber creado fricciones innecesarias, pero las poco frecuentes visitas de Gaudí a la isla nunca duraban más de un par de meses, lo cual proveía a ambas partes de tiempo para recobrarse de sus numerosos y acalorados debates sobre arquitectura y liturgia, así como para un extraño interludio cómico.

En la mesa del doctor solía tener lugar un almuerzo formal. A un lado se sentaban Campins, su hermana Catalina, el hermano don José, el escultor Vilarrubias y un dignatario eclesiástico superior. Ante ellos, Gaudí, sus ayudantes y otros clérigos de inferior rango, como el secretario del obispo, el doctor Martín Llovera. Gaudí llevaba a cabo un excéntrico ritual previo al almuerzo. Después de mojarse las manos se las secaba para luego frotárselas escrupulosamente con miga de pan. Era obvio que se sentía a sus anchas.

«Desde el primer día que llegué a Palma fui tan bien tratado que pude darme cuenta de que no resistiría aquellos nutritivos manjares», le diría más adelante a Matamala. «Como doña Catalina me ofreciese unos embutidos [...]. "Puede comerlo, señor Gaudí", me imploró. "Es de toda confianza porque es de casa. ¡Puramente cerdo!" "Pues esta autenticidad es la que me priva de comerlo, doña Catalina", hube de responder.»[31]

Solicitando una dispensa, Gaudí continuó con su dieta habitual sin sal a base de verduras sazonadas tan sólo con aceite de oliva extra virgen.

Deseoso de colaborar, el arquitecto se ofreció a ayudar en la cocina. Un día doña Catalina preparó el simple plato mallorquín conocido como *mató*, un requesón ligero, insulso pero refrescante y aderezado con miel. Gaudí observó a doña Catalina preparar el *mató* removiendo laboriosamente la leche caliente con una ramita de higuera, cortada a lo largo para liberar un coagulante natural. Una vez cuajado, el *mató* se volcaba con cautela; era un tembloroso monumento a la destreza doméstica de doña Catalina.

Tras una atenta contemplación, Gaudí reflexionó largo y tendido para luego sugerir que podía lograr la misma consistencia con menos trabajo y en la mitad de tiempo. Con rápidos movimientos de muñeca revolvió el cremoso líquido con una nueva ramita de higuera. Tras una breve espera, Gaudí volcó su creación: un charco lechoso semidesparramado. Avergonzado ante el regocijo general, se desdijo con rapidez: «Doña Catalina. En el futuro le dejaré a usted la preparación del *mató*.»

Si la compañía en la mesa del obispo contaba con su aprecio, era en La Seu donde Gaudí se sentía inspirado. Al cabo de sólo tres días de su llegada Gaudí presentó una propuesta a la junta eclesiástica con un esbozo de sus planos iniciales. Semejante velocidad sugiere que había llegado con la mayor parte de las ideas ya preparadas para afinarlas en el emplazamiento mismo. La junta se mostró más bien lenta en darle una respuesta, y fue un año más tarde cuando se invitó a Gaudí a Palma a empezar las obras tan rápido como fuese posible.

Ese lapso le proporcionó tiempo para resolver la logística y establecer un equipo de trabajo. También le permitió dedicarse a la contemplación y releer algunos de los escritos del genio mallorquín del siglo XIII Ramón Llull, filósofo políglota, traductor, teólogo y mártir cristiano. Durante al menos tres siglos Mallorca había sido una escala en la ruta de los cruzados hacia Jerusalén. Antes de eso, las dinastías árabes y bereberes de Damasco, Bagdad, Córdoba y Fez habían luchado por hacerse con ella. Los restos mortales de Llull yacían en una capilla ardiente de La Seu, tras su regreso, en 1315, de Bugía, en África, donde el octogenario había sido salvajemente asesinado por la muchedumbre mientras pronunciaba una exégesis bíblica.

Desde el retablo de la catedral, obra del siglo XVI, un retrato de Llull mira fijamente. Josep Pla, en sus *Homenots*, una colección de retratos a plumilla de los grandes de Cataluña, fue el primero en llamar la atención sobre la relación entre Gaudí y Llull. Pla tildó al primero de un «Ramón Llull en otro campo» que compartía esa paradójica cualidad de «racionalidad pura» mezclada con la naturaleza caprichosa de «un loco». A principios de siglo se produjo un renovado interés en Llull, que arrancó en 1901 con el *Homenatge al beat Ramon Llull*, donde se señalaban sus cualidades típicamente catalanas: la inteligencia, el trabajo duro, la fe y la tolerancia. Llull había desempeñado un papel fundamental en la recuperación del saber del mundo árabe y la España sefardita tras el saqueo de la biblioteca de cuatrocientos mil volúmenes de Abderramán III en Medina Azara, durante la caída del califato.

Gracias a ello, Llull se convirtió en vehículo para la comprensión de las culturas de los mundos clásico, judío y árabe. Esa herencia compartida se conocía como «convivencia». Llull también sería importante para Gaudí en un nivel mucho más práctico. «No hay un solo trabajo manual que no sea bueno», había escrito Llull haciéndose eco de Eiximenis; pero el sabio cristiano iba más allá para discutir la convención del concepto de gremios: en *Doctrina pueril* desarrollaba ideas económicas que promovían a las emprendedoras clases mercantiles por encima de la de los terratenientes. Se trataba de una poderosa preocupación contemporánea en Cataluña.

Llull y Gaudí compartían otras características. Llull fue un humanista que se adelantó a su época, con actitudes ilustradas ante la experimentación y poderosas dotes empíricas. Casi nada escapaba a su alcance y, como en los casos de Viollet y Gaudí, la total concentración en su trabajo nació de una temprana decepción. En Palma se había enamorado perdidamente de una mujer a la que adoraba y seguía de manera obsesiva de la ceca a la Meca y del púlpito al puerto. Cuando descubrió que padecía cáncer de pecho, la impresión le condujo a un apasionado cristianismo. Su creencia se vio incrementada por posteriores apariciones de Nuestro Señor clavado en la Cruz. Llull se consoló con una vida dedicada a la propagación religiosa y la labor misionera. Su enfoque tolerante resultaría muy poco corriente.

Llull se dedicó a aprender árabe y a traducir textos al latín y al catalán vernáculo. Confiaba en que a través del mutuo entendimiento los judíos y los árabes fueran derrotados mediante la lógica. Aunque no se trataba de una idea novedosa, sí era la primera vez que una nación —Cataluña— entraba en contacto con la historia mucho más amplia de la cultura occidental.

En el centro de la mayor parte de catedrales españolas se erigía el coro, con sus sillerías magníficamente talladas, sus coloridos retablos y sus elaborados enrejados de hierro. El coro creaba una pantalla impenetrable detrás de la cual la jerarquía conjunta de coro, aristocracia y canónigos de la catedral formaban su propio y exclusivo parlamento. Para una iglesia que buscaba incrementar su atractivo de cara a la multitud, Campins y Gaudí estuvieron de acuerdo en eliminar el coro y permitir a los comulgantes una visión clara; suponía devolver La Seu a su pureza gótica.

El 5 de abril de 1903 el arquitecto dejó Barcelona para pasar siete semanas en Mallorca. Tan larga ausencia señala una fuerte confianza en las aptitudes de su estudio. En el viaje a Mallorca Gaudí pulió sus ideas sobre la eliminación del coro. Pretendía despejar el espacio mediante la distribución de las partes del coro por la catedral, permitiendo con ello mayor entrada de luz. Se quitó un retablo totalmente barroco del presbiterio sólo para descubrir detrás uno gótico del siglo XIV. Tan fortuito hecho abrió la entrada a la capilla de la Trinidad y facilitó el acceso a las tumbas de los reyes mallorquines Jaime II y Jaime III.

En octubre Gaudí regresó con Rubió a fin de exponer ante el comité de la catedral sus planes referidos a las vidrieras de colores. Para entonces Gaudí había asignado todas las tareas por separado y planeado su ejecución para el viaje de vuelta, que tendría lugar a principios del verano del año siguiente. Rubió supervisaría la tarea de desmontar el coro y los retablos y su recolocación. Josep M. Jujol i Gibert, de poco más de veinte años, disfrutaría de su primera experiencia práctica al ocuparse de la sillería del coro. Se empleó como escultores a Joan Matamala y Tomás Vila. Torres-García, Iu Pascual y Jaume Llongueras colaboraron como pintores.

Gaudí explicaría en detalle sus ideas: «Hagamos arquitectura sin arqueología: lo primero de todo son las relaciones de las cosas, es la situación marcada; por eso, no copiemos las formas, ya que pueden hacerse las de un carácter determinado poseyendo su espíritu.»[32]

Decididos a eliminar los historicismos de la catedral y conseguir un gótico nuevo y radical, Gaudí y Campins se las arreglaron para ofender la sensibilidad de los miembros de la junta. Pero sería Jujol quien más les irritara. Su paleta de vivos colores y su técnica desentonaban con las ideas de la comisión eclesiástica. Se rumoreaba que utilizaba la pila bautismal para lavar sus pinceles. También causó disgusto la inscripción de Jujol en los respaldos de la sillería del coro: *La sang d'Ell sobre nosaltres*, sentimiento no compartido por los padres de la Iglesia, que se habían criado en una cultura profundamente antisemita. Algunos vieron «un aura de inspirada plegaria» en las contribuciones de Jujol, pero otros se mostraron reacios a aceptar su estilo.

Pese a tan variados recelos, las renovaciones iniciales se completaron en tiempo récord. Tan sólo seis meses más tarde, el 8 de diciembre de 1904, el doctor Campins presidió una misa para celebrarlo. Al día siguiente el periódico local, *La Almudaina*, informó de la contribución de Gaudí:

> Desde la entrada principal uno captaba, por encima de todo, una sensación de grandeza, nunca experimentada con anterioridad, al mirar a través de la inmensa nave central en que tantos miles de personas se arrodillaban hacia la capilla real, iluminada con gran maestría por la disposición de numerosas velas, y hacia la capilla de la Sagrada Trinidad al fondo, a su vez brillantemente iluminada.

Aunque supondría un triunfo de importancia fundamental, no sería apreciado por todo el mundo. A Havelock Ellis, que se sentía feliz al discutir pasiones más prosaicas, todo aquello le pareció excesivo.

> Por encima de todo, los mallorquines son arquitectos y escultores. Y aun así la curiosa violencia latente de su temperamento —pizca persistente de africanismo— implica una singular carencia de sensibilidad estética. Nunca he oído órganos de iglesia tan chillones y estridentes [...] ni visto tan chillonas y estridentes vidrieras en naranja y escarlata y con tan fea tracería, espantosas sugerencias, al parecer, de un caleidoscopio...[33]

Los años siguientes fueron testigos de la finalización de los detalles decorativos. Como en Comillas, Gaudí había diseñado un mobiliario especial para La Seu: una escalera abatible, un gigantesco candelabro y dos espléndidos púlpitos de madera, diseñados para hallarse uno frente al otro en los extremos de la nave central. La participación del arquitecto en Mallorca fue rica en anécdotas, pero ninguna tan reveladora como su brusca respuesta ante la crítica de que sus púlpitos no parecían más que un par de tranvías aparcados uno frente al otro: «¿Acaso no son hermosos también los tranvías?»

Montserrat ha sido el eje de la fe catalana durante siglos. Felipe II, el rey castellano favorito de Gaudí, la erigió como versión catalana de su El Escorial. Es un símbolo vital de la identidad e independencia catalanas. Todo artista catalán ha respetado su singular condición: Picasso, Miró, Dalí, Tàpies... Incluso durante los sombríos tiempos de Franco los sacerdotes catalanes se negaron a dejar de celebrar la misa en su lengua natal. La dura tarea de su casa editorial, Abadia de Montserrat, ayudó a mantener viva la cultura catalana.

Gaudí recibió el encargo directamente del obispo Torras i Bages, en nombre de la Lliga Espiritual de la Mare de Déu de Montserrat, un colectivo de catalanistas católicos de derechas. Debía trabajar en Montserrat ilustrando algunas de sus ideas acérrimamente catalanas sobre arte, religión y atractivo popular.[34]

Torras i Bages se oponía con firmeza al imperante pesimismo de moda, buscando en su lugar la salvación a través de la obediencia a Dios. Deseaba que el hombre se «integrara en la naturaleza» a fin de que encontrara la calma, la armonía y el equilibrio y redescubriera su fe. Para el artista, la tarea estaba clara: tenía que imaginar e ilustrar esa verdad singular.[35]

Se emplazó a Gaudí en las tenebrosas sombras de una cueva en lo alto de la montaña. Su cometido rayaba en lo imposible: debía ensalzar la Iglesia y Cataluña a través de la Resurrección. En su enormemente influyente historia cultural *La tradición catalana*, de 1892, Torras i Bages había escrito que Cataluña era «preeminente entre todos los pueblos ibéricos» a causa de «sus antiguas semillas ocultas en la tierra, en el humus catalán». Las metáforas procatalanistas le salían de forma automática, pero mucho más difícil, sin embargo, era transformarlas en arte sublime.

No es de sorprender que el *Primer Misterio de Gloria* fuera una de las obras menos interesantes de Gaudí, pero se debió a la naturaleza del encargo y la mentalidad mendicante de los padres fundadores de la Lliga. El 10 de junio de 1899 don Ricardo Permanyer Ayats y el obispo Torras i Bages escribieron al abad Deás Villardegrau solicitándole el permiso para empezar. Aunque se trataba de un encargo pequeño, su tema, la Resurrección de Cristo y por implicación directa el renacimiento de Cataluña, resultaría enormemente significativo. Para añadirle más resonancia aún, el Primer Misterio se hallaba cerca de donde se había descubierto a la Virgen Negra.

Un año y medio más tarde Gaudí recibió el encargo (uno entre quince), y tan pronto como el clima lo permitió empezó a volar la roca y a sacar tierra para agrandar la cueva. El estrépito era tal que la montaña entera se estremecía. Pese a la importancia simbólica del cometido, a causa de sus otros compromisos Gaudí rara vez disponía de tiempo para visitar el emplazamiento. La mayor parte del trabajo consistía aún en voladuras, extracción de tierra y excavaciones. Las obras se confiaron a la despierta vigilancia de Rubió y el contratista José Bayó Font, que subía allí cada semana a pagar a sus obreros el salario y los gastos de alojamiento.

El programa de recaudación de fondos no consiguió progresar como se había planeado inicialmente. Por fin, en 1907 la junta organizadora añadió otras doscientas cincuenta pesetas para sufragar el

coste que suponía vaciar el molde del *Cristo resucitado* de Llimona.
Debía quedar suspendido a media altura de la cara de roca desnuda,
como si flotara milagrosamente. De cara al equinoccio de primavera,
Cristo quedaba iluminado por los primeros rayos del sol. Airado por
el lento progreso de las obras, el abad Deás amenazó a la Lliga con
pasarle el encargo a otra asociación, lo cual obligó a la Lliga a abrir
el puño. Considerando la enorme expectación, el encargo de Montserrat resultó una gigantesca decepción. Gaudí se retiró con toda diplomacia y el proyecto, simplificado, fue completado por Jerónimo
Martorell Terrats casi una década más tarde, en 1916.

Las fechas del siguiente encargo de Güell para Gaudí, la cripta de la
Colonia Güell, son inciertas, pero se sabe que ningún otro edificio del
arquitecto tuvo un período de gestación tan largo. En algún momento
de 1898, según Ràfols, don Eusebi solicitó a Gaudí que le trazara los
planos de una iglesia para su colonia obrera en rápida expansión,
ubicada en Santa Coloma de Cervelló, al sur de Barcelona. Esa colonia textil era uno de los primeros intentos catalanes de recrear el
modelo europeo contemporáneo de las colonias obreras establecidas
lejos de la influencia corruptora de la ciudad. En Francia, Le Play
había abogado por un ataque sobre tres flancos: utilizar las armas de
una familia estable, administrar de forma eficaz la caridad y una fe
católica devota. Mediante el retorno al modelo feudal medieval, arquitectos como Pugin fantaseaban con crear una Nueva Jerusalén basada en la artesanía. Desde los inicios de la revolución industrial los
arquitectos habían buscado un nuevo lenguaje arquitectónico para los
pueblos y aldeas que surgían alrededor de las fábricas. En vísperas de
la Revolución francesa Claude-Nicolas Ledoux había aplicado un
modelo neoclásico en las refinerías de sal de La Saline de Chaux en
Arc-et-Senans, pero existían muchos otros modelos de los que los
industriales interesados podían partir: desde Bessbrook, en Irlanda
(1846), hasta los proyectos de 1901 de Olbrich para la fábrica Opel,
en Darmstad.[36]

  Güell no era el primero en introducir en Cataluña la idea de la
aldea industrial. En 1846, en la población de Esparraguera, remon-
tando el curso del Llobregat y bajo la dentada Montserrat, Manuel

Puig había construido la aldea textil de Colonia Sedo.[37] Gaudí y Güell seguramente oyeron hablar de ella. Desde el siglo XVII en adelante, Esparraguera representaba su famosa *Passió d'Esparraguera*, una versión en vivo de lo que se había pretendido con los misterios en Montserrat.

El terreno en que sería emplazada la Colonia había sido adquirido en 1860 por el padre de Güell, don Juan. De 1882 en adelante se vio rápidamente transformado por el éxito de la nueva maquinaria de vapor. A los ayudantes de Gaudí, Berenguer y Rubió, se les encomendó la responsabilidad de construir las viviendas de los trabajadores, la escuela y el club social, así como las casas de los directores y profesores. Sin que sobrepasen en ningún caso las dos plantas de altura, las viviendas están edificadas con inventiva. Intrincados diseños y texturas, basados en modelos moriscos, se desarrollan a través del dibujo de espina de pez del enladrillado. Se trata de un pueblo entero pulcramente dispuesto en una pieza y aun así diferente hasta resultar fascinante y protegido de la violencia y las enfermedades que prevalecían a sólo veinte kilómetros en Barcelona.

Sin embargo, lo que más importaba a los magnates era apartar a los obreros del camino del alcohol. Se trataba también de una de las obsesiones de Gaudí. Pero no constituía una obsesión exclusivamente catalana, por más que la condición de Cataluña de mayor zona productora de brandy reforzara esa opinión. En Lille, el magnate textil Kolb-Bernard luchaba de forma encarnizada contra las tentaciones de las tres A: Alcoholismo, Ateísmo y Anarquismo.[38] Ninguna de ellas era buena para el negocio. En la industrial Nueva Jerusalén la sociedad paternalista sólo reportaría verdaderos beneficios si el obrero obedecía.

Fueran cuales fueren las razones de don Eusebi, la Colonia Güell era sin duda un lugar agradable en que vivir. Incluso en la actualidad posee el aire de un Edén industrial. Para Gaudí la Colonia representaba un asunto por acabar, pues nunca había concluido sus ambiciosos proyectos para Mataró. El deliberado contraste entre las respectivas filosofías y estructuras que sustentaban esas dos obras separadas por casi veinte años nos da la sugestiva medida de cuán lejos había llegado el arquitecto. Las fantasías cooperativas de Mataró en la Colonia Güell se ven reemplazadas por un estricto liderazgo paternalista; arcos de madera laminada para la estructura más singular jamás producida.

Si le juzgamos por su obra de Mataró vemos a un arquitecto prometedor, optimista y convencido. Si le juzgamos por la cripta de la Colonia Güell, en cambio, resulta obvio que Gaudí es único. Él mismo había dicho: «La creación continúa incesantemente por mediación de los hombres, el hombre no crea: descubre y parte de ese descubrimiento. Los que buscan las leyes de la naturaleza para formar nuevas obras, colaboran con el creador; los copistas no colaboran. Por eso la originalidad consiste en volver al origen.»

He aquí la gran paradoja de Gaudí, pues cuanto más se alejaba del idealismo de su juventud y más estrictamente católico se volvía, a la vez que antiliberal, pesimista y obsesionado por el sufrimiento, tanto más espléndida se tornaba su arquitectura.

En 1898, don Eusebi había decidido que la pequeña capilla del Sagrado Corazón ya no era suficiente. La Colonia necesitaba algo más ambicioso.

Aunque estaba habituado a esperar a la musa de Gaudí, Güell difícilmente habría aguardado que transcurriera una década antes de que se colocara la primera piedra. A fin de llevar a cabo el proyecto de la iglesia, para el que se había establecido en el emplazamiento todo un programa de investigación, se suspendió del techo de un taller provisional una maqueta catenaria de cuatro metros y medio de altura. Las fotografías existentes muestran cómo se fue catalogando pacientemente en sus varios estadios, desde la elaborada telaraña hasta la carpa revestida, formando una compleja estructura colgante de pesos, alambres y cordeles. A diferencia de otras maquetas arquitectónicas, el edificio de Gaudí pende cabeza abajo como una precaria colonia de murciélagos.

La génesis de esa maqueta se remonta hasta el momento en que Gaudí comprendió, como si de una revelación se tratara, que el arco catenario utilizado en el Palacio Güell, las caballerizas de Les Corts y en las Teresianas tenía un poder y elegancia únicos. En todos sus edificios anteriores el arco catenario había funcionado tanto de decoración como de diseño estructural, pero ahora lo empleaba como principio definidor de la totalidad del proyecto. Perforando una serie de puntos de sujeción en el techo, en un círculo perfecto, fue capaz de comenzar con los arcos del edificio que caían en elegantes guirnaldas, diseñándose a sí mismos a través de la gravedad. Si se añadía otra capa al vértice de éstos, los arcos originales sufrían un estiramiento aún mayor. El problema residía en darle forma al edificio mediante el procedimiento de ir recogiendo los bramantes hacia lo alto hasta formar una campana. De ese modo, de manera gradual, el círculo exterior se iba conformando a medida que capa tras capa se acercaban al suelo. Y así la fragilidad misma de la maqueta en su realización se había transformado a sí misma en una estructura de fabulosa resistencia a la tensión.

Esta explicación tan simplista no logra aclarar el sistema de pesos suspendidos del vértice invertido de los arcos, para compensar el incremento de peso al darles la vuelta; o esbozar la complejidad de un plano de planta, perforado en un tablero, que no era un círculo perfecto, y que se añadiría al elaborado rompecabezas al crear una serie de arcos y cúpulas interiores. Se trataba de un proyecto de lo más complejo. Gaudí lo ajustaba en cada visita a Santa Coloma, y otro tanto hacía Francisco Berenguer. El ingeniero Eduardo Goetz Maurer acudía con frecuencia a ofrecer su consejo de especialista. También recibiría consejos prácticos de Juan Bertrán, del constructor Agustín Massip y de Joaquín Tres. Otros miembros del equipo, el carpintero Munné y Matamala, se pasaron horas interminables añadiendo perdigones, uno por uno, a los minúsculos saquitos de lona. La maqueta tuvo que ser reequilibrada por completo, al menos en una ocasión, después de que las ratas royeran el sabroso bramante embadurnado involuntariamente de grasa de cerdo por Bertrán tras su descanso para el almuerzo.

La Colonia Güell se había convertido en un laboratorio de arquitectura que se apoyaba tanto en el ensayo y el error como en cualquier principio rector. Plantado allí en una provisoria cabaña entre los pinos, podría decirse que se había convertido en el estudio de arquitectura más avanzado del mundo.

Resulta revelador del carácter de Gaudí el que fuera capaz de llevar una empresa en apariencia disparatada hasta su lógico final. Detrás de aquel plan se hallaba Güell, el «aristócrata de espíritu», desdeñando nimias preocupaciones con respecto al tiempo y actuando de partera de Gaudí, esperando pacientemente, como lo haría D. H. Kahnweiler con Picasso y Braque, el nacimiento de un nuevo estilo.

Una vez que estuvieron elaborados los huesos desnudos de la estructura del edificio, se les aplicó el tejido dérmico. Tras la cortina de papel la tracería de cordeles pendía como el recuerdo de una estructura imaginada en su totalidad pero aún no comprendida por completo. No se había ultimado nada. Los techos interiores muy bien podían estar formados de triángulos convexos y cóncavos entrelazados. El triángulo era simbólicamente rico, pero además podía soportar una presión y una tensión enormes. Colgando allí, el parasol invertido semejaba una exposición estructural de la teoría de Rubió, según la cual el verdadero arte precisa las tres cualidades de integridad, proporción y claridad.[39] Quizá era eso lo que pretendiera Gaudí al decir: «Con dos reglas y un cordel se genera toda la arquitectura.»

La maqueta de Gaudí, descrita por Perucho como un «insecto monstruoso y vivo, oculto en la densa maleza acariciada por el viento», respondía a la perfección a las exigencias de Ruskin en *Las siete lámparas de la arquitectura*, cuando pedía una unificación de «los elementos técnicos e imaginativos de manera tan esencial como la humanidad unifica cuerpo y alma».[40] Y según los argumentos de Viollet en *Entretiens*:

> Como cada parte de un edificio o construcción debe tener su *raison d'être*, nos percatamos de manera inconsciente de cada forma que explica su función, al igual que respondemos ante la visión de un árbol hermoso en el que todas las partes, desde las raíces que aferran la tierra hasta la última de las ramas que parecen ir en pos del aire y la luz, indican tan claramente los factores que crean y sustentan tan maravillosos organismos.[41]

Una vez completa la maqueta, los fotógrafos Vicente Vilarrubias y Adolfo Mas la captaron con sus cámaras para luego invertir las imágenes. A partir de ahí Gaudí, Berenguer y los delineantes hicieron bosquejos sobre ellas a fin de diseñar el exterior de la iglesia.

La cripta de Gaudí es, según Casanelles, «la creación artística más profunda que se ha realizado en la Europa del siglo xx. Cuando [...] se escriba sin apasionamientos nacionalistas la historia del arte contemporáneo, se tendrá que partir de aquí. [Pues la cripta es como] la rosa de los vientos, donde se columbran todos los caminos que luego fueron recorridos independientemente por todos los creadores de este siglo». Se trataba de la expresión concreta del concepto juvenil de Gaudí del sentimiento de la divinidad transformado en arquitectura, un concepto que durante toda su vida provocaría la difícil reacción humana del sacrificio.[42]

Esa sensación de sacrificio se vería reafirmada por un accidente en la Colonia. El 23 de febrero de 1905 un obrero joven, José Campderrós, cayó en una cuba de líquido corrosivo. Se quemó toda la piel de las piernas. Al parecer la única solución era la amputación. Sin embargo, en una destacable muestra de espíritu comunitario, el párroco, los hermanos Claudio y Santiago Güell y cuarenta y ocho colegas trabajadores ofrecieron su piel para un injerto. Seis semanas más tarde, cuando José Campderrós estuvo lo bastante recuperado para someterse a la operación, a cada hombre le fueron extraídos, sin anestesia, trozos de piel. Semejante heroísmo llegó casi de inmediato a oídos del Vaticano. Pío X honró a cada participante con la medalla de oro *Benemerenti*. Incluso en tiempos de decadencia, aún eran posibles actos de devoción y valentía religiosa.

Los *Bartolomés*, como llegó a conocérseles (por san Bartolomé, que fuera desollado vivo), serían también honrados por el rey Alfonso XIII con la Cruz de la Caridad, de primer orden; en el caso de Santiago y Claudio Güell, también fueron ennoblecidos. En la Nueva Jerusalén, semejantes actos de caridad cristiana quizá fueran premonitorios de la salvación futura.

VIII

In Paradisum

Cada raza acarrea en lo más hondo de su alma primitiva un ideal de paisaje que trata de hacer realidad dentro de sus propias fronteras.

José Ortega y Gasset

La pérdida del mercado de exportación colonial de Cataluña, tras la crisis cubana de 1898, tuvo graves repercusiones económicas. La crisis en la industria obligó a magnates textiles como Güell a buscar inversiones alternativas. La promoción inmobiliaria constituía una posible ruta para salir de la recesión.

El 29 de julio de 1899 Güell adquirió una granja en el extremo occidental de la ciudad, en la *Muntanya Pelada*, por encima de Gracia. Como ya había comprado la granja adyacente de Can Coll i Pujol, el Parque Güell cubriría quince hectáreas. Las ideas del mecenas y el arquitecto para el emplazamiento ya estaban lo bastante avanzadas. El Parque Güell iba a ser un barrio ajardinado de financiación privada.

El proyecto representaba una clase muy distinta de experimento social del llevado a cabo en la Colonia Güell. Los obreros requerían un espacio relativamente pequeño, pero el parque ofrecía alrededores ajardinados, avenidas de tres carriles para pasear, vistas y pabellones para entretener a sus acaudalados habitantes.

La topografía del emplazamiento imponía de entrada una serie de restricciones. Con sus elevaciones que iban desde los 150 hasta los 210 metros sobre el nivel del mar, se requería una solución ingeniosa para la disposición de caminos, senderos y solares para los edificios. El serpenteante diseño del plano tenía el aspecto de un muelle compacto. Gaudí optó por no recortar la vegetación a fin de mantener casi intacta la extravagante estética del emplazamiento. Una vez más, eligió el triángulo como la única forma lo bastante flexible para dividir los sesenta solares proyectados, cada uno de ellos de entre mil y dos mil metros cuadrados. Aquélla iba a ser una pequeña comunidad independiente protegida por altos muros, portones y una conserjería.

El Parque Güell fue proyectado para proporcionar al residente una vívida incursión en la conciencia de la nación catalana y la piedad católica.[1] Gaudí postulaba ahora que la situación geográfica de Cataluña y su relación con respecto al sol eran profundamente simbólicas. Según su apasionado discurso:

> La virtud está en el punto medio; mediterráneo quiere decir en medio de la tierra. En sus orillas de luz mediana y a 45 grados, que es la que mejor define los cuerpos y muestra su forma, es el lugar donde han florecido las grandes culturas artísticas a causa de este equilibrio de luz: ni mucha ni poca, porque las dos ciegan y los ciegos no ven; en el Mediterráneo se impone la visión concreta de las cosas, en la cual tiene que descansar el arte auténtico. Nuestra fuerza plástica es el equilibrio entre el sentimiento y la lógica: las razas del norte se obsesionan, ahogan el sentimiento y con la falta de luz producen fantasmas; mientras los del sur, por exceso de luz, descuidan la racionalidad y producen monstruos; lo mismo con la luz insuficiente como con la deslumbrante, la gente ve mal y su espíritu es abstracto. Las artes mediterráneas tendrán siempre una superioridad marcada sobre las nórdicas, porque se aplican a la observación de la naturaleza: los pueblos nórdicos producen a lo sumo obras bonitas pero no capitales, por eso compran las creaciones mediterráneas; en cambio están muy dotadas para el análisis, la ciencia y la industria...[2]

Tan etnocéntricas teorías resuenan en sus planos. Los posibles compradores, como ha salido a la luz con el contrato de 1902 de Martí Trias (uno de los dos únicos solares que se vendieron), contaban con un catálogo completo de restricciones. La casa tenía que enclavarse apartada para no impedir las vistas al Mediterráneo, pero no hasta el punto de que tapara la vista a la casa vecina que tendría encima. Los muros que rodearían cada parcela no podían sobrepasar los ochenta centímetros. Se habían redactado cláusulas detalladas para impedir la proliferación de la industria, como había sucedido en el centro de la ciudad y el Ensanche:

El comprador o sus herederos no podrán bajo pretexto alguno trazar parcelas para fábricas, tiendas, hornos de ladrillos o de pan, caldererías, hospitales, clínicas, sanatorios, hoteles, tabernas, restaurantes, albergues, cafés, bombonerías, refectorios, almacenes, depósitos para almacenar drogas o explosivos, bodegas, o en modo alguno ejercer una industria, comercio o profesión.[3]

Con vistas a desarrollar un tema para el Parque Güell, Gaudí volvió la mirada hacia los recintos feriales del siglo XIX. En ellos se utilizaban nuevos métodos de prefabricación y rápido ensamblaje. Y tras una fachada a la antigua usanza se alzaba el último grito en diseño. El Parque, de tener éxito, debería funcionar en una auténtica miríada de niveles: juego entre espacios privados y públicos; unión de religión y nacionalismo; forma y función; combinación de prehistoria y lo contemporáneo; y la mezcla de técnicas arcaicas con los últimos avances. En la búsqueda de la modernidad, la armonía entre el arquitecto y mecenas era total.

En muchos sentidos Güell era el mecenas perfecto. Generoso, mostraba su apoyo y un interés apasionado, y siempre estuvo convencido del genio de Gaudí; pero en el Parque Güell su relación cambiaría de manera sutil. Parte de la razón fue la absoluta proximidad al Parque del nuevo palacio de Güell, un edificio clásico del siglo XVIII, situado dentro de sus confines. Güell se sentía cada vez más libre de dar consejos e ideas, cosechadas de sus constantes viajes al extranjero, tanto que, de hecho, los expertos le describirían como coautor del proyecto.[4]

Otro aspecto de sus respectivas personalidades hizo que la unión entre ambos fuera creciente. El Parque Güell se había concebido originalmente como elemento clave en la diversificación de la cartera financiera de Güell, y sin embargo durante su evolución se irían distanciando sin pausa de las exigencias del dinero.

El Parque Güell tenía un historial muy inglés, que Güell y Gaudí admitieron al elegir la palabra inglesa *park* sobre la catalana *parc* y la castellana *parque*. Un *park*, una ciudad-jardín, un Edén capaz de proveer de un refugio lejano de la industrialización. Una participación en el paraíso también exigía un tácito acuerdo con respecto a la conducta dentro de sus muros. El Parque Güell compartía ese cariz moral con muchos de los coqueteos ingleses contemporáneos con el utópico urbanismo comunitario.

Sus intereses comerciales habían llevado a Güell a frecuentes contactos con las ideas y desarrollos urbanísticos de sus homólogos industriales en las regiones centrales de Inglaterra. Había enviado a su hijo Eusebi Güell i López a estudiar ingeniería industrial en la Universidad de Manchester. Otro hijo, Joan, se convertiría más tarde en miembro fundador de la asociación Ciudad Jardín Catalana.[5] El cosmopolitismo del mecenas amplió el enfoque más estrecho de miras de Gaudí. Güell recurría a menudo a las similitudes entre Cataluña, Inglaterra y Alemania, a expensas de Castilla. Meier-Graefe, un turista cultural alemán, menciona que en 1906 conoció en Barcelona a alguien con similares puntos de vista.

> Comimos con un industrial, a quien me habían recomendado, en un restaurante excelente. Esa clase de persona era algo nuevo para mí en España. «Sabrá usted por supuesto —me dijo con fluidez en alemán— que no queremos que nos consideren españoles. Somos catalanes…» Hablaba del sur y el oeste de España como un milanés habla de los napolitanos. Como de una raza distinta. Gordos, alocados, perezosos y religiosos, sin necesidad alguna, sin instinto político y —nos aseguró que no era para nada hipermoralista— completamente degenerados […] La cultura sólo podía encontrarse en Cataluña aunque él, por supuesto, no se adscribía a forma alguna de patriotismo local…[6]

Güell admiraba el modelo noreuropeo porque sus actitudes y costumbres se aplicaban a la perfección a Cataluña y el carácter catalán, pues compartían una admiración por la industria, el progreso personal y el trabajo duro.

Lo más cerca que había llegado recientemente Barcelona de rehacerse a sí misma había sido con el matemático Ensanche de Cerdà,[7] pero Güell y Gaudí habían ido en busca de lo opuesto: una jungla parcialmente domesticada e individual. El Parque Güell era un enclave elitista y de clase alta.

Güell y Gaudí, sin embargo, también habían encontrado inspiración más cerca de casa.[8]

A sólo tres kilómetros andando de Riudoms se hallaba el Parc de

Samá, la finca del marqués de Marianao. En 1881 el arquitecto Font-seré, con quien Gaudí había colaborado en la década de 1870, se dispuso a ajardinar el citado parque hasta convertirlo en una Cuba en miniatura.[9]

Servido por esclavos cubanos, Marianao podía contemplar a tra-vés de su paraíso tropical, los lagos, atalayas y grutas, su zoológico pri-vado. En las avenidas principales se habían plantado árboles raros de las Américas y el Lejano Oriente. Las altas palmeras canarias, los pal-mitos gigantes y las imponentes palmeras de California formaban el telón de fondo de las achaparradas yucas brasileñas, una rara *Wichi-chintum* y un grupo de jarrones ornamentales franceses. A semejante catálogo viviente se añadían robles gigantes, castaños, plátanos y ti-los. Y en el centro de todo ello se hallaba un estanque con una cas-cada y fuentes orientales formadas con las conchas de almejas y ca-racoles gigantes.

Fontseré y Marianao compartían la visión de un paraíso exótico. Su carácter pintoresco casi hasta lo salvaje resultaba seductor, pero sería el detalle arquitectónico de los caprichos de Samá lo que más inspiraría a Gaudí.

Sobre la comisaría de policía que vigilaba el recinto, en su esquina oriental, se alzaba la torre Angulo, una extraña monstruosidad hecha a base de cascotes y grandes cascajos de piedra porosa. Descansaba sobre una base esculpida y hueca que ocultaba la cueva especialmente construida debajo de ella, que proporcionaba una casa de veraneo para el marqués y sus invitados.

En el Parque Güell, Gaudí pretendía conferir a la «superficiali-dad» del arte popular un «profundo» significado cultural y religioso.[10] Su complejo programa narrativo era reflejo no sólo de los distintos jardines históricos y caprichos predominantes en la Italia renacentista, sino también de sus otras dos obras maestras, la fachada del Naci-miento de la Sagrada Familia y la cripta de la colonia Güell.

La arquitectura de Gaudí se ha considerado a menudo demasia-do excéntrica para los cánones arquitectónicos, pero ese punto de vista ignora la naturaleza reactiva de su metodología. Si el Palacio Güell era una reacción al neoclasicismo del Palacio Moja de los Co-millas, entonces se trataba de una respuesta a otro famoso refugio ajar-dinado, ese escenario cultural que es el Laberinto de Horta.

El original viaje de Michael Jacob a través de la España contemporánea, *Between hopes and memories*, le señala al lector cuando está a punto de entrar en el mencionado espacio:

> El laberinto, con su estatua central de Eros, está destinado a sugerir la «realización del amor» y cuenta con una inscripción en el exterior que alienta al visitante a penetrar en él. «Entre —reza—. Volverá a salir sin dificultades. El laberinto es simple. No le será necesario el hilo que Ariadna le dio a Teseo.» Por desgracia, no siempre es tan fácil hacer realidad el amor, y muchos visitantes han tenido que forzar el proceso recurriendo a arrastrarse a través de los setos.[11]

No eran las vicisitudes del amor lo que le interesaba a Gaudí del Laberinto de Horta; de hecho, desaprobaba de manera rotunda la actitud de las parejas que encontraba entre la maleza del Parque Güell. Lo que le intrigaba era dar con un lenguaje arquitectónico verdaderamente catalán para los espacios públicos de la ciudad. Quería un diseño de jardines que hiciera por la horticultura lo que Domènech había aspirado a hacer por el tejido arquitectónico de la ciudad. El Parque Güell le proporcionaría la oportunidad perfecta de poner a prueba sus ideas.

Se trataba de un «gesto grandilocuente en el espíritu de la monarquía de la Restauración, con sus extrañas adaptaciones de antiguos principios a modernas exigencias».[12]

El plan de Gaudí y Güell para el Parque Güell era todo lo que el laberinto no era. Mientras que en éste se había optado por el estilo neoclásico, aquél se construiría en el singular estilo catalán de Gaudí. La mitología clásica fue reemplazada por la catalana, con motivos como el escudo barrado de Wifredo el Velloso, fieros dragones y sus guaridas. Los árboles exóticos de continentes lejanos se sustituyeron por matorrales autóctonos. Se preferían las astillas de roca al mármol. El pausado programa de Gaudí mezclaba el mito clásico, la historia catalana, la liturgia católica y el recuerdo del martirio hasta conseguir algo absolutamente único.

En diciembre de 1900 el capataz de las obras, José Pardo Casanovas, encontró al excavar el terreno para abrir caminos la entrada a una cueva. Eusebi Güell alertó de inmediato a los expertos doctor Almuera y su ayudante del museo geológico del seminario Conciliar. La noticia de que había fósiles que incluían huesos de rinoceronte, caparazones de tortugas gigantes y osamentas de ciervos y otros animales entusiasmó a los paleontólogos, que llevaban veinticinco años en busca de emplazamientos bíblicos en Cataluña que pudieran confirmar una interpretación literal de la historia de la Creación. Pero de pronto la cueva ofrecía pruebas circunstanciales suficientes para indicar la existencia del Diluvio Universal y de que el Jardín del Edén muy bien podría haber estado emplazado en la mismísima Cataluña. La dedicación de toda una vida del doctor Almuera a probar que la historia sagrada era una rama respetable de las ciencias naturales parece hoy en día motivo de risa, pero el mito de Cataluña como cultura primitiva encontró partidarios en Gaudí y Güell.

Las vías que serpenteaban hasta lo alto del parque se apoyaban sobre hileras de burdas columnas que, en ángulo respecto a la colina, constituían un sistema de puentes para los caminos. El plano de planta, con una abundancia de ondulantes senderos, daba testimonio de hasta qué punto detestaba el arquitecto la estéril línea recta.

El Parque Güell es muy teatral. Los altos muros que lo rodean están blasonados con escudos de cerámica que anuncian el «Park Güell» y la liberación que éste supone del mundo exterior. De inmediato, las dos construcciones que constituyen la portería se nos antojan inquietantes y extrañas. La escala de ambos pabellones, que dan al carrer Olot, parece distorsionada. Dan la alucinante sensación de pertenecer al país de las maravillas. Uno de los tejados incluso tiene forma de seta mágica. Pero las tazas de café invertidas dispuestas en los techos de brillantes colores sugieren una interpretación mucho más inocente.[13] Se captan ecos de la traducción contemporánea que hiciera Maragall de la ópera de Humperdinck *Hansel y Gretel* en la narrativa codificada de la escena de la entrada de Gaudí con su «salvación de cuento de hadas».[14]

Ahí estaba, por vez primera, el estilo maduro de Gaudí, en el cual amalgamaban la estructura, el tema, la decoración y la función. Se trata del momento preciso en que se hace posible hablar de Antoni Gaudí como uno de los grandes escultores del siglo XX.

Gaudí vio con claridad que mediante el retorno a la tradición artesanal catalana podía dar cabida a un lenguaje de las formas completamente nuevo. Las escamas de peces, creadas por albañiles catalanes mediante el proceso de laminar capas de finos azulejos, formaban las curvas de arcos y bóvedas que eran a un tiempo robustos y decorativos. Eficaz y barato a la vez, y asociado a la fabricación en serie en ciertos sectores, el sistema facilitaba la construcción de arcos parabólicos. Cubriendo la estructura del tejado había una piel de mosaico de vivos colores realizada a base de minúsculos fragmentos de azulejo dispuestos por el método conocido como *trencadís*. El *trencadís* es uno de los aspectos más distintivos de la arquitectura posterior de Gaudí. El mito barcelonés nos habla de un Gaudí ordenándoles con parsimonia a sus obreros que, de camino al trabajo, hurguen en busca de azulejos rotos en los emplazamientos cercanos. Los rumores también hablaban de que los obreros, al recibir la partida de azulejos venecianos llevados con extrema cautela, los hacían añicos delante del horrorizado transportista.

El parque se planeó como una ópera en tres actos. El espectáculo daría comienzo a la llegada, en la entrada flanqueada por una pareja de gacelas mecánicas que se retiraban a sus jaulas al abrirse con lento chirrido las puertas de hierro.

Al frente, la mirada del visitante asciende por una escalera ceremonial hacia el mercado cubierto. Al pie de los peldaños, un pequeño estanque de roca recibe agua a través de la boca de una serpiente que luce, a modo de collar, una bandera catalana. Más arriba en la escalinata hay otra bestia mítica: un dragón directamente salido del Apocalipsis.

Se encontraba entonces la sala hipóstila del mercado, que Gaudí describía como su teatro griego. Un bosque de columnas dóricas sostenía una gran plaza;[15] pero era abajo, entre las columnas, donde el arquitecto había concebido tanto el mercado como el foro,[16] bajo cuya arcaica superficie se hallaba una planta purificadora de agua. Cuando la lluvia caía en la plaza de encima, se iba filtrando lentamente por entre capas de guijarros y arena hasta que era recogida en hondonadas dispuestas directamente sobre cada columna. Desde allí, descendía a través de finas conducciones en el interior de las columnas hasta llegar a una cisterna.[17] Gaudí había creado un sistema que actuaba simultáneamente de desagüe, planta filtradora y depósito. En 1913 Güell solicitó una licencia para una empresa de agua mineral llamada Sarva. Sarva, cuyo logotipo lucía el alfa y la omega, primera y última letras del alfabeto griego, se cerró con la misma rapidez con que se había establecido.[18]

Una vez que el visitante había llegado a la plaza, el parque se extendía ante él. Serpenteantes senderos, señalizados mediante gigantescas bolas de piedra (que se repetían como cuentas de un rosario), conducían lentamente hasta el Calvario que se encontraba en la cima. La ciudad y el puerto se desplegaban en magnífico panorama: la catedral gótica era claramente visible, como también lo era la Sagrada Familia.

Juan Maragall recordaría una conversación con Gaudí en la que el huraño pesimismo del arquitecto le había abrumado:

> Él, en su trabajo, en su lucha por materializar las ideas, ve la ley del castigo, y se deleita con ella. No pude disimular mi repugnancia ante un sentido tan negativo de la vida, y discutimos un poco, poquísimo, porque enseguida me percaté de que no podríamos entendernos. ¡Yo que me creía tan profundamente católico![19]

Para el verano de 1906 tanto a Güell como a Gaudí debió de parecerles obvio que su proyecto se estaba tambaleando. El parque se resentía de un insuficiente transporte público, restricciones únicas en la construcción y un clima económico incierto. Sólo se habían vendido dos casas de las sesenta proyectadas. Es también probable que el éxito de la expansión en Sarriá, más al sur, en la avenida del Tibidabo y en la zona que se extendía por debajo de Vallvidrera, en las que las conexiones de transporte eran mucho mejores, alejara a los posibles clientes.[20] La tentación de instalarse en el feudo de Gaudí no había resultado lo bastante fuerte. Se hacía imperativo un cambio en el carácter del Parque Güell. Sin embargo, aún podía funcionar de plataforma para una vibrante cultura catalana católica. Por un módico precio de entrada, proveía de un paraíso privado.

Lentamente, a lo largo de los años, el Parque Güell se fue introduciendo en la vida de Barcelona. En 1907 fue sede de un certamen benéfico para ayudar a las víctimas de las inundaciones. Al año siguiente, en 1908, las puertas se abrieron para el quincuagésimo aniversario de los Jocs Florals; una carrera a pie hasta el Calvario; una fiesta en honor de la educación catalana, así como el congreso de alpinistas pirenaicos. Hubo competiciones de gimnasia, desfiles de voluntarios de la Cruz Roja y frecuentes bailes de *sardana*.[21] De un experimento fallido como promoción urbanística, el Parque Güell se transformó con rapidez en lo que es hoy en día: un parque muy agradable encumbrado sobre la contaminación y con vistas panorámicas de la ciudad y el mar.

En junio de 1906 Julius Meier-Graefe finalizó su recorrido relámpago por Barcelona con una visita a altas horas al Parque Güell. Era la noche de San Juan, que en España se celebra con un desenfreno casi pagano:

> Por fin llegamos, en algún momento alrededor de las dos de la mañana, a una especie de gruta o más bien una especie de templo, o un gigantesco tiovivo que sin embargo no se movía. El edificio se apoyaba sobre pilares que semejaban monstruosos colmillos de elefante. Desde allí nos condujeron por un sendero al borde de vertiginosos precipicios que estaban bordeados de cráneos o qué sé yo, hasta una especie de meseta que al examinarla más de cerca resultó un jardín suspendido, además del techo del templo en que habíamos estado previamente. Entonces llegamos a un gigantesco florero en el que en lugar de flores encontramos un montón de gente apretujada. Un poco más allá había otro florero y otro más y otro; no sé cuántos habría [...] en un abrir y cerrar de ojos nos vimos frente a otro edificio de forma ininteligible, a medias entre palacio hindú y caseta de perro, hecho de cerámica o cristal o burbujas de jabón [...] Decidí que no me hallaba en trance sino enfrentado a la arquitectura moderna. Cómo les rogué a Horta y Guimard, Endell y Obrist y todos los demás malhechores que me perdonaran por los amargos pensamientos que había tenido hacia ellos. Al lado de la invención de ese monstruo en Barcelona se me antojaron de pronto pacíficos clasicistas.[22]

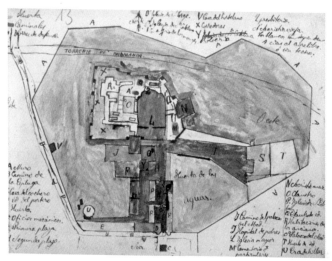

ARRIBA Plano de Poblet
copiado de una guía por
Gaudí y Eduard Toda
(1870).

DERECHA El Capricho.

IZQUIERDA Detalle de una esquina con una combinación de ladrillos cruzados sobre un relieve de estuco. Masovería de la Finca Güell, Pedralbes.

ABAJO Los fragmentos de azulejo incrustados en el mortero dan vida a los muros de los pabellones de la Finca Güell.

ARRIBA Exterior de la Casa
Vicens (1883-1885).

DERECHA Interior de la
Casa Calvet.

IZQUIERDA La
flexibilidad de la
técnica del *trencadís*
se aprecia
perfectamente en
este detalle de una
chimenea del Palacio
Güell.

ABAJO Las torres de
los apóstoles de la
Sagrada Familia
flanquean el ciprés
policromado.

ARRIBA Bellesguard.

IZQUIERDA Ventana que corona la
puerta de entrada de Bellesguard.

ABAJO La entrada de Bellesguard está
flanqueada por bancos con
decoración de azulejos.

ARRIBA El mercado, en el Parque Güell. Al fondo a la derecha, la residencia de Eusebi Güell.

IZQUIERDA Inscripción alusiva a la Virgen en el banco serpenteante del Parque Güell.

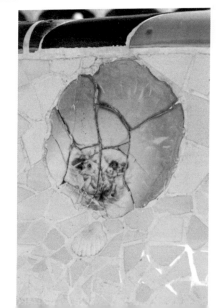

DERECHA: Plato fragmentado y concha incorporados a la decoración de *trencadís* del banco serpenteante.

DERECHA Casa Batlló
(1904-1906).

ABAJO El entramado de arcos
de ladrillo dirige la vista
hacia las ventanas de la
cripta de la Colonia Güell.

IZQUIERDA Figura del terrado de la Casa Milà.

ABAJO Postal de 1913 que muestra la Casa Milà recién terminada y en la que pueden observarse carruajes y tranvías.

AL PIE Patio de luces de la Casa Milà.

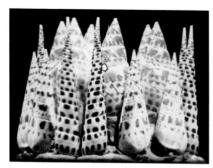

ARRIBA Conjunto de conchas mediterráneas que recuerda a un edificio de Gaudí (*El gran libro de la naturaleza*).

DERECHA Estudio de las cumbres alpinas, de John Ruskin. Dibujo de 1846.

ABAJO Monasterio de Montserrat.

IZQUIERDA Las familias
Gaudí y Santaló en una
excursión a Montserrat
en 1904 (Gaudí está a
la izquierda, Rosa está
sentada en el centro).

ABAJO El Mas de la
Calderera, la casa
familiar de los Gaudí en
Riudoms.

Puerta de entrada a un cementerio. Dibujo de Gaudí para un proyecto de sus estudios de arquitectura (1875).

Pase de expositor de la Exposición de 1888. Gaudí diseñó el stand de la Compañía Transatlántica.

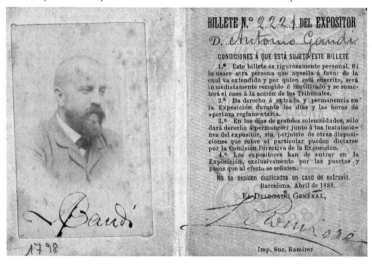

IZQUIERDA Fumadero en la Casa Vicens.

ABAJO La celebrada reja de hojas de palma de la Casa Vicens.

PÁGINA SIGUIENTE
ARRIBA Palacio episcopal de Astorga (1887-1893).

ABAJO El «dragón de Pedralbes»: la Puerta del Dragón en la Finca Güell. El edificio situado bajo la torre ornamental acoge actualmente la Cátedra Gaudí.

ARRIBA Vestíbulo de las Teresianas, con los particulares arcos catenarios (1888-1890).

ABAJO El elegante ritmo de las ventanas de arco catenario es un reflejo del espartano corredor interior.

ARRIBA Una de las dos puertas de entrada al Palacio Güell, con su característico arco catenario (h. 1888).

CENTRO Fachada de la Casa Calvet (1898-1900).

IZQUIERDA La catedral de Palma de Mallorca.

15

ARRIBA Una invocación a la Virgen en hierro forjado da la bienvenida a los visitantes de Bellesguard.

FOTO SUPERIOR Los esbeltos arcos de ladrillo de la techumbre de Bellesguard.

IZQUIERDA El recubrimiento fragmentario da cierta unidad al estilo ecléctico de las ventanas de la fachada lateral de Bellesguard.

Dibujo de Opisso que ilustra el ayuno cuaresmal de Gaudí (1894).

Dibujo de Picasso (1902).

ARRIBA El modernista Café Torino (1902), ya desaparecido.

IZQUIERDA Salón árabe de Gaudí en el Café Torino.

ABAJO El tocador de Rosa Güell, en el Palacio Güell.

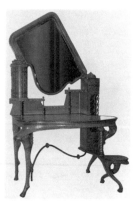

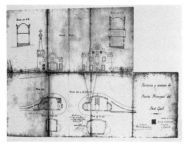

Diseño firmado del pabellón de entrada del Parque Güell (1904).

ARRIBA Salvador Dalí, sentado en el banco serpenteante del Parque Güell.

IZQUIERDA Puente en el Parque Güell.

ABAJO Muros perimetrales del Parque Güell, con un rebaño de cabras en primer plano.

Lluís Domènech i Montaner (Archivo Histórico de la Ciudad de Barcelona).

DERECHA Claudio López, el segundo marqués de Comillas.

DERECHA Eusebi Güell.

Jacint Verdaguer.

DERECHA La tertulia de los Güell: Eusebi Güell (sentado), con su secretario Picó junto a él.

ARRIBA El obispo Grau.

ARRIBA A LA DERECHA El obispo Torras i Bages.

DERECHA Francesc Berenguer.

DERECHA, EXTERIOR Josep Maria Jujol (Archivo Histórico de la Ciudad de Barcelona).

ABAJO Joan Maragall.

ABAJO A LA DERECHA Joan Rubió i Bellver.

21

IZQUIERDA Dibujo de la Colonia Güell.

ABAJO Trabajadores de la Colonia Güell se preparan para donar piel para realizar un injerto a la víctima de un accidente industrial. La actitud de estos donantes, conocidos como los Bartolomés, fue muy valorada en la prensa e incluso fueron honrados por el rey y por el Papa.

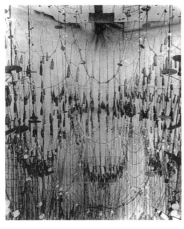

Maqueta de cuerdas y pesos de la cripta de la Colonia Güell (1898-1908).

La maqueta de la cripta una vez recubierta y lista para ser fotografiada e invertida para continuar el proceso de trabajo.

El porche del área de la cripta de la Colonia Güell muestra perfectamente el genio de Gaudí en la organización de los materiales y el espacio.

FOTO SUPERIOR Entrada de la Casa Batlló.

ARRIBA Las formas suaves de la Casa Batlló contrastan fuertemente con el estilo neomedieval de la Casa Amatller, de Puig i Cadafalch, que aparece en primer plano.

DERECHA Postal de las bodegas Garraf (fotografía de alrededor de 1910).

IZQUIERDA La Sagrada Familia (h. 1900).

ABAJO La Sagrada Familia. Fachada del Nacimiento.

ARRIBA Llorenç Matamala, el
asistente de escultura de
Gaudí.

ARRIBA A LA DERECHA Joan
Matamala, escultor y autor
de las memorias inéditas *Mi
itinerario*.

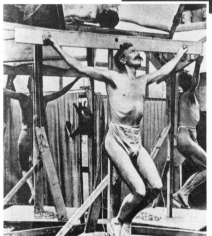

ARRIBA Esqueletos utilizados por
Gaudí para obtener un mayor
conocimiento de la estructura del
cuerpo humano.

IZQUIERDA Un modelo posa en el
elaborado sistema de espejos de
Gaudí.

26

ARRIBA El estudio de Gaudí en la Sagrada
Familia.

DERECHA El centurión mata a los inocentes.
Fachada del Nacimiento, Sagrada Familia.

ABAJO Conjunto escultural a escala real de la
Sagrada Familia en la fachada del Nacimiento.
Sagrada Familia.

27

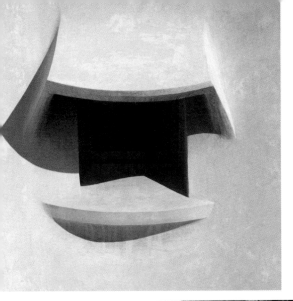

ARRIBA El sinuoso techo de
escayola de la Casa Milà.

ABAJO Fachada de la Casa
Milà (1906-1909).

ARRIBA Ventana con dintel y
marquesina en el patio de
luces de la Casa Milà.

DERECHA Reja del sótano de la
Casa Milà, diseñada por
Gaudí.

Festas Solidaritat Catalana 1906

Postal alusiva al frágil pacto de
Solidaritat Catalana (1906).

ABAJO Cadáveres de monjas
exhumados durante la Semana
Trágica (1909).

Postal alusiva del triunfo de Solidaritat
Catalana en las elecciones locales (1907).
Arriba a la derecha puede verse al arquitecto y
futuro presidente de la Mancomunidad, Josep
Puig i Cadafalch.

ABAJO Vista de Barcelona el 28 de julio de 1909,
durante la Semana Trágica, en la que se
incendiaron más de treinta iglesias y conventos.

ARRIBA Fotografía oficial de
Antoni Gaudí para la
Exposición de París de
1910.

ARRIBA A LA DERECHA Gaudí
muestra la Sagrada Familia
al cardenal Ragonesi.

DERECHA Gaudí en la
procesión de Corpus
de 1924.

Máscara mortuoria de Gaudí, obra de Joan Matamala.

Procesión en los funerales de Gaudí.

IX

La casa de los huesos

Este arquitecto ha visto la casa como un pintor y como un colorista que pinta bajo la luz de su país. ¿Por qué no iba un edificio a concebirse por entero como una pieza de cerámica o de loza vidriada que responda de forma constante y diversa a los reflejos del sol?[1]

<small>MARIUS-ARY LEBLOND</small>

El color en arquitectura ha de ser intenso, lógico y fecundo.

<small>ANTONI GAUDÍ,</small>
Diario de Reus, 1876-1879

A principios de 1901 José Batlló Casanovas, miembro destacado de una de las poderosas familias textiles de Barcelona, solicitó al ayuntamiento permiso para demoler su casa. Construida en 1877, desentonaba con las de sus vecinos, mucho más a la moda. En el portal contiguo, Josep Puig i Cadafalch, un decidido medievalista, trabajaba en la renovación de un edificio similar para el magnate del chocolate Antoni Amatller. Batlló perseguía ambiciosos proyectos para su nueva vivienda. Sus ideas abarcaban desde los estilos florentino, veneciano y gótico catalán hasta el de las mansiones de los nobles escoceses.

En esa época los clanes familiares eran fieles a su arquitecto, como uno haría con su abogado. Durante la década de 1890, Enric, Pia y Àngel Batlló habían encargado sendas casas al respetable arquitecto neogótico Vilaseca. Pero José Batlló quería causar impresión.

En mayo de 1904, Batlló volvió a presentar al ayuntamiento un proyecto más modesto que se atenía a las restricciones de volumen del edificio original. Batlló había encontrado en Gaudí a un arquitecto lo bastante flexible para proyectar dentro de unas limitaciones y aun así ser capaz de una intensa innovación. En noviembre de 1904 se iniciaron las obras de la Casa Batlló, en las que Gaudí empleó a José Bayó Font, constructor de confianza.[2]

A principios de 1906 la Casa Batlló quedó completada, e incluso en la actualidad es uno de los edificios más inspirados de Barcelona. Está situada en una manzana del Paseo de Gracia conocida en la ciudad como la «Manzana de la Discordia» porque cinco edificios correlativos exploran aspectos diferentes del estilo modernista. Recorrer esa acera es como asistir a una clase magistral de construcción artesanal catalana. Todos los que eran alguien trabajaron en esa acera. Primero está la Casa Lleó Morera (1902-1906) de Domènech i Montaner, seguida por la más clásica y disciplinada Casa Ramón Mulleras (1910-1911) proyectada por Enric Sagnier, el paréntesis de la anodina Casa Bonet (1915), y luego la Casa Amatller (1898-1900), de Puig i Cadafalch, y la Casa Batlló (1904-1906). Significaba el triunfo del intento de Domènech junto a su discípulo Antoni Gallissà de cultivar y promover, a finales de la década de 1880, las bases creativas de la artesanía catalana desde su escuela de diseño Taller del Castell dels Tres Dragons, situada en el café-restaurante proyectado por Domènech para la Exposición de 1888.

A lo largo de la Manzana de la Discordia los escultores trabajaron junto a broncistas, ebanistas, vitralistas, artesanos del mosaico, yeseros y ceramistas. En la Casa Lleó Morera, Eusebi Arnau creó una notable escultura que sobresalía del edificio hacia la calle. En el primer piso, un elaborado vitral representaba a la familia descansando. La Casa Ramon Mulleras era más discreta, pero la Casa Amatller constituía una copia de un palacete flamenco desde la acera hasta la cubierta. De nuevo se llamó a Arnau. Masriera y Campins suministraron los bronces, Escofet los suelos, Joan Coll los exquisitos yesos y escayolas, Gaspar Homar el singular mobiliario, y la forja se dividió entre los maestros Esteve Andorrà y Manuel Ballarín. El edificio estaba plagado de detalles ingeniosos. Los escultores Alfons Juyol y Arnau gozaron de total libertad y esculpieron un ciclista con atuendo contemporáneo en humorística alusión a los viajes relámpago de Puig entre la casa y otra obra en el extremo opuesto de la ciudad; una gárgola ataviada a la moda se asoma desde la jamba de una ventana para fotografiarnos con su cámara de cajón, mientras una venerable señora mira con envidia a una estilizada doncella *art nouveau*; entretanto, más ceñido a la tradición, en el pilar de la entrada un san Jorge lancea el dragón; y un auténtico bestiario de animales forma una orquesta: un cerdo toca el sacabuche y un mono, el órgano.

Con encargos parecidos cada uno de los tres arquitectos llegó rápidamente a una solución distinta. David Mackay escribe en *Modern architecture in Barcelona 1854-1939* acerca de sus rasgos distintivos:

Domènech, racional con ornamentación ecléctica; Gaudí con un concepto global y fluido que da forma barroca a todo el edificio; Puig, patriótico y europeo, abriéndose paso con habilidad entre lo medieval y lo clásico.[4]

Pero ¿cuál fue el concepto original para la Casa Batlló? Los primeros croquis muestran una fachada de siete pisos que se erige hacia una torre central. Las ventanas en forma de riñón y puntuadas por huesudas columnas acentúan el carácter antropomórfico del edificio, que siempre se ha conocido entre los barceloneses como la «casa de los huesos». Gaudí era consciente de que alinear su edificio a la vecina Casa Ametller causaría un efecto de abrupta fractura. Su solución fue reducir la altura de la torre en un piso, desplazarla hacia la izquierda y crear así un pequeño espacio-balcón que se proyecta sobre el techo de la Casa Ametller. Ha sido descrito como uno de los mejores ejemplos de «buena educación en arquitectura». A pesar de ello, las dos casas son enormemente dispares entre sí. El edificio de Puig todavía está dentro de un marco tradicional. Lo ingenioso reside en el detalle. Pero la obra de Gaudí se salta las normas y deja que la piel del edificio se ondule hacia afuera y forme rítmicas oleadas marinas. El ornamento está en todas partes. Fragmentos de cerámica de colores vivos contrastan de manera abrupta con el tono frío de la piedra de los balcones en forma de calaveras. Lluís Permanyer ha sugerido una interpretación interesante de la idea temática de la Casa Batlló: se trataría de un homenaje al santo patrono de Cataluña, san Jorge. Los balcones calavera serían las víctimas del dragón y las columnas, huesos ya blanqueados. La enhiesta torre del tejado, coronada con una cruz, representaría la lanza de san Jorge, mientras que las tejas semejantes a escamas de pez del tejado y su perfil curvo sugerirían el dragón muerto. Se trataría de una referencia, apenas disimulada, a la rivalidad cada vez más amarga entre Castilla y Cataluña.

Pese a que la Casa Batlló es una obra maestra modernista, Gaudí y su estudio habrían detestado esa etiqueta, pues les relacionaba «con la herejía modernista, condenada por las autoridades eclesiásticas como progresismo dogmático imposible de reconciliar con la doctrina oficial de la Iglesia católica».[5] En cualquier caso, con su casi temerario despliegue de originalidad, la Casa Batlló muestra la profunda comunión del arquitecto con una serie de valores y creencias que lo acercan mucho a sus colegas modernistas.

En una anécdota curiosa, Apel·les Mestres asegura que fue en esa época cuando Gaudí declaró su preferencia de trabajar únicamente en encargos religiosos. En caso de llegarle otro de tipo secular, primero tendría que rogar permiso y guía a la Virgen de Montserrat. Para alivio de Batlló, bromea Apel·les Mestres, la buena Virgen de Montserrat siempre capitulaba y permitía a Gaudí que aceptara encargos seculares.

Fue en la Casa Batlló donde Gaudí empezó a ser por completo él mismo. Y fue también la primera vez que iría mucho más lejos que otros arquitectos modernistas, dejando atrás a unos Puig y Domènech que se debatían entre temas de estilo.[6] Por vez primera, un edificio de Gaudí nos proporciona una forma de autobiografía arquitectónica.

X

El fuerte sitiado

Las crestas de las bucólicas montañas se suceden unas a otras en su largo alcance, como la prolongada y suspirante onda que avanza sobre las aguas calmas procedente de algún tormentoso mar lejano.

John Ruskin

Corría el otoño de 1905 y el trabajo se acumulaba en el estudio. El Parque Güell había llegado a una etapa crítica, la maqueta de la Colonia Güell precisaba constantes alteraciones y la catedral de Palma exigía la supervisión personal de Gaudí. Por si eso era poco, había que añadir varios trabajos menores: un banderín para el gremio de cerrajeros, un monumento al anciano alcalde de Barcelona doctor Robert, un puente que cruzaba el torrente de Pomeret, recomendaciones sobre hasta qué punto eran «apropiados» los murales de Sert en la catedral de Vic y diseños para galas eclesiásticas, más los malabarismos para compaginar tanta actividad con la necesidad de añadir retoques finales a Bellesguard. Había un encargo interesante para una tumba que celebrara el 700 aniversario de la muerte de Jaime I. Puig había acudido a Gaudí, quien de inmediato lo consideró una oportunidad de reorganizar la zona entera que rodeaba la plaza del Rey. No iba a salir nada de aquello.[1] Tal vez fuera una suerte que la irregular recaudación de fondos para la Sagrada Familia hubiese dejado las obras casi en un punto muerto. Pero justo cuando se detenía, su reputación se vio más encumbrada que nunca. Durante las elecciones municipales de 1905, *La Veu de Catalunya* se embarcó en un panegírico en favor de la Sagrada Familia.[2]

En la Colonia y el Parque Güell se estaban llevando a cabo intentos de experimentar con la ingeniería económica y social, pero era en la Sagrada Familia donde la filosofía de Gaudí y Güell podía alcanzar un todo cohesivo, o eso se esperaba. En ella la santa familia y el sagrado artista podrían engancharse al «carro de la más grande gloria nacional».[3] Sin embargo, y pese a la creciente fama del arquitecto, el dinero no corría como el agua precisamente.

De la mayor parte del trabajo de Gaudí se enteraba por comentarios que le hacían. Pedro Milà i Camps había sugerido en primer lugar su nombre como el adecuado para la Casa Batlló. Ahora, tras esperar a que apareciera el solar adecuado, estaba en situación de encargarle un edificio.

Milà era un «dandi talentoso», ataviado con severos trajes gris perla.[4] Político, promotor inmobiliario y editor de El Día Gráfico, era, además, un empresario de éxito.[5]

En 1903 se casó con una viuda acaudalada, doña Rosario Segimón Artells, quien en junio de 1905 compró el excelente solar de la esquina del Paseo de Gracia y la calle Provenza. En septiembre, Gaudí solicitó permiso para echar abajo la casa existente y despejar el emplazamiento para los cimientos.[6] La Casa Milà, más conocida como La Pedrera, se convertiría en una de sus obras más características.

Las primeras visitas de Gaudí al emplazamiento aquel otoño fueron para comprobar cómo encajaría el proyecto en el rígido plano del Ensanche. El proyecto de la Casa Milà era el cuarto de Gaudí en el Paseo de Gracia, después de la farmacia Gibert, el interior del Café Torino y la Casa Batlló. También sería el último encargo de envergadura que asumiría.

El Ensanche estaba en un proceso de cambio constante. Sus espacios abiertos (previamente tierras de pastoreo) se urbanizaban a un ritmo asombroso.[7] La cuadrícula de calles se estaba pavimentando. Casuchas y chabolas eran arrasadas. Incluso se echaron abajo los palacios construidos en las décadas de 1870 y 1880. Hasta en la parte antigua una franja entera del barrio de la Ribera fue derruida para dar paso a la nueva Vía Layetana. Miles de personas se quedaron sin hogar en unos cuantos meses.

También en el taller de Gaudí se sucedían los cambios. Rubió asumía ahora sus propios encargos de importancia: el monasterio de la Sagrada Familia en Manacor, las casas Rialp, Pomar, Dolcet, Casacuberta y El Frare Blanc de los Roviralta, en las laderas del Tibidabo.[8] Pero su pérdida se vería más que compensada por la llegada de Jujol en 1906, aunque la fecha precisa de su ingreso en el estudio no está muy clara.

Al igual que Gaudí, Jujol se había visto obligado a trabajar durante sus años de estudiante universitario, en su caso como alumno-ayudante de Gallissà y Font en la restauración del Ateneo barcelonés. Fue entonces cuando el doctor Santaló, el amigo de Gaudí, se empeñó en presentarles.

Formaban una extraña pareja. Gaudí, a sus cincuenta y cuatro años, era un hombre venerado, pero también tenía fama de brusco y de estar cada vez menos interesado en su aspecto personal. A su lado, a Jujol, de veintisiete años, se le veía menudo y atildado con su espeso mostacho negro. Su colaboración se convertiría en una de las grandes asociaciones laborales de la arquitectura del siglo xx. El hijo de Jujol describiría a Gaudí como sigue:

> Genio extraordinario, no era como otros le han descrito: como una persona solitaria, que quería hacerlo todo por sí misma y que dominaba a cuantos le rodeaban. Más bien al contrario, era un hombre inteligente que sabía delegar, que también sabía quién sería el más apropiado para una tarea particular. Estoy convencido de que Gaudí trabajaba con un equipo en que era el maestro indiscutible [...] e incluso aunque hubiera querido hacerlo todo por sí mismo [...] confiaba en sus colaboradores con vistas a que el edificio acabado quedara incluso más perfecto al final de la jornada.[9]

Gaudí cambiaría asimismo su ritmo de vida. Se iría sumiendo cada vez en sí mismo y en su trabajo. En 1906 había fijado su residencia en el Parque Güell, con su padre y su sobrina Rosa. Francisco, que pasaba entonces de los noventa, estaba cada día más débil. El médico al que recurrió Gaudí fue José Cubero Calvo, que vivía muy cerca, en Gracia. Por desgracia, las relaciones entre ambos eran tensas, porque en cierta ocasión Cubero no había logrado salvarle la vida a uno de los obreros de Gaudí. Pero fue sólo después de que un carruaje enviado a recoger al médico regresara vacío cuando la relación acabó por romperse. A partir de entonces, siempre que Gaudí veía al médico, le ignoraba.

Gaudí pasaba poco tiempo en la ciudad vieja; las interminables tertulias en el Palacio Güell eran cosa del pasado, como también lo eran las veladas en el Liceo y el Ateneo, las lecturas de poesía y las conferencias públicas en la sede de los excursionistas. Sólo la confesión diaria en la iglesia de Sant Felip Neri y la misa dominical en la catedral lo mantenían en contacto con la vida del barrio gótico.

La existencia doméstica de Gaudí fue adquiriendo un ritmo más lento, casi pueblerino. La otra casa estaba habitada por el abogado don Martín Trias Domènech, de cuyo hijo, Alfonso, el arquitecto pronto se hizo amigo. Por las tardes, después de la escuela, Alfonso acudía andando a recibir a Gaudí, que llegaba en el tranvía. Juntos, ascendían paseando la colina. Gaudí, con un ejemplar de *La Veu de Catalunya* enrollado bajo el brazo, interrogaba a Alfonso sobre cómo habían proseguido las obras durante su ausencia. Se interesaba por los visitantes y por los estudios del muchacho, así como por sus familiares y amigos. Algunos domingos los dos caminaban juntos hasta la Barceloneta, a ver el mar, para luego regresar por el monumento a Colón y las Ramblas y cruzar el barrio gótico. A veces, acompañado de Juan Matamala, su primo José Gaudí Pomerol o del doctor Santaló, Gaudí se sentaba durante horas en el malecón. El día más feliz de su vida, según le confesó a Matamala, fue una tarde que pasó escuchando al doctor Llobera leer párrafos de su traducción de Homero al catalán.[10]

La imagen corriente que se tiene de Gaudí como ermitaño cascarrabias no concuerda precisamente con la facilidad con que se forjó un círculo de amigos leales que lo admiraban. Quizá viera en Alfonso al hijo que nunca tuvo. Una y otra vez, las anécdotas nos revelan que nunca olvidaba el cumpleaños de la hija de fulano o mengano, o el santo de Isabel Güell, o el modo en que desempeñaba religiosamente el papel de tío favorito y llevaba pastelillos y bizcochos especiales para los niños.

Cuando estaba con Alfonso se detenía a menudo a charlar con conocidos. Un poco más arriba, con su silueta recortándose contra el sol poniente, se volvía a Alfonso para anunciar: «*El català és llaminer*» («A los catalanes nos gustan los dulces»), y entraba en El Caballo Blanco a comprarle unas golosinas a Alfonso y a ponerse al día de los cotilleos locales.

Luego proseguían su lento caminar hasta la entrada del parque, donde charlaban con Carlos, el portero. Más tarde Alfonso rememoraría que «la conversación era un monólogo de Gaudí, a quien le encantaba comentar sucesos políticos y artísticos».[11] También recordaría al arquitecto discutiendo largo y tendido sobre Wagner con dos pastores locales antes de trasponer las puertas de su Elíseo privado.

El 2 de febrero de 1906, Gaudí presentó al ayuntamiento los primeros planos de la Casa Milà. La solicitud inicial se hizo a la mayor brevedad posible a fin de disponer de tiempo para despejar el solar. Gaudí sabía por experiencia que los planos evolucionarían. No es sorprendente, por lo tanto, que las elevaciones iniciales semejen un híbrido ampliado de la Casa Batlló; la misma fachada se repetía cuatro veces con florituras adicionales.

El solar en sí planteaba un problema específico. En el diseño original del Ensanche las esquinas de los edificios en los cruces estaban cortadas en diagonal para formar manzanas en forma de diamante. El *xamfrà* («chaflán») creaba nuevas posibilidades para esas parcelas esquineras de tres lados. La solución corriente había sido hacer caso omiso del problema; el resultado era una arquitectura prosaica destinada a la nueva burguesía.

Para el cambio de siglo, con el mayor énfasis modernista en la artesanía y la decoración, se habían hallado soluciones. Tribunas de balcones, en ocasiones de cinco plantas de altura y en las que destacaban la forja del hierro, la talla de la piedra y las vidrieras de colores, puntuaban los dos ángulos poco pronunciados de la esquina y personalizaban el espacio. Pero las ornamentaciones que se utilizaban con mayor frecuencia procedían directamente de los muestrarios al uso. Hubo unas cuantas excepciones notables. En la Casa Golferichs (1901-1903), ubicada en la Gran Vía, Rubió creó una elegante villa que daba la espalda a la calle. Pero la Casa Milà se convertiría en el primer edificio en el Ensanche que llenaba su chaflán sin jugar con las fachadas.

Para Gaudí, sin embargo, los problemas de solar, estructura y estilo siempre estaban subordinados al tema. Quería un edificio que hiciera gala de personalidad, asentado por completo en la cultura catalana al tiempo que exhibiera una moralidad y fuera apropiado a sus necesidades, fruto de una arquitectura en la cual forma y función estuvieran en armonía. Su manera de hacerlo consistía, en general, en

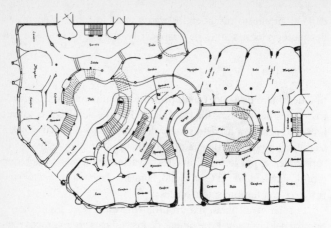

Plano de 1906 de la planta de la Casa Milà, que muestra
su estructura orgánica, parecida a un panal.

visitar en primer lugar el emplazamiento a fin de captar el espíritu del
lugar.

En este caso, el emplazamiento estaba empapado de historia. Lo
rodeaban vías romanas y se había sugerido que en el solar de la Casa
Milà había habido en el siglo xi un santuario de la Virgen de Gracia.[12]

La escala del edificio propuesto ya era de por sí impresionante,
pues cubría más de mil seiscientos metros cuadrados. Pero sería el
hinchado cuerpo de la Casa Milà, que se cernía amenazadora sobre
la vía pública, lo que le llamaría la atención a todo el mundo. Esa
montaña aparecía en el panorama urbano de Barcelona como una mole
abandonada en otra era. El edificio no parecía catalán, español, ibéri-
co ni mudéjar. Tampoco clásico o barroco. Era posterior al rococó y aun
así anterior a los godos. Se trataba de un edificio sin precedentes.

Anteriormente, en la Escuela de Arquitectura, Gaudí había desarrollado la práctica de contemplar cualquier ilustración disponible (al
igual que Picasso, no olvidaba nada de utilidad y recordaba cuanto
pudiera resultar práctico). Siempre iba andando a todas partes; miraba, discutía, señalaba errores, trivialidades y tendencias, y estaba
disponible para el estudiante interesado; daba discursos sobre los
méritos de un edificio particular, sobre las virtudes de un estilo par-

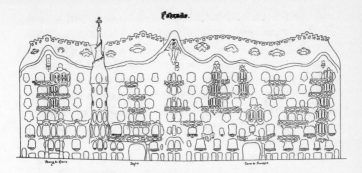

Alzado de la Casa Milà, fechado en febrero de 1906.

ticular. El Ensanche, desde la Manzana de la Discordia hasta Gracia, se había convertido en una universidad de arquitectura.

Mientras trabajaba en la Casa Batlló, estudió las obras de sus rivales más cercanos. Como fuente para la Casa Milà, en todas las revistas internacionales de arquitectura aparecían ilustraciones de la fuente ubicada en el patio del célebre Castel Berenguer parisiense (1805-1898), obra de Hector Guimard, en París, una aplastada montaña de bronce del más puro *art nouveau*. Pero incluso mucho más cerca, a menos de cuatrocientos metros de la Casa Milà, Gaudí fue testigo del gradual emerger de lo que se transformaría en el estilo de la Casa Milà; nos referimos a la cercana Casa Antònia Burés, de Batllevell (arquitecto de la otra casa del Parque Güell). La doble arcada que daba paso al local comercial estaba dividida por un árbol esculpido. Y no sólo se trataba de un pino, el árbol sagrado catalán, sino que suponía, además, un juego de palabras con el nombre del constructor, Enric Pi. Su crecimiento orgánico retoñaba imágenes del *lignum vitae*, el imperecedero árbol de la vida. Otro ejemplo fundamental era el de la Casa Fargas, de Sagnier. A primera vista su aspecto decepciona por lo corriente, pero el arco que rodea la puerta se curva hacia el exterior, forzando a la vegetación tallada en torno a él a someterse a sutiles distorsiones. La superficie de la fachada semejaba una amplia y suavísima ola. El derroche de precisos detalles botánicos era tal que se adentraban en el terreno de lo fantástico. Falqués, con la Casa Bonaventura Ferrer, de 1905-1906, desarrollaría aún más el tema.[13] La decoración floral, sin embargo, había adquirido ya una dinámica propia. Las hojas de palmera y el follaje, exagerado, explosivo y retorciéndose en formas grotescas, habían empezado a parecer claramente amenazadores. Como el arquitecto alemán August Endell escribiría en su ensayo *La belleza de las formas y el arte decorativo*, «la naturaleza parece cobrar vida y empezamos a comprender que de veras existen árboles afligidos y ramas malvadas y traicioneras, pastos virginales y flores espantosas y truculentas».[14] Por toda Europa, los arquitectos estaban antropomorfizando la naturaleza.

Si Gaudí contempló otros edificios del Ensanche, como es casi seguro que hizo, no fue con el propósito de plagiar determinados aspectos de los mismos, sino para confirmar que la nueva morfología que estaba afanándose en inventar no quedaba por completo al margen de todos los estilos previos.[15]

Mientras el contratista Bayó Font empezaba a demoler el edificio original, los planos de Gaudí para la Casa Milà sufrirían una metamorfosis. Al principio sólo se derribó medio edificio, y se utilizó la mitad restante como oficina en la obra misma y extensión del estudio. Gaudí continuaba despojando a su plano original de los detalles innecesarios en un intento de comprender los volúmenes de la construcción. Como explicaría en cierta ocasión: «La inteligencia del hombre sólo puede actuar en un plano, es de dos dimensiones […] La inteligencia angélica es de tres dimensiones, actúa directamente en el espacio. El hombre no puede actuar hasta que ha visto el hecho, la realización.»[16]

La Casa Milà transmitía una sensación primitiva y burda. El terrado era un verdadero «país de las maravillas».[17] Se han sugerido muchas fuentes de inspiración, que van desde las extraordinarias iglesias talladas en la roca por el viento, en la Capadocia, hasta Petra y las catacumbas de San Pedro incrustadas en la montaña de Salzburgo,[18] sin olvidar las torres de grano de arenisca del sur de Sudán.[19] Se han citado asimismo las torres cónicas de arcilla de Togo y las mezquitas de Sansannu y Kreis-Següela. Lo exótico y primitivo también se había vuelto una obsesión del arte contemporáneo. Al mismo tiempo que Gaudí proyectaba la Casa Milà, el joven Picasso buscaba inspiración en máscaras y tallas africanas.

El primitivismo, sin embargo, no sólo imperaba en las artes visuales. El surgimiento de la cultura catalana significaba un retorno a lo básico para encontrar su esencia. Pero en el resto de España los paisajes primitivos (como los describieran Jorge Manrique y el Arcipreste de Hita) que representaban el país «real» también volvían a estar en boga. Bajo la piel de la historia yacía lo que Unamuno bautizaría con el nombre de «intrahistoria».

La primera fase de las obras en la Casa Milà fue mucho más prosaica: toda la energía se centró en despejar los escombros y excavar los cimientos.

Para esta obra se adaptó especialmente una nueva tipología de construcción: la estructura de plano libre.[20] Utilizando las ligeras estructuras industriales de las estaciones de ferrocarril como ejemplo, las columnas de hierro se alternaron con pilares construidos con ladrillos recuperados. La fachada de la casa se unió mediante bisagras a la elevación frontal del esqueleto de hierro. La libertad que ello le proporcionó a Gaudí en el diseño del exterior es evidente.[21] Pero fue en los planos de planta donde sería sorprendentemente obvio. Hasta entonces, en el Ensanche las casas se caracterizaban por la simetría, el uso de líneas rectas y ángulos rectos. En los planos de planta de la Casa Milà la rectangularidad había sido reemplazada por un diseño muy orgánico que semejaba un grupo holgado de burbujas, cada una de las cuales significaba una habitación, pero adosadas al azar.[22]

Abundan las historias sobre los excéntricos métodos de trabajo de Gaudí en la Casa Milà. Su delineante Canaleta se quejó de que se le pedía que escalara los planos de planta destinados a los constructores hasta un tamaño tal que tenía que tenderse sobre la mesa de dibujo, con lo que emborronaba su laborioso y concienzudo trabajo.[23] ¿No habría algún modo de subdividir los planos en secciones manejables, o alguna otra solución? Gaudí le sugirió que hiciera un agujero en el centro de la mesa, con lo que podría gatear por debajo, emerger justo en medio y continuar dibujando.[24]

Un arquitecto pedante le preguntó a Gaudí cómo podía iniciar las obras sin haber concluido los planos. Gaudí hurgó en el bolsillo para extraer un pedazo de papel, que desplegó con paciencia y cuidado extremos. Sosteniéndolo entonces ante la Casa Milà, dijo con orgullo: «Éste es mi plano de la Casa Milà, señor. *Bon dia i adéu!*»[25]

Esta historia pasaría a formar parte rápidamente del folclore de Barcelona. Para entonces Gaudí se había convertido en una leyenda viviente, en el arquitecto más famoso de cuantos trabajaban en la península Ibérica. Excéntrico, egocéntrico y concentrado en su obra, no cabía duda alguna de su genio. Pero surgía una reacción tan creciente como violenta. Los abultados bolsillos de su selecta lista de clientes, su catolicismo extremo, sus ocasionales «explosiones» y la creciente sensación de que el estilo modernista había perdido ímpetu, empezaron a atraerle una atención crítica negativa.

Fue en el período más productivo de Gaudí, de 1906 a 1909, cuando el crítico Eugeni d'Ors empezó a formular su postura antigaudiniana.

> Se dice que don Antoni Gaudí, nuestro famoso arquitecto, profesa el principio de que no se puede realizar planos y que es mejor confiarse a la inspiración de cada noche. Pero Gaudí tiene sus métodos particulares; nosotros tenemos los nuestros.[26]

La Casa Milà continuó a ritmo acelerado. Gaudí sabía delegar no sólo en la obra y fuera de ella, sino también en fabricantes especialistas como los hermanos Badia y los cerrajeros. Sabía asimismo cuándo intervenir. Un relato le describe haciendo llorar a un mampostero de tanto corregir una y otra vez su trabajo. Finalmente, el propio Gaudí cogió el cincel y labró la rosa ornamental destinada a la cúspide de la fachada. El mampostero estaba tallando una rosa, pero Gaudí quería la esencia de la rosa, pues ésta simbolizaría a doña Rosario, su cliente. De modo que fue limando hasta que por fin se hubo convertido en la rosa ideal, congelada en el mismísimo instante de la transformación.

Con Jujol, Gaudí se mostraba mucho más confiado, hasta el punto de que le dio carta blanca para hacer prácticamente lo que quisiera.[27] Considerando que aquél aún no llegaba a la treintena, el respeto que Gaudí mostraba hacia él era enorme y, tristemente, es bien cierto que la reputación de Jujol como uno de los mayores genios creativos del siglo está aún lejos de ser reconocida.[28]

Gaudí, cual padre indulgente, concedía a Jujol plena licencia. A cambio, éste correspondería a la confianza de su maestro y alejaría el gusto gaudiniano de lo estrictamente naturalista para acercarlo a un enfoque abstracto y a menudo surrealista. Mientras trabajaba en Mallorca, la junta de la catedral solía importunar a Gaudí exigiéndole que explicara los estrafalarios y coloridos mamarrachos de su colaborador. Gaudí respondió al fin: «Tengo dos gatos en la casa: el uno, Sugranyes, hace su trabajo donde se supone que debe hacerlo; el otro, Jujol, lo hace exactamente donde se supone que no debe hacerlo. Tienen ustedes toda la razón, pero ¿qué puedo hacer al respecto?»[29]

A Jujol se le encargó que completara los balcones de la Casa Milà. Incorporando objetos que encontraba, su insistencia en atraer la atención hacia la palpable sensación del toque del artista y su concentración casi hipnótica en el detalle se reflejarían más tarde en la alucinógena visión de Joan Miró en *La granja*. Pero su metodología también se relacionaba de manera muy intensa con el enfoque empírico de Gaudí consistente en contemplar cada problema como si se hiciera desde territorio virgen, es decir, desde el origen.

Trabajando en el seno de una de las más fuertes tradiciones artesanales catalanas, Jujol se dispuso a renovar desde dentro el lenguaje de la decoración en hierro forjado. En la Casa Vicens, los portones y verjas, diseñados por Gaudí durante la década de 1880, representaban hojas de palmito, acuñadas en hierro fundido, que se repetían de manera interminable. Un metro podía multiplicarse sin variación hasta convertirse en un kilómetro o continuar inexorablemente hasta el infinito. Pero Jujol encontraría un nuevo y único modo de plasmar en el metal sus abstracciones formales con vistas a contener y dominar su elegante «ballet de formas». Lo entrecortado de los balcones, su energía y su discordante disonancia reflejarían los sutiles y flexibles arreglos de las improvisaciones de jazz.

El método de trabajo de Jujol era inusual. Para cada balcón desenrollaba tramos de papel exactamente a escala 1.1. En ellos esbozaba con carboncillo cada balcón, único pero aun así integrado en el lenguaje general de deslavazadas algas marinas que pendían de las rocosas cornisas del edificio. Tal vez, incluso, utilizando los balcones como símbolos de la naturaleza al recapturar una ciudad devastada tras una inundación, un holocausto o el segundo advenimiento.[30] Después, Jujol entregaba sus dibujos a los profesionales del taller Badia, a quienes animaba a trabajar *fa presto*, a perfilar el metal como si fuera aire y jugar con su resistencia a la tensión, su elasticidad y su abstracta belleza de formas. Más tarde, al recibir cada modelo acabado de parte de Badia, procedía a modificar y relajar el trabajo, confiriendo a sus formas abstractas el carácter apropiado. Arquitectos españoles actuales del calibre de los catalanes Oriol Bohigas y Rafael Moneo han debatido sobre la premeditación y la espontaneidad de la obra de Jujol oponiéndolas a un enfoque analítico estructurado.[31] Casi todos están de acuerdo en su naturaleza casi fetichista y en la capacidad única de Jujol de crear un mágico mundo de formas en el que «la fantasía siempre parece surgir del reino de la lógica».[32]

Gaudí se mostraba invariablemente dispuesto a animar y exhortar a sus colaboradores. Matamala recordaría un día en que Gaudí regresaba de la Casa Milà. Había estado trabajando con el contratista José Bayó, a quien llamaba «la máquina calculadora».

> ¡Qué gran cosa es la inteligencia en la especialidad de cada uno! Hoy, con Bayó, nos hemos pasado muchas horas inmersos en el cálculo y me siento como si no hubiese hecho nada. Lo mismo le ocurrió a Bayó, y eso que las operaciones han sido constantes. Sin duda, Bayó es un caso de admirable rapidez, de suma utilidad en semejantes circunstancias.[33]

A Gaudí le encantaba resolver problemas. Más adelante él y Bayó descubrirían que uno de los propietarios de un apartamento de la Casa Milà, el magnate señor Feliu, tenía un Rolls-Royce cuyo radio de giro era demasiado amplio para la cochera subterránea. Los cálculos que requirió emplazar de nuevo el pilar causante del problema y compensar la tensión resultante le insumieron a Bayó tanto tiempo como el edificio entero.[34] Gaudí insistía en su propia exactitud. Donde otros arquitectos más cautelosos quizá duplicaran la amplitud de un arco en bien de la seguridad, él se ceñía de manera exacta a sus cálculos. En la mayor parte de los casos sus pronósticos resultaban correctos. Con respecto a los errores que pudieran surgir en la puesta en práctica, se resolvían durante la construcción. La suya era una arquitectura de ensayo y error. Y aun cuando era famoso por su arrogancia profesional, en ocasiones admitía un fallo.

Cierto día en que recorría a pie las obras, Gaudí observó a un

soldador que realizaba soportes de hierro en forma de T. Para entonces el edificio llegaba hasta el nivel de la cubierta, pero Gaudí estaba
seguro de no haber incluido en su plano aquellos soportes. Según lo
proyectado, justo bajo los áticos habría un canalón para recoger el
agua de lluvia, que Bayó pretendía reforzar con esas piezas. Gaudí dijo
que no serían necesarias, pero mientras estaba ausente en Mallorca,
Bayó colocó de todos modos los soportes. El arquitecto se puso furioso; sin embargo, cuando un obrero que trabajaba en el techo resba-
ló y se salvó gracias al canalón reforzado, se disculpó.[35]

Lo que entrañó mayores dificultades fue la construcción de la
fachada. Mientras que técnicamente la pared exterior no soportaba
peso alguno, el grosor de la piedra de Montjuïc destinada a la fachada exigió que Bayó improvisara un sistema de poleas y contrapesos
para izar cada piedra hasta su lugar correspondiente. Aunque Bayó
había añadido un generoso margen al coste estimado de la construcción entera, no había previsto que tendría que izar y bajar hasta cuatro
veces la misma piedra antes de encajarla en su sitio. Esa experimentación espacial, que Gaudí siempre reconocía con orgullo como herencia de su padre el calderero, era bastante fácil de controlar en la
escala de la maquetación. Manipular fachadas de plastilina, seccionar
detalles en miniatura y retorcer el cartón para encajarlo en su lugar
representaban problemas que le concernían a él, pero tener que ma-
nejar piedras tan pesadas que debían transportarse en un tren especial, prácticamente suponían la bancarrota para Bayó.

Bayó explicó sus apuros. Gaudí le preguntó a Sugrañes si exageraba. Cuando éste confirmó que no lo hacía, Gaudí negoció un aumento de presupuesto con Milà. ¿Acaso estaba perdiendo dinero con
el proyecto?, le preguntó alguien. «No, dinero no —respondió él—.
¡Estoy perdiendo la paciencia!»

Tanto Gaudí como Milà querían que el edificio fuera un lujoso
escaparate. Aunque constituía todo un compromiso, la cochera sería
la primera en su clase. Inicialmente Gaudí había querido rampas que
ascendieran en círculos alrededor de los muros de los patios interiores, de forma que incluso los residentes del quinto piso pudieran llegar en coche hasta su puerta. Pero resultó poco práctico. Sin embargo, los espaciosos pisos sí contaron con las últimas comodidades
modernas, desde calefacción central hasta agua caliente.

Aunque el proceso de edificación de la Casa Milà no entrañara grandes complicaciones, su ritmo se vio perjudicado por constantes inconvenientes de tipo legal. Incluso antes de que se iniciaran las obras, éstas ya se habían detenido. El 4 de octubre de 1905, justo un mes después de que Gaudí recibiera el título de arquitecto, un empleado municipal protestó porque las vallas de obra invadían parte de la acera, incluida una farola. Bassegoda lo expresa de manera sucinta: «Fue la primera de las muchas quejas oficiales que le lloverían al intrépido don Pedro Milà.»[36]

Ocho días después las obras quedaron oficialmente suspendidas. Supuso el primero de muchos juicios contra Milà, que inicialmente se defendería en persona. Más adelante, exhausto, ni siquiera se molestaría en responder.

Los documentos de esa interminable épica legal se hallan a buen recaudo en el Archivo Administrativo Municipal.[37] No se ha extraviado ni una sola palabra de la misma, y aunque carece de méritos literarios, nos proporciona una valiosa visión de los entresijos de la mente burocrática.

El 27 de febrero de 1906, sólo una semana después de que Gaudí presentara los planos, Milà solicitó el permiso para echar abajo la casa original. El permiso llegó por fin, sólo que veinte meses más tarde. Las obras habían proseguido haciendo caso omiso de la legalidad.

Pedro Estany inició el siguiente asalto con una orden que exigía al arquitecto eliminar una columna que invadía en exceso el Paseo de Gracia. Este episodio, conocido como «El caso de la pata del elefante», pasó a formar parte del anecdotario en torno a la Casa Milà.[38] Gaudí ordenó a Bayó que transmitiera su mensaje: «Diles que si quieren cortaremos el pilar como si fuera un queso y en la pulida superficie restante esculpiremos una leyenda que diga: "Cortado por orden del ayuntamiento según acuerdo de la sesión plenaria de tal fecha."»[39]

El ayuntamiento se defendió y exigió que se lo respetara. Al mes siguiente, nueva amenaza de postergación. Una vez más Bayó y Gaudí hicieron caso omiso. El 16 de junio de 1908, ignorando el tecnicismo jurídico de que las obras no deberían haber proseguido, Bayó solicitó la extensión de la valla, pues había que izar las enormes piedras para encajarlas en su posición. Diez días después fue concedido el permiso.

Ese juego legal del gato y el ratón continuaría hasta el año siguiente. En junio de 1909, tres años después de que se iniciara el proyecto, y con la Casa Milà acabada hasta el cuarto piso, el ayuntamiento aceptó al fin los planos de Gaudí y una semana más tarde restableció el permiso. En treinta y seis meses, la Casa Milà sólo había sido legal cuatro semanas.

A finales de la primavera de 1909 se retiraron las vallas y por primera vez el público pudo ver el edificio de que tanto se hablaba. Collins dijo de él que era «una montaña construida por la mano del hombre».[40] Igual que un pastel, crecía hasta rebosar el perímetro de su molde. Perucho lo describió como «una especie de pulmón de piedra que respira con suavidad».[41] El bohemio Francis Carco, como «una fantástica bandera de cemento a la que sólo le falta el asta». Todos los comentaristas captaban las cualidades orgánicas de la Casa Milà y su extravagante adaptación del barroco. Lo que se hacía particularmente evidente en ella (sobre todo en la primavera de 1909), antes que los extraordinarios balcones de hierro forjado, era hasta qué punto se economizaba en la decoración de la superficie. Como Gaudí escribió en su diario cuando aún estaba en la Escuela de Arquitectura: «Clara y patentemente un edificio típico tiene como dominante una de las dimensiones a que se sujeta todo cuerpo. Los egipcios desarrollaron la monumentalidad, los de la Edad Media la verticalidad.»

La Casa Milà era un edificio que seguía una única idea dominante: la montaña. Pero se trataba de una montaña que compartía la sensación de movimiento tan fundamental para el *art nouveau*.

Sus suaves formas fluían desde el techo como el agua en una cascada, guiando la mirada a través de una serie de remolinos. Como conjunto arquitectónico conseguía evitar la ambigüedad al tiempo que lo dejaba todo abierto a la duda.

Rápidamente se le pusieron apodos. *El Avispero* y *La Pedrera* serían los más corrientes. Eran juguetones, infantiles e ingeniosos. Pero semejantes descripciones ocultaban a su vez algo más melancólico. Tallada formando suaves pliegues, la superficie de la Casa Milà aparecía «picoteada», tenía la inacabada calidad de las últimas esculturas de Miguel Ángel de esclavos atrapados en piedra. Casanelles advertiría esa dualidad:

Que es mayor, en estado de madurez, y conserva la infancia sobre la que aparecen arrugas de una infelicidad senil. O como un loco
[...]. Y lo verá ante sus ojos, fulminando, para decirle que sí, que esto
lo ha hecho un loco y que el loco es él, el que está en su presencia...[42]

La Casa Milà fue como una explosión en el escenario arquitectónico de Barcelona. Sus formas reverberaron a través del mundo del
arte. Se hacía eco de las montañas que se alzaban detrás de ella y, por
supuesto, de la montaña sagrada de Cataluña, Montserrat. Cuando
trabajaba en Montserrat, Gaudí había volado la roca para crear un
espacio «natural»; en la Milà, había ido un paso más allá al aprove-
char la oportunidad de imitar y mejorar la naturaleza misma.

Como escribió Ruskin, «la ola silenciosa de la montaña azul se ve
alzada hacia el cielo en una quietud de clemencia perpetua».[43]

En la actualidad el adusto exterior de la Casa Milà está lejos de
las intenciones originales de Gaudí, que planeaba domar su paisaje
artificial animando a todos los residentes a cubrir sus balcones de
exuberante vegetación. Canastas y maceteros con verdes plantas tre-
padoras y hiedras suavizarían el contorno, mientras que cactos, helechos y palmeras aliviarían la repetitiva horizontalidad de los balcones. Gaudí, que era experto en hidráulica, incluso había planeado
un sistema de riego automático. Pero aquello quedaría en nada. La
propia severidad de la Casa Milà le confería cierta claridad.[44]

Gaudí quería transformar para siempre en piedra el espíritu de
Cataluña. Los ejemplos naturales abundaban: en las rocas devoradas
por los elementos en el Cap Creus,[45] en Fra Guerau, en el centro de
la dentada *serralada* de Prades cerca de Reus, en los Portals Vells de
Andratx,[46] quizá también en Sant Miquel del Fai, adonde acudió
como excursionista, o en el Torrent de Pareis, en el norte de Mallorca, conocido por los habitantes como La Dragonera. En cierta ocasión
Gaudí había sacado de la cama a las cuatro de la mañana a uno de sus
ayudantes para que la viese teñirse de rojo bajo el sol naciente mediterráneo.[47] Otra posibilidad balear era la de Calescobes, en Menorca.[48]
Más cerca de casa estaba la montaña de San Sadurní, cerca de Gallifa,
en el Vallès.[49] Cada montaña tenía sus partidarios, pero la lucha por
encontrar un ejemplo específico es, con mucho, excesivamente literal,
pues Gaudí no tenía intención de limitar el ámbito de sus referencias.

Caricatura que muestra la Casa Milà como un búnker.

En Éxodo 20,4 se le advierte al artesano-artista:

> No te harás esculturas ni imagen alguna de lo que hay en lo alto
> de los cielos, ni de lo que hay abajo sobre la tierra, ni de lo que hay
> en las aguas debajo de la tierra.

En su sentido original, esta prohibición no suponía tan sólo una
advertencia ante la idolatría, sino también ante la verosimilitud en sí
misma. Eso no parecía preocuparle al obispo Torras i Bages, o a los
demás miembros del Sant Lluc. En España existía una larga tradición
de objetos votivos hiperrealistas.[50] El obispo, corto de miras, se sen-
tiría atraído por el esplendor de la Casa Milà y observaría: «Este edificio se ríe de todos los demás del Ensanche.»

Balcón de la Casa Milà transformado en un depósito de chatarra
o en una escultura del arte actual.

La opinión popular estaba dividida. Ramiro de Maeztu la ensal-
zó en *Nuevo Mundo*:

> Cada siete u ocho siglos producen los hombres en algún rincón
> de la tierra una arquitectura original. Ni siquiera las epopeyas se pro-
> ducen de más tarde en tarde. Pero, en realidad, no se debiera discu-
> tir a Gaudí, como arquitecto al menos. El talento del hombre es tan
> notorio que se impone hasta a los ciegos. Un ciego inteligente cono-
> cería por el tacto las obras de Gaudí. Y es que Gaudí no se ha con-
> tentado con intentar, sino que ha realizado lo que se proponía.[51]

Pero todos los dibujantes de viñetas de Barcelona le estaban utilizando como objetivo número uno. Y como escribió Casanelles:

> Hay más que anécdota en los dibujos caricaturescos. Hay un tras-
> fondo intelectual y social que a veces es purulento, nauseabundo.
> Otras, irreverente y degradante.[52]

A algunos la Casa Milà les recordaría los restos del reciente accidente ferroviario ocurrido en Riudecanyes. Otros pensaban en la broma de Rusiñol, según la cual con aquellas paredes tan retorcidas y
curvas los inquilinos sólo podían tener serpientes. Los había finalmente, a quienes les parecía divertida la viñeta del niño pequeño que le

«El Wotan barcelonés.» Retrato de Gaudí, caracterizado como
superhombre wagneriano, en *L'esquella de la Torratxa* (1910).

preguntaba a su madre: «Mami, ¿aquí también tienen terremotos?»[53]
　　Ese humor estaba dirigido a aliviar un poco la funesta seriedad
de la Casa Milà. Pero otra viñeta la representaría como un garaje para
zepelines. Francesc Pujols, un escritor catalán, tan excéntrico como
Dalí, apreciaría el valor del arquitecto:

> Gaudí se lo ha jugado todo, y ha logrado con toda elegancia una
> arquitectura primitiva que aun así encarna todos los avances de los
> tiempos modernos.

　　Pujols estaba en lo cierto. La Casa Milà había salido directamente de las fantasías futuristas de Julio Verne y H. G. Wells. Los inquilinos que se mudaban a ella sabían que iban a vivir una existencia de
absoluta vanguardia tras haber traspuesto las solitarias fronteras del
estilo. También que iban a ser el hazmerreír de la ciudad.

La Casa Milà, caricaturizada en *La esquella de la Torratxa*
como un futurista garaje de zepelines (1910).

En *La esquella de Torratxa* un dibujante de viñetas tildó a Gaudí de
«*Wotan barceloní*», captando con ello el sabor wagneriano de su creación. Aunque se trataba de arquitectura doméstica, sus temas eran
grandiosos. Las ambiciones de Gaudí estaban creciendo. En la Casa
Milà se había limitado a un mero microclima con su sistema de riego, pero de nuevo en el Portal del Nacimiento de la Sagrada Familia,
quería recrear el cosmos entero.

Se trataba de un engreimiento peligroso. Josep Pla dejaría constancia de los recuerdos de Rafael Puget acerca de Gaudí en *Un senyor
de Barcelona*:

> Su personalidad estaba plagada de un orgullo malsano e insolu-
> ble y de vanidad. En un país en que la mayoría de cosas están por
> hacer y en que lo poco que se ha hecho siempre corre peligro de que
> lo echen abajo o lo dejen sin acabar, nuestro arquitecto nació único
> y trabajó como si la arquitectura misma hubiera empezado en el pre-
> ciso momento en que él hizo su aparición en la tierra.
>
> Su obra, una imitación de la vida cósmica, en el interior de la cual
> la gente llevaría una existencia místico-troglodita [...] No es ni romano
> ni católico en el sentido que tales palabras tienen normalmente en
> nuestra cultura. Es un cristiano primitivo de los bosques...[54]

La Casa Milà, en una ilustración de F. Brunet aparecida en *El Diluvio*,
vista a la vez como un arca de Noé y como un osario.

Ahí estaba, la figura objeto de burla en la viñeta, contemplando
su obra y viendo que era buena. Pero la viñeta que ponía fin a la serie
sería incluso más penetrante. En la caricatura de F. Brunet, la Casa
Milà se convierte en una serie de cuevas infestadas de animales; un
montículo de termitas, o el Arca de Noé. Desde la imagen atisban un
cocodrilo, un búho, un par de águilas, una serpiente, pelícanos, pin-
güinos, un tigre, una foca, monos, ratas, erizos, topos y una rana. En
lo alto del tejado aparecen dos pilas de cráneos humanos en la for-

ma de las chimeneas de ventilación que Gaudí estaba acabando. La
Casa Milà se había transformado en un gigantesco sarcófago, en un
terrorífico monumento al nihilismo.

Gaudí acababa de crear un edificio asombrosamente poderoso
que, abierto a la interpretación, hurgaba en lo más hondo del inconsciente colectivo para sondear las profundidades de la identidad racial
catalana. Pero al hacerlo se había pintado, además, a sí mismo en un
rincón. Las viñetas, los chistes y las historias trazarían para siempre
los límites de nuestra futura interpretación. Desde entonces el deporte
cultural del acoso y derribo de Gaudí rebasaría los pequeños círculos de Barcelona para salir a la mucho más amplia arena pública.

En el terreno privado, para el arquitecto se trataba de un momento de profunda crisis. Martorell, su antiguo mentor y partidario, había fallecido. El 29 de octubre de 1906 murió su padre. No habían
vivido juntos ni siquiera un año en la *casa pairal*. Desde que proyec-
tara el Palacio Güell, veinte años antes, Antonio siempre había entre-
gado directamente a Francisco la totalidad de sus honorarios. No
necesitaba ensuciarse las manos con dinero, comentarían las mentes
maliciosas. Pero se trataba de mucho más que eso. Francisco había
vendido sus tierras, su casa y su propiedad del *baix camp* para que
Antoni asistiera a la escuela de arquitectura. Ahora Gaudí vivía en su
casa, en lo alto de la colina, con la única compañía de su sobrina Rosa
Egea, enferma crónica, y de la criada Vicenta.

Rosa, a quien se dirigían más corrientemente con el diminutivo
afectuoso Rosita, era víctima de una serie de enfermedades relacionadas con el alcoholismo.[55] Como en una obra de Ibsen, en la que se
asumiera con fatalista inevitabilidad que «los pecados del padre volvían a visitar al hijo», la pobre Rosita había heredado una degenera-
da inclinación hacia los soporíferos placeres de la botella. Su madre,
Rosa, hermana de Gaudí, que había muerto cuando ella sólo tenía tres
años, había dejado a la niña con su padre José Egea, un músico bohemio y alcohólico que pareció encantado de pasarle la responsabilidad del mantenimiento de la pequeña a su famoso tío.[56] Mientras
Francisco vivió, Rosita le acompañó en sus diarios paseos terapéuti-
cos por el Parque Güell. Él vigilaba los excesos de la muchacha y
suponía una grata compañía. Tras la muerte de Francisco, la salud de
Rosa empezó a declinar. Tuberculosa y proclive a palpitaciones car-

díacas, la solitaria Rosita buscó consuelo en la potente Agua del Carmen, que le ocultaba a su tío. Afirmaba que le daba fuerzas, pero a Gaudí, que seguía un régimen estrictamente prusiano, promovido por Sebastian Kneipp, y era partidario del consumo de grandes cantidades de agua mineral, le repugnaba.

> Supondría un amargo suplicio para Gaudí, que odiaba la embriaguez y la había corregido en algunos de sus obreros, pero no logró librar de esta inclinación a su querida sobrina.[57]

Bergós Massó, biógrafo temprano del arquitecto, describiría ese período de su vida como un «holocausto».

XI

La cueva refugio

Olvida usted que soy español y adoro la tristeza.

PABLO PICASSO

La originalidad consiste en volver al origen.

ANTONI GAUDÍ

Ningún arquetipo puede reducirse a la simple fórmula... Es un recipiente que nunca puede vaciarse y nunca puede llenarse... persiste a través de los tiempos y requiere siempre una nueva interpretación.

C. G. JUNG,
La ciencia de la mitología

Gaudí había encontrado en la piedra color miel de la Casa Milà un material de gran poder simbólico. Era infinitamente flexible y suponía un pasaporte al suelo catalán.

Joan Amades i Gelat, protector del folclore catalán, escribió un ensayo, *Las piedras y el culto de los muertos*, en el que describía la resonancia de la piedra para los primeros catalanes.

> La mente primitiva consideraba que las piedras contenían espíritus, genios benevolentes con voluntad propia. Fuera cual fuese el uso que los pueblos primitivos hacían de una piedra no era el resultado de su materialidad sino el efecto en la empatía y de la buena voluntad de los genios que albergaba.

En 1910 Francesc Pujols le preguntaría a Gaudí cómo había encontrado el contorno único de que había dotado a la Casa Milà. Gaudí le respondió: «*Els grecs, avui, ho farien així.*» (Los griegos, hoy en día, lo harían así.)[1]

A lo largo de la historia, el paisaje ha sido manipulado a menudo con propósitos propagandísticos. Con frecuencia, sin embargo, las ansias de gigantismo y la carencia de un adecuado sentido de la proporción han convertido esos experimentos a gran escala en monumentales locuras. El que hubiese creado una montaña en el centro de la metrópoli dejaría expuesto a Gaudí a una acusación semejante, y no sólo por eso, sino porque estaba estableciéndose como figura divina. Aquello no era nada nuevo. La literatura arquitectónica que se remontaba a la época clásica había tratado directamente ese tema. En

De architectura, Vetruvio advertía acerca del exceso de vanidad con el relato de Dinocrates, que había tentado a Alejandro Magno con un monumento en el monte Athos, inmortalizándolo como una figura gigantesca sentada con un lago en la mano izquierda y una ciudad en la derecha. Según Simon Schama, en su brillantemente provocativo *Landscape and memory*,

> algunos comentaristas posteriores, entre ellos nada menos que Goethe, creían que la historia de Dinocrates era históricamente plausible; funcionaba principalmente de mítica piedra de toque para teóricos de la arquitectura como Alberti, preocupados por las relaciones entre equilibrio y orgullo desmedido, entre audacia conceptual y sentido práctico estructural.[2]

Difícilmente podría existir una descripción más adecuada de la Casa Milà, en la que las ambiciones de Gaudí no tuvieron límite. De la Edad de Piedra a los griegos, de lo medieval a lo barroco, de lo pagano a lo cristiano, todas las meditaciones sobre la montaña y la cueva se estudiarían de nuevo. Pues la imagen de la cueva estaba en el corazón del ideal cristiano.

En el mundo medieval, la montaña-castillo se asentaba, geográfica y psicológicamente, en el centro mismo del paisaje, donde funcionaba como símbolo de autoridad y control. Para la Contrarreforma, la escenografía de la montaña se había convertido en herramienta eficaz del arsenal católico romano.

Tradicionalmente las montañas habían hecho las veces de jueces de la falibilidad humana y de esa definitiva vanidad que es la creencia en la omnipotencia, al igual que la construcción del hombre de la Torre de Babel representaba el ejemplo último de soberbia, mientras que la «cueva refugio» en el seno de la montaña también se hallaba en la mitología apocalíptica de santa Teresa de Ávila, san Juan de la Cruz y san Ignacio de Loyola, quienes habían descubierto su fe en tales senos espirituales.[3] Gaudí se identificaba profundamente con tales búsquedas solitarias.

Es en el *memento moris* barroco, sin embargo, cuando la vinculación de Gaudí a una tradición española mucho más terrorífica se advierte con mayor claridad.[4] Las obras más desgarradoras serían las piezas de acompañamiento que se conocen como *Jeroglíficos de la muerte y la salvación*, de Juan de Valdés Leal. En *In ictu oculi*, Valdés Leal señalaba que todos podemos optar entre la montaña buena y la mala.[5] Siguiendo el encargo de Miguel de Mañara, en quien supuestamente se basaba don Juan, ilustraba su propio texto. En *Discurso de verdad* escribió:

> ¿Acaso importa, hermano, que seas grande en el mundo si la muerte te convertirá en igual del más pequeño? Irás a parar a un montón de huesos lleno de los huesos de los muertos: distingue entre ellos al rico del pobre, al sabio del ignorante, al humilde del poderoso. Son todos huesos, son todos cráneos; todos se parecen.[6]

Las fantasías milenarias de Gaudí y su lenguaje de formas eran escandalosamente ambiciosos. Se trataba en gran medida de un signo de los tiempos y un indicador preciso del ámbito político.[7] Como escribió Schama, esa clase de megalomaníaca

> visión parecía emerger siempre que una nueva generación de arquitectos o escultores imaginaba sus edificios como una visión metafórica de la reordenación de estados y sociedades.[8]

Aunque hubiese abjurado de la política durante la construcción de la Casa Milà, no por ello Gaudí dejó de ser testigo de la completa redefinición del panorama político catalán. En 1906 las tendencias nacionalistas catalanas se agruparon en torno a Solidaritat Catalana, y en mayo de ese año vio la luz el influyente periódico de Prat de la Riba *La Nacionalitat Catalana*. Una expresión artística de cariz muy semejante estaba tomando forma en la Alemania de Bismarck. En Leipzig, el año anterior, el arquitecto Wilhelm Kreis y el escultor Franz Metzner habían estado trabajando en un monumento oficial para conmemorar la batalla de las Naciones. En la cripta, las sólidas columnas consistían en rostros enormes y huraños de caballeros teutónicos atrapados para siempre en un cargado espacio wagneriano.

Que la Casa Milà estaba llena de simbolismo es innegable. Pero ¿qué significaba en realidad el edificio? ¿Podían sus ricos y privilegiados habitantes buscar en ella un santuario en el que aislarse de los corruptores poderes de la ciudad? ¿O estaban condenados en su acaudalada ignorancia?

«La originalidad —había repetido con frecuencia Gaudí a quien quisiera escucharle—, consiste en volver al origen.» Detrás de esa impenetrable fachada fortificada Gaudí había camuflado sus más profundas creencias. En claro contraste con Jung, sin embargo, no iba en pos de explicación alguna. Ni era consciente de hasta qué punto había sido autobiográfico en realidad.

En una de sus raras visitas a la Sagrada Familia, el obispo Ragonesi había aclamado a Gaudí como «el Dante de nuestro tiempo». En el Purgatorio de la *Divina Comedia*, Virgilio acude a una isla montañosa en que las rocas emergen abruptamente del mar. Escalando lentamente las terrazas y cornisas de ese Monte Purgatorio llega al Paraíso Terrenal, donde la inocencia se ve finalmente restaurada.

Al acceder al terrado de la Casa Milà también nosotros entramos en un mundo diferente. Las chimeneas y torres de ventilación, disfrazadas de esculturas, se alinean en hileras perfectamente dispuestas. Esos golems sin ojos parecen estar hibernando. Aun así, uno puede sentir su presencia incluso desde abajo, desde el *passeig*. Transmiten la misma sensación de introspección que las esculturas de Henry Moore,[9] cuya obra analizaría Wingfield Digby.

> No se trata tanto de que la figura humana parezca haberse convertido en piedra como de que parezca haberse desarrollado en piedra; todo lo que fuera humano es partícipe ahora de la sólida cualidad de la tierra y la roca.

Las figuras de Gaudí, como las de Moore, eran «formas antediluvianas» que constituían «la antítesis misma del hombre moderno».[10]

En el terrado de su Casa Milà, Gaudí había ilustrado el mundo invisible de la psique. La función de las estatuas, disfrazar el abigarramiento habitual de un terrado, era menos importante que su aspecto. Las que formaban espirales en torno a las chimeneas como retorcidos tallos de cebada no tenían esa forma para mejorar la capacidad extractora de la chimenea, sino para sugerir una angustia tortuosa. Quizá el terrado fuera un diario en tres dimensiones de la desesperada lucha de Gaudí ante el rostro de la tragedia y el aislamiento; cada figura muda, un párrafo más de una dolorosa confesión.

No es sorprendente que Salvador Dalí se identificara profundamente con ella. Tanto él como Gaudí habían respondido a la llamada del inconsciente con resultado dispar. En el artículo de Dalí de 1993 *De la beauté terrifiante et comestible de l'architecture modern style*, junto a fotografías de las rocas devoradas por los elementos en Cap Creus, haría garabatos en una fotografía de la fachada Milà para dibujar grandes ojos en las ventanas.

A Gaudí siempre le había gustado jugar con la tensión entre contrarios. A primera vista, la Casa Milà parecía haber surgido como una seta del suelo de la ciudad. El arquitecto semejaba tan sólo el humilde sirviente de la naturaleza, al tiempo que hacía gala de la arrogancia del artista-creador romántico. Como escribiría Walter Benjamin:

> El concepto de lo demoníaco aparece cuando la modernidad entra en conjunción con el catolicismo.

Desde luego, había algo demoníaco en la Casa Milà. Arnold Hauser relaciona esa clase de desintegración con el romanticismo, tal como Goethe hiciera antes que él.

> El romántico se lanza de cabeza en su «doble», al igual que se lanza de cabeza hacia todo lo oscuro y ambiguo, caótico y extático, demoníaco y dionisíaco, y busca allí un mero refugio de una realidad que es incapaz de domeñar por medios racionales [...] Descubre que «dos almas moran en su pecho», que algo en su interior que no es idéntico a sí mismo siente y piensa, que lleva consigo su demonio y su juez; en resumen, descubre los hechos básicos del psicoanálisis.[11]

La realidad de la que huía Gaudí era el espantoso mundo del materialismo. Pero al mismo tiempo llevaba la mayor parte de su vida trabajando para los más importantes industriales de Cataluña. Se trataba de una preocupación corriente para el artista; como Kandinsky escribiría en la época:

La pesadilla del materialismo, que ha convertido la vida del uni-
verso en un juego malévolo e inútil, no pertenece aún al pasado; todavía inmoviliza en sus garras al alma que despierta.[12]

El tema real de la Casa Milà era algo más que una montaña; era
un volcán. A lo que los holgados pliegues de la piel del edificio aludían en realidad era el lento e implacable movimiento de la lava,[13] la
misma «lava vengadora» que había arrasado Pompeya y enterrado una
ciudad afamada por su perversidad sexual. Gaudí había partido en su
cruzada de un solo hombre en contra del materialismo. El deseo de
castigar la vanidad burguesa constituía el significado inconsciente del
edificio. ¿Qué clase de arquitecto era el que pintaba en el lateral del
tocador de doña Rosario *Memento homo qui pulvis eris et in pulvis re-
verteris*? (Hombre, recuerda que polvo eres y en polvo te convertirás.)

Tras la muerte de Gaudí doña Rosario volvería a decorar su piso
por completo, borrando cualquier huella del arquitecto y llenándolo
en cambio de reproducciones estilo Luis XV.

Para Gaudí, sin embargo, la imagen de la lava y el suave contorno de su edificio reflejaban su batalla contra las seductoras cualidades de lo material.[14] El edificio de la Casa Milà había «causado una
profunda herida en la mente de Gaudí».[15] Pero haría falta otro año
para que la enfermedad se manifestara.

A principios del verano de 1909, cuando la temperatura y la humedad estaban por las nubes en Barcelona, la Casa Milà continuaba
inacabada. La cubierta aún esperaba la escultura de Carlos Mani Roig
de la Virgen y los ángeles. Sin embargo, a finales de julio un suceso
acabaría con las posibilidades de Gaudí de finalizarla. Supondría un
trauma que la ciudad de Barcelona padecería durante décadas y que
conduciría finalmente hacia la guerra civil española. Inacabada, la
Casa Milà permanecería como uno de los más grandes monumentos
de la arquitectura del desconsuelo.

XII

Nubes de tormenta

La tradición de todas las generaciones muertas pesa cual pesadilla en el cerebro de los vivos.

Karl Marx

Pobres españoles, en general no odian a los señores, pero acaba-
rán por odiarles si los señores no se hacen querer. Y tras el día
del odio vendrá el día de la ira.

Concepción Arenal,
Cartas a un señor[1]

Contra el telón de fondo de un Ensanche en expansión y cada vez más rico, la antediluviana Casa Milà se erigía con rapidez. Pero detrás del auge sin precedentes de la construcción en Barcelona yacía lo que Henry James describiera como «el estruendo del tremendo molino humano».

Durante la mayor parte del siglo XIX la industria textil catalana había sufrido esporádicos ataques de artesanos contrarios al progreso. Los Güell, industriales prominentes, habían constituido con frecuencia el objetivo. La fábrica de Bonaplata fue arrasada en 1836, y en 1855 se produjo el asesinato del director de la misma, Josep Sol i Padrís. En 1885 Àngel Martorell i Montells, hermano del mentor de Gaudí, sería asesinado cuando era director de la fábrica de Eusebi Güell, Vapor Vell.

La década de 1890 sería testigo de un ciclo de represión cada vez más violenta seguido de una anarquía creciente y a menudo indiscriminada. El 24 de septiembre de 1893 el capitán general de Cataluña, general Martínez Campos, sobrevivió a un intento de asesinato. En el mismo mes, Santiago Salvador arrojó dos bombas Orsini en el teatro del Liceu, matando a veinte personas. Tres años más tarde, un salvaje atentado con bomba contra la procesión de Corpus Christi que salía de Santa María del Mar, dejó doce muertos. El 8 de agosto de 1897 un anarquista italiano llegó al corazón de la clase política dirigente al acribillar a tiros al presidente del Consejo de Ministros, Cánovas del Castillo.

En un siglo, Barcelona se había transformado de ciudad amurallada en agitada metrópoli.[2] Ninguna ciudad europea se enfrentaba a los efectos de la rápida industrialización y la inmigración sin crecientes sufrimientos, pero las atroces condiciones vitales y laborales de Barcelona la situarían en segundo lugar, por la cola, en la tabla de clasificación europea, justo después de San Petersburgo.

Los nuevos inmigrantes de Barcelona, pasto de las fábricas, eran, en palabras del historiador catalán Vicens Vives, milenarios de temperamento y «socialmente irresponsables [...] sin tradiciones asociativas».[3] Los dos sistemas de valores, el de la comunidad medieval y el de la metrópoli industrial, estaban enfrentados y los inmigrantes de Andalucía, Extremadura y Castilla eran víctimas del racismo regional; tildados con desdén de *murcianos*, se les consideraba un peligro para la identidad catalana.[4]

Pero si eran peligrosos, también eran políticamente impotentes. Tras cincuenta años de guerras carlistas, «la política se había convertido en un exclusivo minué que sólo bailaba una pequeña minoría privilegiada».[5] Los paliativos, como la aprobación del sufragio universal en 1890, significaban bien poco en la práctica, puesto que todas las elecciones eran amañadas por los poderosos caciques, cuya tarea consistía en lograr el resultado adecuado. Muy pronto el país fue presa de una inercia que la catástrofe de 1898 no hacía sino exacerbar.[6] El Imperio se había esfumado. Los barcos volvían a casa cargados hasta los topes de ex colonos: sacerdotes evangelizadores, militares, heridos, hombres de negocios arruinados y regionalistas catalanes que se habían trasladado a las colonias llevados por la frustración.

La crisis de 1898 fue sólo el último de una larga serie de desastres para la economía catalana. La fiebre del oro de 1888 había concluido. Los viñedos eran devastados por la filoxera, los dueños de barcos culpaban a la falta «total» de proteccionismo la decadencia de su negocio,[7] y la afluencia de mano de obra barata y sin experiencia daba a los patronos la oportunidad de recortar los salarios. El triunvirato formado por el socialismo, el comunismo y el anarquismo llegaría inevitablemente a tener un atractivo religioso casi magnético para la nueva clase marginada.[8]

Sin embargo, la relación de la Iglesia con la industria iba a constituir uno de los factores más explosivos. Estaba claro que la Iglesia católica había dejado fuera a los trabajadores, y que el anticlericalismo era cada vez mayor.[9] El prejuicio contemporáneo veía a cada sacerdote hipócrita abusar de todos y cada uno de sus privilegios. Las monjas, en especial las de órdenes de clausura, eran desdeñadas como si en la Reforma hubiesen sido las siervas de la ramera de Babilonia.[10]

Rafael Shaw señalaría en *Spain from within* (1910) otras iniquidades que iban de la simonía a la corrupción financiera y el abuso del confesionario.[11] Según Shaw, quienes tenían la culpa eran los odiados jesuitas dirigidos por el padre general, el mal afamado «papa negro», sentado entre la curia romana como un Mefistófeles que manejara todos los hilos.

La reacción del Vaticano contra el liberalismo y la industrialización había definido gran parte de la política papal durante todo el siglo XIX. En su *Mirari vos* de 1832, Gregorio XVI (1831-1846) condenaría todas las formas de liberalismo y establecería la tónica para el resto de la centuria. La encíclica de 1864 *Quanta cura* y la *Syllabus errorum*, ambas de Pío IX (1846-1878), se ensañarían con el «absoluto delirio» de la libertad de religión y con la «plaga del indiferentismo». León XIII (1878-1903), aunque esencialmente conservador, promovería una relación más activa con la sociedad industrial moderna. Su *Rerum novarum* de 1891, aunque defendía la propiedad privada, también reconocía por primera vez la importancia de un salario para vivir, los derechos de los trabajadores y el papel positivo que podían desempeñar los sindicatos. Se trataba de un gesto inspirador dirigido a las clases obreras, pero que sólo funcionaría en el ámbito del catolicismo. Gaudí, como muchos otros patronos, lo interpretó como una llamada a restaurar la armonía supuestamente idílica de los gremios artesanos medievales.

Desde luego, España se había vuelto mucho menos religiosa.[12] Enfrentadas a la rápida industrialización, las pautas de ritual y cultura que tan importantes fueran para el mantenimiento de su sociedad se habían quebrado con una rapidez catastrófica.

Sin embargo, la Iglesia católica española no fue totalmente reaccionaria en su respuesta a los problemas. También contaba entre sus filas con sus reformistas.[13] En Asturias, el padre Arboleya sostenía que el catolicismo entre los trabajadores debía ser una manifestación voluntaria más que el resultado del soborno, la intimidación y la amenaza de la excomunión. Arboleya se enfrentaría al marqués de Comillas, cuya compañía minera Hullera Española era una de las cuatro mayores de Asturias. «Me produjo una triste impresión. Cuando vi la total convicción con que decía que yo estaba completamente equivocado...», recordaría Arboleya.[14] Otras voces se alzarían contra la estrechez de miras de Comillas, entre ellas la del poeta Joan Maragall, pero la mayoría de católicos estaban menos abiertos al cambio. La jerarquía católica se mostraba casi unánime en su desconfianza hacia el pobre de la urbe industrial, hasta el punto de asegurar, con descorazonador fatalismo, que si el obrero era el último del montón era porque de alguna manera se lo merecía.[15]

La corriente dominante de la tradición catalana, desde el ultramontano teócrata Jaume Balmes hasta el neotomista Torras i Bages, continuaba siendo paternalista, pues consideraba la asociación entre la Iglesia y los obreros una relación unidireccional. Entre los círculos intelectuales y de clase alta de España el renacimiento católico, que gozaba del auspicio real, se tornaría cada vez más poderoso.

Los grupos católicos reaccionaron con rapidez a la *Rerum novarum*. Se establecieron círculos de obreros católicos cuyas condiciones laborales, en principio, poco diferían de las de que se gozaba en la Colonia Güell. Pero, como muchos de esos tempranos experimentos en ingeniería social, sería sólo el relativo aislamiento de las colonias obreras respecto de la ciudad lo que las haría viables.

El área más polémica de la intrusión de la Iglesia era la plaza del mercado, donde las órdenes religiosas pasaban convenientemente por alto la distinción entre caridad y recaudación de fondos. Los conventos funcionaban gracias a hornos de pan y lavanderías baratas, y se especializaban en bordado, confección y alteraciones. Exentos de impuestos, y como especialistas en un único trabajo, aparte de la prostitución, que una mujer de clase obrera podía ejercer en su propia casa, los conventos estaban destinados a despertar el malestar. Además, se beneficiaban de la tasa de consumo, un impuesto obligatorio para todos los objetos esenciales, y de los monopolios del azúcar, el tabaco y las cerillas, que eran propiedad de un consorcio católico.[16] La aprobación, en 1902, de una resolución que declaraba que las órdenes religiosas debían ser «auxiliares irreemplazables en la resolución del conflicto social» pondría a la Iglesia en una vía de colisión directa con los trabajadores.

En abril de 1901 Prat de la Riba formó el partido catalanista unido, la Lliga Regionalista, con la intención, en las siguientes elecciones, de acabar eficazmente con la hegemonía que los partidos nacionales conservadores y liberales venían ejerciendo sobre la política catalana desde hacía veinticinco años. La apuesta obtuvo una espléndida compensación al obtener la Lliga cuatro de los siete escaños en Barcelona, dos de los cuales irían a parar a Domènech y el popular doctor Robert, cuyo monumento erigiría más tarde Gaudí.

La victoria de la Lliga, sin embargo, no había disminuido la urgencia de encontrar soluciones para los acuciantes problemas económicos. Las huelgas y cierres patronales se convirtieron en las armas favoritas en las luchas de trabajadores y patronos en relación con los salarios, mientras que las reformas industriales quedaban inevitablemente marginadas.[17]

El Partido Republicano ofrecía la vía más radical. Alejandro Lerroux, un diestro agitador que se autodenominaba Emperador del Paralelo, inflamaría las pasiones de militantes juveniles como los Jóvenes Bárbaros:

> Jóvenes bárbaros de hoy, entrad y saquead la decadente y miserable civilización de esta tierra desafortunada: destrozad sus templos; echad abajo a sus dioses […] arrancadles el velo a sus novicias y elevadlas a la categoría de madres con vistas a vigorizar la especie.

Eran peroratas descaradas, pero captaban el clima anticlerical popular.

En noviembre de 1905, tras otra victoria de la Lliga, la revista satírica *Cu-Cut!* impulsaría una vez más la quimera de 1898. En una viñeta, ahora famosa, un gordo burgués se volvía hacia un soldado que hacía guardia ante una puerta.

> —¿Qué se celebra aquí, por qué hay tanta gente?
> —El banquete de la victoria —respondía el soldado.
> —¿De la victoria? Oh, entonces deben de ser civiles.

Ofendidos por las difamaciones, los oficiales del ejército entraron por la fuerza en las oficinas de *Cu-Cut!* y *La Veu de Catalunya* y las destrozaron. No se tomó medida alguna contra los oficiales culpables. Pero el 20 de marzo de 1906 un proyecto de ley de jurisdicciones, que confería a las cortes militares autoridad para juzgar a los civiles por demostraciones de deslealtad, fue aprobada sin oposición alguna. Se trataba de una astuta disposición legislativa dirigida de lleno contra las aspiraciones separatistas de Cataluña.

En la primavera de 1906, al tiempo que Gaudí inspeccionaba detenidamente las curvas tejas de caballete que estaban dando forma al dorso de dragón del techo de la Casa Batlló, nació Solidaritat Catalana. Desde todos los rincones del espectro político los catalanes se aunaban para hablar con una única voz. El 20 de mayo de 1906, más de doscientos mil partidarios de Solidaritat se manifestaron contra la perniciosa ley de jurisdicciones. En el mismo mes, salió a la luz la influyente publicación de Prat de la Riba *La Nacionalitat Catalana*, que abogaba por un estado catalán en el seno de una federación ibérica. Se haría popular.

En las elecciones de abril de 1907 Solidaritat obtuvo una victoria aplastante: 41 escaños de los 44 en juego. Prat había intentado, en reconocimiento de la preeminente posición de Gaudí en la vida cultural catalana, tentar al arquitecto para incluirle en la refriega política como candidato de Solidaritat. Incluso le había pedido a Puig i Cadafalch que intercediera en su favor. Pero la atención del arquitecto no iba a desviarse de la Casa Milà. Sería Puig, en cambio, quien viajaría a Madrid y ocuparía el escaño como representante de los intereses catalanes en las Cortes.

Sin embargo, más allá de las políticas de partido el anarquismo permanecía activo. El 31 de mayo de 1906 Mateo Morral intentó asesinar al rey Alfonso XIII cuando partía en viaje de luna de miel. Morral se suicidó, pero dejó tras de sí un rastro que llevaría de manera indirecta hasta Francisco Ferrer, un activista radical que sería encarcelado durante casi un año. En junio de 1907 Joan Rull, un terrorista a media jornada e informante de la policía, fue finalmente detenido. Sin la ayuda de nadie, había chantajeado a la ciudad entera mediante la colocación de bombas para delatar después a algún cabeza de turco anarquista. De Scotland Yard se hizo venir al inspector en jefe Charles Arrow para investigar.[18] Armado con un curso Berlitz intensivo de español en tres meses, Arrow llegó a la zaga de la reputación de Sherlock Holmes. Con toda diplomacia, concluyó que Barcelona era más segura que París o Londres.[19] Durante toda la investigación, Rull permaneció en silencio. Una serie de rumores, sin embargo, emergían una y otra vez. El inspector León Tressols, que investigaba el caso, sugirió que el rastro de Rull conducía de manera indirecta a Eusebi Güell. No es de sorprender que Tressols fuera rápidamente apartado del caso y jubilado. El 8 de agosto de 1908 Rull fue ejecutado.

El invierno de ese año y la primavera siguiente resultaron catastróficos para grandes sectores de la industria textil. En el valle del Ter, el cuarenta por ciento de los hombres y el treinta por ciento de las mujeres perdieron sus empleos. Todos los ingredientes para el descontento civil se hallaban ahora en su lugar: una población hambrienta, recesión económica, desempleo alto, inmigración rápida, una campaña de bombardeos anarquistas, un régimen represivo y una Iglesia poderosa asediada. Lo único que se necesitaba era un detonador.

El conservador Antonio Maura, al frente del gobierno, nunca había sido proclive a involucrar a su gobierno en caras aventuras coloniales. Sin embargo, en Marruecos había intereses españoles que proteger, tanto de los franceses como de los bandidos del Rif, en particular instalaciones portuarias en Tánger y las minas de Beni-bu-Ifrur, de las que era propietario un consorcio encabezado por el marqués de Comillas, Eusebi Güell y el conde de Romanones. Para junio la crisis marroquí había alcanzado su punto álgido. El 11 de junio, justo antes de que Maura partiera hacia Santander para el descanso estival, el periódico *Correspondencia* le transmitió un inequívoco mensaje: «Ir a Marruecos es marchar hacia la revolución.»

El jueves 15 de julio, el político radical Emiliano Iglesias se plantó ante la Casa del Pueblo y arengó a una muchedumbre de un millar de personas, alegando que los obreros honestos nunca deberían defender «los intereses de Comillas, Güell y Maura, pues los tres se doblegan ante el pontífice».

El domingo 18 de julio los últimos conscriptos marcharon Ramblas abajo hacia su barco. «Barcelona se parece más a Port Arthur», anunciaría *El Poble Català*.[20] Cuando los soldados llegaron al puerto se oyeron gritos de: «¡Enviad a los curas!» «¡Abajo Comillas!» Indignados, los conscriptos arrojaron sus medallas al agua.

El lunes, se congregó una multitud en la arcada cubierta bajo los postigos, firmemente cerrados, del salón de baile del Palacio Moja para exclamar repetidamente: «Larga vida a España... ¡Muerte a Comillas!»

El encargado de mantener la paz fue el gobernador, de treinta y seis años, Ángel Ossorio y Gallardo. Ossorio supuso una elección potencialmente brillante. Tras haber trabajado en el Instituto de Reformas Sociales, se mostraba abierto a las exigencias socialistas y laborales.

El 20 de julio cuarenta mil reclutas más fueron llamados a filas justo cuando llegaban telegramas con la noticia de las primeras bajas en Marruecos. Las mareadas tropas habían marchado directamente desde el barco a la batalla con el estómago vacío. En la vecina Terrassa, el comité huelguista preparó sus resoluciones en protesta contra «ciertas damas de la aristocracia que insultan el sufrimiento de los reservistas» al «hacerles entrega de medallas y escapularios en lugar de proveerles de los medios de sustento que les han sido arrancados con el traslado del cabeza de familia». Además, habían «enviado a la guerra a ciudadanos útiles para la producción y en general indiferentes al triunfo de la Cruz sobre la Media Luna, cuando podrían formar regimientos de sacerdotes y monjes que, además de estar directamente interesados en el triunfo de la religión católica, no tienen familia ni hogar ni le son de servicio alguno a la nación».

Aquella noche llegó de Marruecos la noticia de que se habían cortado las líneas de suministro españolas en el Rif, con gran número de bajas.

El sábado por la mañana la prensa tuvo su última oportunidad de publicar un editorial sobre la creciente crisis. En *El Poble Català* apareció una advertencia profética: «Se han cerrado las válvulas y el vapor se está acumulando. Quién sabe si va a explotar.»

El domingo 25 de julio era el aniversario de los disturbios de 1835. En el exterior de la plaza de toros, donde habían dado comienzo aquéllos, las fuerzas policiales hicieron acto de presencia en número aplastante. Aun así, no sucedió nada. Aquella noche, en torno a la plaza Cataluña, se esparció arena en las calles adoquinadas para hacerlas más seguras de ser precisa una carga de caballería. Pero ésta no se produjo y la multitud se dispersó al llegar la hora de la cena.

XIII

La Semana Trágica

Ojo por ojo, diente por diente, mano por mano, pie por pie, quemadura por quemadura, herida por herida, cardenal por cardenal.

Éxodo, 21, 24-25

Fuera perros, hechiceros, fornicarios, homicidas, idólatras y todos los que aman y practican la mentira.

Apocalipsis, 22, 15

La Semana Trágica, recordada por los partidarios de la izquierda como la Semana Gloriosa, la Semana Roja o la Semana Viril, dio comienzo puntualmente a las cuatro de la madrugada del día siguiente.

La noche había estado cargada de humedad para los miles de personas que se apretujaban en sus minúsculos pisos de las barriadas. Era mejor estar en la calle que en aquella atmósfera asfixiante. Aún había mucha gente fuera, bebiendo chocolate caliente, brandy o ajenjo, pero en los barrios obreros del Raval, Pueblo Seco y la Ribera, los obreros se preparaban para la jornada.

En las entradas de las fábricas los líderes huelguistas ya habían empezado a planear los acontecimientos del día. Los patronos, por temor a represalias, cerraron rápidamente las pocas fábricas que aún funcionaban. Para las nueve de la mañana la inactividad era completa.

La huelga, sin embargo, se transformó con rapidez en un acto de desobediencia civil. En el Paralelo, la prostituta María Llopis Berges, apodada *Cuarenta Céntimos*, recorrió con un grupo la calle acosando y amenazando a los propietarios de cafés para que se unieran a la huelga. En otras zonas de la ciudad la batalla estuvo dirigida por la vistosa Josefa Prieto *La Bilbaína*, madama de un burdel, y su adlátere, la dominatriz Encarnación Avellanada, acertadamente llamada *La Castiza*. Durante los dos días siguientes otras mujeres recorrerían sus barrios como valkirias enloquecidas: Enriqueta Sabater *La Larga*, taló con una sierra postes telegráficos y levantó barricadas, mientras que en el Clot, Carmen Alauch, pescatera y miembro destacado de las Damas Rojas, se dedicó a reunir y convencer a adolescentes. El pandemonio que tuvo lugar a continuación asumió el aspecto de una pintura de Jerónimo Bosch.[1]

Sólo un grupo de obreros se negó a unirse a la huelga. Intimidados por su patrono Mariano de Foronda para permanecer en su puesto de trabajo, los conductores de tranvía se considerarían un elemento clave en el fracaso de la huelga.[2] Los tranvías de Foronda, que tenían un historial atroz en lo concerniente a la seguridad pública, causaron una serie de accidentes que a menudo fueron resultado de frenos mal revisados y conductores que se negaban a aminorar ante las multitudes. En un intento de que sus órdenes se cumplieran a rajatabla, Foronda se dedicó a viajar de guardia armado.

Los intentos de las autoridades de reinstaurar una apariencia de normalidad fracasaron cuando una batalla personal entre el ministro del Interior La Cierva y el gobernador Ossorio acabó con la dimisión de éste. Reacio a declarar la ley marcial, Ossorio hizo las maletas y, desobedeciendo órdenes, se retiró a su casa de veraneo en el Tibidabo. El general Santiago, recientemente nombrado capitán general, fue llamado al pie del cañón.

La falta de organización por parte de las autoridades resonó entre las filas de los huelguistas. El jefe en activo del Partido Republicano era Emiliano Iglesias, quien sería célebre por su falta de decisión.[3] Otros líderes potenciales incluían al revolucionario Miguel Moreno de Solidaridad Obrera, representantes de los Jóvenes Bárbaros, el socialista Fabra Rivas, del comité huelguista, y Francisco Ferrer, quien había llegado a Barcelona en el tren de la mañana pero se mostraba pesimista respecto de que la escalada de la insurrección acabara en una revolución en toda regla.

Cuando la huelga degeneró en actos de vandalismo anticlerical, se hizo obvio que sus líderes habían perdido el control sobre la misma. Como Ossorio escribiría en su autobiografía *Declaración de un testigo*: «En Barcelona no se preparan para las revoluciones, por la muy simple razón de que la revolución siempre está lista.»

La noche del lunes el Círculo Obrero de San José, llevado por los maristas, fue quemado por una multitud airada.

San José era un ejemplo clásico de una institución eclesiástica que contrariaba a los muy pobres a los que se suponía que servía: los maristas tenían una estrecha conexión con Comillas, ofrecían obras de beneficencia y educación religiosa gratuita, compitiendo al hacerlo con la local escuela Ferrer, y estaban activamente involucrados en los círculos obreros católicos en oposición a los sindicatos laicos.

En el Raval, entre el Paralelo y las Ramblas, las angostas calles comenzaron a ofrecer el aspecto de un campo de batalla. Se alzaron barricadas por todas partes. Adoquines, somieres de hierro, puertas de madera, piedras de bordillo y secciones de barandilla se apilaron para impedir el progreso de las tropas. Ni la presencia de la Guardia Civil, realizando disparos de advertencia, ni un destacamento de cinco compañías de infantería dirigido por el general Santiago supusieron diferencia alguna.

El martes por la mañana, entre los huelguistas se impartieron órdenes de iniciar la quema de conventos y la destrucción de propiedades eclesiásticas. Más tarde se sugeriría que líderes como Emiliano Iglesias habían aceptado el hecho como un modo de desperdiciar la energía destructiva de la multitud en objetivos «débiles» en lugar de hacerlo en la revolución total. Pero las quemas se volverían incluso más populares al difundirse por toda la ciudad el rumor de que los curas estaban a punto de protagonizar una revuelta armada con vistas a colocar a un carlista en el trono.

El primero en arder fue el Colegio Real de San Antón, que pertenecía a los padres pieristas, y con él la joya del primer románico de San Pau del Camp. Cerca de la Casa del Pueblo dos conventos más caerían a manos de los alborotadores antes del anochecer. Por todo el Ensanche y el barrio de la Ribera se quemaron capillas románicas e iglesias, se prendió fuego a escuelas religiosas y se dirigieron ataques contra los conventos.

En cada conflagración la muchedumbre encontraba evidencias que parecían corroborar sus más delirantes fantasías sobre los secretos de la vida en clausura.[4] En San Antón se hallaron prensas primitivas «para falsificar billetes»; en San Mateo, la multitud encontró y quemó acciones por valor de casi un millón de pesetas; pero, más siniestro aún, en la Inmaculada en Pueblo Seco se descubrió, exhibido en un ataúd con la cubierta de vidrio, el cuerpo martirizado de una hermosa monja.[5] Los rumores arreciaron. En el convento de las Magdalenas los alborotadores encontraron más pruebas de la perversidad de las monjas. Se desenterraron cuerpos sepultados junto a sus cilicios y atados de pies y manos. Pero mucho más funesto aún sería el descubrimiento de la macabra sala de la «corrección», una habitación en la cual la demente hermana Teresa Bonsom había sido atada a una cama previamente taladrada para instalar en ella tuberías de gas.

Para el martes por la noche la ciudad se hallaba sumida en la anarquía. La Noche Trágica, como se conocería más tarde, produjo escenas más terribles que cualquiera que apareciese en los grabados de Goya, y Barcelona tardaría días en enterarse de que el martes había sido testigo del combate que más vidas se cobraría de la campaña de Marruecos. Más de dos mil reservistas yacían muertos en las laderas del monte Gurugú, masacrados por las tribus bereberes.

La Noche Trágica, Gaudí subió al terrado de su casa y recorrió de un lado a otro el parapeto. Los residentes del parque se hallaban relativamente a salvo, protegidos por la cercanía del puesto de la Guardia Civil en Vallcarca, abierto tan sólo seis semanas antes.[6] Pero al arquitecto le preocupaba su primo José Gaudí Pomerol que, en el Poble Nou, se hallaba justo en la línea de fuego.

En una noche se habían destruido en el centro de la ciudad los interiores de veintitrés iglesias y conventos. Un sol poniente que semejaba una bola de fuego proyectó su luz a través de las nubes de humo y las danzantes cortinas de llamas. Gaudí contemplaba la ciudad, reconociendo famosos monumentos a medida que iba quedando destruida la herencia arquitectónica única de Cataluña.

Desde que trazara el proyecto de restauración de Poblet cuando era adolescente, Gaudí se había mostrado sensible al daño que causaban en el legado arquitectónico catalán las guerras civiles, los disturbios y la venta de propiedades eclesiásticas. En la propia Barcelona, un gran sector de las Ramblas se había construido sobre conventos, iglesias y monasterios medievales. En muchos lugares quedaban suficientes parches de la antigua estructura para recordar la gloria del pasado de Cataluña.

Contemplar la destrucción deliberada de obras maestras de la arquitectura mientras estaba trabajando heroicamente por salvarlas mediante la restauración y las excavaciones arqueológicas, debió de suponer una amarga decepción para Gaudí; pero más aún debió de afectar su católico modo de pensar la constatación de la capacidad del hombre para el pecado.

El círculo inmediato de amigos eclesiásticos de Gaudí, su consejero espiritual Agustí Mas en San Felipe Neri, su mentor Torras i Bages, el comité de la Sagrada Familia y el cardenal Casañas, tuvo que haberle transmitido sus preocupaciones. La semana anterior a la Semana Trágica Gaudí continuó, como siempre, con sus paseos vespertinos por la ciudad, desde la Sagrada Familia hasta el confesionario en San Felipe Neri. Mientras paseaba le habría sido imposible pasar por alto las esporádicas demostraciones que se sucedían a lo largo de las Ramblas.

La reacción de Gaudí ante los acontecimientos que tenían lugar ha adquirido dimensiones míticas. Para los liberales, se había convertido en un cobarde reaccionario; oculto en el Parque Güell, su silencio hablaba por sí solo. Era el títere de Comillas y Güell. Pero mientras que sin duda admiraba a Güell, después de trabajar gran parte de su vida para él, y compartía muchas de sus creencias religiosas y políticas, Gaudí era, primero y ante todo, un arquitecto. Tanto sus deberes cívicos como su activa participación en el comité directivo de los excursionistas pertenecían al pasado. Sus energías se concentraban ahora en la arquitectura y en Dios. Lo había dejado perfectamente claro con su negativa a la invitación de Prat de presentarse por Solidaritat. Gaudí había visto avecinarse la tormenta. De hecho, su gran interés por las condiciones de los trabajadores era el resultado de muchas ideas compartidas con los modernizadores de la Iglesia.

Gaudí no era un cristiano mudo ni obediente. Fascinado por las últimas modificaciones que se habían producido en la liturgia y por los acertijos filosóficos, a menudo se mostraba duro con los curas. También se mostraba severo, en lo que él veía como la capacidad de éstos de eludir algunas de sus más arduas responsabilidades pastorales. En la plaza de la Virreina, Gaudí solía detenerse a hablar con el párroco, el padre Brasó. En palabras de Martinell:

> Gaudí le aconsejaba determinadas medidas para compensar el anticlericalismo dominante, a lo que el sacerdote contestó: «Para esto yo no sirvo.» Y Gaudí: «Entonces, espere a que le maten también a usted y en su lugar pondrán a otro que servirá.» Mosén Brasó quizá diera el alcance debido a lo que el arquitecto quería decir, pero la impresión por la áspera respuesta le duró toda la vida.[7]

Se trataba de una advertencia a la que el padre Brasó tendría que
haber hecho caso. Para la noche del martes ya habían sido asesina-
dos dos sacerdotes, y muchos más resultarían heridos. En algún
momento del día los alborotadores empezaron a concentrarse en los
centros religiosos de Gracia.[8] Un testigo informaría de la destrucción
de la iglesia del padre Brasó:

> En Sant Joan, el sacerdote y unos cuantos parroquianos trataron
> al principio de detener a la muchedumbre, pero pronto desistieron.
> No mucho después los altares, las sillas y el órgano estaban ardiendo.
> La Capilla del Sacramento se salvó, pero al día siguiente a las siete de
> la mañana otro grupo la redujo a cenizas. De los altares central y la-
> terales no quedó ni rastro.[9]

Los disturbios no suponían una demostración al azar de odio anticlerical. Si una orden religiosa, o un individuo, había mediado con
éxito entre las necesidades del obrero y las de la Iglesia, se salvaba de
la violencia. Ninguno de los cuatro edificios de las hermanas de la
Congregación de la Sagrada Familia de Urgel en Barcelona fue ataca-
do. Bajo semejante escrutinio, el destino de la Sagrada Familia tuvo que
haber preocupado a Gaudí. Se pagaba mediante una amalgama de sub-
venciones de los devotos acaudalados y pequeños donativos de, entre
otros, los pobres de la parroquia. Era un templo, una comunidad religiosa, en medio de una parroquia obrera y cerca de un muy odiado
círculo obrero católico llevado por los jesuitas, San Pedro Claver.

Gaudí permaneció toda la semana sin moverse del parque. Debió
de recorrer el Via Crucis hasta el crucifijo en el punto más alto de la
Montaña Pelada detrás de su casa. Desde el crucifijo, Gaudí sin duda
contemplaría al sur el delta del Llobregat, cerca de la Colonia Güell.
A su derecha se hallaba el colegio de las Teresianas y, oculta justo al
otro lado de la pequeña colina del Putxet, Bellesguard. Pero a sus pies
se extendía la ciudad cuya perversidad y corrupción se pretendía
expiar con la construcción de la Sagrada Familia.

Martinell afirmaría que durante las tardes de la Semana Trágica
Gaudí visitaba a Alfonso Trias, que estaba enfermo. Gaudí

> … hallaba solaz a su forzada reclusión y desahogaba sus temores de
> que el templo fuese víctima de la revuelta. El muchacho le tranquili-

zaba augurando que no destruirían aquella obra susceptible de dar trabajo a muchos obreros. Gaudí le agradecía el vaticinio con un *Déu t'escolti!* (¡Dios te oiga!).[10]

Bassegoda i Nonell, sin embargo, se cuestiona en *El gran Gaudí* que fuera así; según Bayó, él y el arquitecto acudían a la ciudad, al menos una vez a la semana, para inspeccionar el emplazamiento de la Casa Milà.

> Desde el paso de ronda vieron el tiroteo en la calle Mayor de Gracia y después de dar una vuelta por toda la obra Gaudí dijo: «Me voy a la Sagrada Familia.» Bayó quiso acompañarle y así lo hizo, encontrándose al llegar a la calle de Aragón con un fuerte tiroteo. Entonces Gaudí preguntó: «¿Esto son tiros?», y sin hacer el menor caso marchó tranquilamente hasta la Sagrada Familia.[11]

La descripción de Bayó sitúa a Gaudí en el centro del Ensanche en el momento cumbre de la batalla e incumpliendo la orden del general Santiago de que los ciudadanos permanecieran alejados de las calles. El relativo aislamiento del arquitecto en el Parque Güell muy bien pudo haber significado que no se había enterado de la orden del militar. Después de todo, no se había publicado periódico alguno. El martes por la mañana la gente aún salió temprano a comprar a fin de asegurarse provisiones, para luego volver a toda prisa a casa y cerrar la puerta a cal y canto. Si puede confiarse en los recuerdos de Bayó, entonces Gaudí actuó de una manera bastante típica en él. Obstinado, como siempre, no iba a dejar que interrupciones secundarias se interpusieran en la tarea que tenía entre manos. Más aún, Bayó diría que habían inspeccionado el edificio entero, una operación que les habría llevado un tiempo considerable.

Según Bayó, los primeros incidentes que habían presenciado al salir del Parque Güell se habían producido justo al llegar a la ronda, por encima de Gracia. Aunque quizá fuera imprudente dejar la seguridad del parque, nadie conocía entonces el alcance del riesgo y la destrucción; dos horas más tarde la ciudad se vería peligrosamente al borde de la anarquía absoluta. Mientras caminaban hacia la Casa Milà, Bayó y Gaudí habían pasado a través del ojo de la tormenta. Al oeste, Gracia estaba en plena revolución; al este de la Casa Milà, el barrio gótico y el Raval eran escenario de la abierta rebelión. La única salida era en dirección a la Sagrada Familia.

Aquella tarde el comité huelguista, incluidos Moreno y Fabras Rivas, organizó un encuentro con una gran multitud ante la Sagrada Familia, pero ésta permanecería intacta pese a su muy divulgado y simbólico prestigio en la ciudad.

El miércoles por la mañana, los intentos de derribar las barricadas levantadas en Pueblo Seco y el Raval por parte de la caballería de Treviño fueron infructuosos. En la plaza del Padró, en el exterior del convento de las Jerònimes, un grupo de cincuenta mujeres desenterró todos los cadáveres de las monjas y los llevó a hombros hasta la plaza San Jaime. Por toda la calle del Carmen aquella procesión de pesadilla se fue abriendo camino lentamente hasta las Ramblas. Su destino final eran las casas de quienes habían infligido peores ofensas a los obreros, el eminente marqués de Comillas y su cuñado Eusebi Güell. Los cuerpos en descomposición fueron expuestos, para que todo el mundo los viera, bajo las arcadas del Palacio Moja y alzados contra las verjas de hierro forjado del Palacio Güell. Nada podría haber ilustrado mejor el odio y el desdén tan amargos que se experimentaban hacia esos dos hombres.

Comillas y Güell estaban involucrados en casi todas las áreas de los negocios catalanes. Banca, seguros, textiles, cemento, minería, promoción inmobiliaria, la línea marítima Trasatlántica, agricultura, el monopolio del tabaco y la crianza de la detestada tasa de consumo, todo ello formaba parte de su imperio.

Claudio López, segundo marqués de Comillas, sería el gran racionalista de su época. Nadie mejor que él comprendía mejor las ventajas de las economías de escala. Pese a su siniestra reputación (todo el mundo recordaba aún el caso Verdaguer) Claudio López enfocaba los problemas laborales con un gran sentido del paternalismo.[12] Con característica energía introdujo muchas reformas: la literatura pornográfica fue eliminada del quiosco de la estación de tren de Comillas, se eligió como objetivo la prensa liberal, se persiguió a los ateos en el mundo académico y los barcos de la Trasatlántica se transformaron en «parroquias flotantes». También se dispusieron sesiones de enseñanzas jesuitas para los mineros. Cada aspecto de la vida del obrero era vigilado y controlado por la censura católica, incluso hasta el punto de prohibir los baños mixtos.[13] Los círculos obreros católicos de Comillas tenían tendencia a manipular a sus miembros e introducir lo que Michelet describiría como la característica definitoria de la mentalidad jesuita, «los solapados hábitos del escolar acusica transferidos de la escuela y el convento a la sociedad por entero».

El conde Güell comentaría, sin exagerar, que su tío Claudio López era «la clave de la política clerical» en la España de su tiempo.[14] Durante casi tres décadas el clan de los Comillas había estado al frente del renacimiento católico en el seno del laicado. El seminario que habían promovido en Comillas no era más que una parte de una imagen mayor. Tras el edicto de León XIII en *Rerum novarum*, López fue rápido en responder. Se estableció Acción Católica, seguida por un peregrinaje en masa de quince mil trabajadores españoles a encontrarse con el pontífice en Roma.[15] Incluso inició negociaciones para comprar Roma como regalo para el Papa.[16] Es significativo que sólo cuando visitaba la residencia de los jesuitas en la calle de la Flor en Madrid, Comillas fuera tratado con absoluta normalidad. En cualquier otro lugar se le trataba con el mayor respeto, a menudo rayano en el temor.

En *Conversaciones con Gaudí*, Martinell recordaría que durante la Semana Trágica éste había estado leyendo acerca del emperador Teodosio para «calmar sus nervios». Teodosio, según Gaudí, había huido de Constantinopla en la Edad Media y visto arder Santa Sofía desde el otro lado del Bósforo. Esa errónea relectura de la historia ilustra en gran medida la pronunciada tendencia del arquitecto al dramatismo y la forja de mitos.[17] Era típica en él la elección de nada menos que Santa Sofía, la iglesia preeminente de la temprana Cristiandad, la mayor obra maestra arquitectónica de Bizancio.

Como siempre, la distancia histórica situaría sus padecimientos y tribulaciones en un contexto dramático más claro. Siempre había habido sufrimiento y martirio. De hecho, el sufrimiento templaba el acero del militante eclesiástico; era catártico. Y no sólo eso, sino un mal necesario que purgaba la política corporal de su veneno y que en compensación conferiría al templo de la Sagrada Familia su verdadero propósito expiatorio.

Al final de la Semana Trágica, el obispo Ricardo, de Barcelona, registraría en el *Boletín Oficial Eclesiástico* del 9 de agosto de 1909 que habían sido destruidos doce iglesias y cuarenta centros religiosos. Milagrosamente, considerando tan acerbo anticlericalismo, sólo habían matado a tres sacerdotes.[18]

Las repercusiones de la Semana Trágica recorrerían la historia española durante años. Los «ministerios de la alucinación» continuarían andándose con rodeos, confundiendo y fingiendo.[19] Pero el ministerio de Maura no podía permitirse la ambigüedad. Tenía que ahogar con rapidez cualquier posibilidad de que la indecisión crónica del gobernador Ossorio fuera percibida como un rasgo general del partido.

Los «perpetradores» fueron arrestados y acusados sin pérdida de tiempo. En total, cinco hombres fueron ejecutados, pero lo que levantó mayor polémica fue el «asesinato judicial» del propio Ferrer.[20] El 9 de octubre compareció ante el tribunal y, con una prisa bien inoportuna, la sentencia de muerte se pronunció tan sólo cuatro días más tarde.[21] Sus últimas palabras, «¡Mirad bien, hijos míos! Soy inocente. ¡Larga vida a la Escuela Moderna!», resonarían conmovedoras.

La Semana Trágica modificó la política catalana. La Lliga, que antaño había representado a los votantes catalanes en todo el espectro social, restringió sus atribuciones al respaldar la política represiva de Maura y convertirse en un partido conservador autoritario. En las elecciones municipales de diciembre de 1909 el partido republicano anticatalanista de Lerroux ganó por mayoría absoluta.

Sería en el tratamiento del poeta Joan Maragall por parte de la Lliga donde la verdadera crisis intelectual originada por los recientes acontecimientos llegaría a su punto más bajo.

Maragall había estado fuera de la ciudad durante la Semana Trágica.[22] Al principio no pudo encontrar un modo de responder. La réplica católica oficial llegó el 18 de agosto con la publicación de la pastoral de Torras i Bages *La glòria del martiri*. Con su humildad característica, a Maragall le pareció que Torras había dicho cuanto debía decirse, pero el clérigo, en correspondencia privada, indicó que el pueblo cada vez prestaba menos atención a su «verdad eterna» y que lo que se necesitaba era la «palabra humana» de Maragall. «¡Hemos llegado a un momento en el tiempo en el que hasta las piedras deben hablar!»

Días antes de la ejecución de Ferrer, Maragall empezó a escribir su artículo más famoso, *La iglésia cremada*. Fue rechazado por demasiado sensible por el editor de *La Veu de Catalunya*.[23] *La iglésia cremada*, donde Maragall abogaba por una ciudad del perdón, se mantuvo lejos del dominio público durante dos décadas enteras. La humanidad de Maragall era profundamente pragmática, forjada a partir de la más honda comprensión de la *malaise* española. En 1893 había estado cerca de la bomba arrojada por Santiago Salvador en el Liceu, sentado en la fila siete, cuando veinte personas de la fila trece murieron; pero dieciséis años después mantendría que la culpa no podía ni debía imputarse con la aparente facilidad que se hacía manifiesta en la mayoría de círculos conservadores. La responsabilidad social no era el privilegio de unos pocos sino el deber de toda la sociedad.

«El verdadero espíritu del cristianismo —argumentaba Maragall— se encontrará antes en las iglesias pobres y sin adornos dejadas por los disturbios que en el cómodo y displicente catolicismo que las había precedido.»

Describiría una misa en una de esas iglesias.

> Nunca había oído una misa como ésa. El sacrificio estaba allí presente, vivo y sangrante, como si Cristo hubiera muerto una vez más por el hombre [...] El pan y el vino parecían recién creados: la Hostia parecía vibrar, y cuando, bajo la luz del sol, se vertió el vino en el cáliz, fue como un riachuelo de sangre...[24]

Maragall había juzgado anteriormente a Gaudí con severidad. En 1903 escribió:

> He llegado a considerar que es él quien representa la tradición del dogmatismo católico, y que en el sentido ortodoxo es él quien está en una posición de fuerza; que, comparado con él, yo soy un diletante, plagado de heterodoxia.

Con el tiempo había llegado a admirar a Gaudí y a comprenderle mejor. Habían intimado, y Gaudí había vencido su reticencia para
hacer una visita social ocasional y tomar el *té anglés* que Clara Noble,
la esposa inglesa de Maragall, servía, como si de un ritual se tratara,
cada tarde a las cuatro en punto.

Maragall hacía tiempo que admiraba a Gaudí, y en sus escritos
había mostrado una extraordinaria empatía con la ambición de éste
de crear un cuerpo de trabajo profundamente espiritualizado. Le
había llevado cierto tiempo advertir que tras su exterior quisquilloso y pomposo yacía una sensibilidad herida. La religiosidad de Gaudí, su adherencia a la rígida estructura de una jornada católica, le
proporcionaban una plataforma estable a la que anclar su naturaleza
apasionada. Pero Maragall reconocía a su vez, y la Semana Trágica
debió de reafirmarlo en sus convicciones, que al enfrentarse a la anarquía y el ateísmo los católicos tenían que unirse. Si lo harían en una
atmósfera de retribución o de perdón sólo el tiempo lo diría.

El círculo Gaudí-Maragall se mostraba muy sensible ante «el espantoso tormento infligido en el alma religiosa».[25] La Semana Trágica se cobró su primera víctima con el suicidio de Ramón Casellas,
conocido de Gaudí, cuya carrera literaria tanto de novelista como de
crítico había reflejado el desarrollo de la estética modernista. Maragall escribiría de inmediato: «*Déu meu, Déu meu, teniu-nos ben fort en
la vostra mà.*»

La Semana Trágica había dañado mucho más que el tejido gótico de Barcelona. Un modo de pensar en extremo cauto, temeroso y
prudente con respecto a la economía había reemplazado al optimismo de 1888.

Maragall perdería toda esperanza y se sumiría en las profundidades cual «roca al caer en un estanque».[26] En cuanto a Gaudí, los sucesos de la Semana Trágica le obsesionarían durante años. Todo cuanto produciría después estaría marcado por la necesidad, propia de su
espíritu católico, de enmendar de algún modo las cosas. Todas sus
ideas creativas se habían visto absorbidas por el vórtice de la Casa
Milà; su significado se vería ampliado por la lucha constante con su
templo sagrado.

XIV

Arrojar un guijarro

Sin acabar, una obra permanece viva, peligrosa. Una obra acabada es una obra muerta, asesinada.

PABLO PICASSO

Hablar del «gusto» de Gaudí es como discutir sobre el «gusto» de las ballenas.

RAFAEL PUGET

Los disturbios producidos en Barcelona a lo largo de toda una semana no habían afectado a la Casa Milà. Con el restablecimiento del orden Gaudí se encontró, una vez más, contraviniendo los requisitos urbanísticos municipales. En una conversación con Martinell le explicó que la Casa Milà era como un rompehielos que en el Ártico abriera a trompicones un pasaje para que le siguieran barcos más débiles.[1]

El 28 de septiembre de 1909 el principal arquitecto municipal, Planada, dispuso que no podía tolerarse el incumplimiento del artículo 118, que establecía las alturas de los edificios del Ensanche. El 21 de octubre se suspendieron las obras y, sólo tres semanas después, se exigió la demolición inmediata de todas las partes que excedieran del límite de altura legal. Ello significaba la destrucción de las chimeneas, huecos de ascensores, conductos de ventilación y, por tanto, del parque de esculturas de Gaudí ubicado en el terrado.

Por suerte, en diciembre la Casa Milà se vio a salvo de la piqueta al ser reconocida como monumento nacional, lo que la eximía de todas las restricciones previas, aunque tendría que aguardar hasta diciembre de 1914 para que fuera finalmente aprobada.[2] El aplazamiento había llegado demasiado tarde. En la primavera de 1910 Gaudí se había lavado las manos con respecto a aquella obra.

A la Casa Milà aún le faltaba el *dénouement* definitivo: el grupo escultórico de Carles Mani de la Virgen María flanqueada por ángeles. Éste no suponía precisamente una novedad. La imagen de la Virgen se había convertido en un cliché de finales del siglo XIX. Pero la Virgen de Mani no era una madre tímida y retraída, sino un fornido Coloso.[3] La pequeña maqueta de escayola, sin embargo, sugiere que la escultura distaba de ser una obra maestra. Gaudí poseía un gusto, en muchos aspectos, magnífico. Tenía una capacidad que rayaba en lo genial a la hora de sacarles el mejor partido a aquellos de sus ayudantes que se dedicaban a las artes decorativas. Sin embargo, en lo que respectaba a las bellas artes, a la escultura y la pintura, las contribuciones individuales estaban supeditadas al edificio acabado y al mensaje que transmitía.

La Virgen de Gaudí para el techo de la Casa Milà condensaba el significado del edificio. Lo que vemos hoy en día podría considerarse un mero pedestal destinado a la monstruosidad monumental de Mani.

Para Gaudí, cuya madre había muerto siendo él un niño pequeño, la imagen idealizada de la Virgen era sustituta de cada mujer con la que había llegado a intimar. La Virgen de la Casa Milà no suponía tanto un paso adelante como un retroceso.

Anteriormente a la Semana Trágica, la construcción de la Casa Milà se había ceñido a los planos de Gaudí. Tras los disturbios, empero, Milà exigió que se eliminara la escultura de Mani. Había sido testigo directo de las anárquicas energías del pueblo cuando, como presidente de la Liga de Defensa Industrial, había tratado de negociar el cese de los disturbios en la Noche Trágica. A Milà le preocupaba que la escultura de la Virgen confiriera al edificio el aspecto de una fortaleza de la fe.

El modelo de Mani mostraba a la Virgen como la imagen misma de la hierática majestad entronizada. Pero sentada a horcajadas en el horizonte urbano de Barcelona representaba algo mucho más antiguo: Gaia, la madre tierra.

A Milà, sin embargo, no pareció impresionarlo. Que Gaudí incumpliera la normativa ya le había costado una multa de cien mil pesetas. Si la *hauteur* artística del arquitecto provocaba al ayuntamiento hasta el punto de hacerlo utilizar todas las armas legales a su disposición, no había mejor manera de provocar sus iras que coronando el conjunto con una Virgen monstruosa.

Sin la Virgen, la fuerza de la Casa Milà cambiaba del catolicismo al panteísmo. Gaudí se dirigió a la costa para ver a Rosario Segimón y convencerla de que su proyecto no debería verse mutilado en una fase tan tardía. Las ciento cincuenta aberturas en la pared evocaban

las cuentas de un rosario.[4] Y, más importante aún, la rosa simplifica-
da esculpida en la fachada y la estatua de la Virgen en sí rendían
homenaje a Rosario Segimón. Pero sus exhortaciones fueron en vano,
y Pere Milà no se dejó amilanar por la prepotencia del arquitecto.

Gaudí había asumido un riesgo al elegir a Mani, cuyo estilo era
altamente expresivo.[5] Se trataba de un artista singular. Nacido en
Móra d'Ebre, en lo alto de las montañas que se alzan detrás de Reus
y Falset, había estudiado en París. En los extremos del enclave *avant-
garde* catalán que se formaría en torno a Rusiñol y Picasso, Mani se
vio seducido por el expresivo estilo maduro de Rodin.

Cierto día Gaudí y Matamala descendieron al taller de Mani para
hablar del progreso de la escultura de la Virgen. El escultor estaba fro-
tando con furia el modelo de escayola con un cepillo de cerdas duras
empapado en arcilla aguada. Mientras le observaban, el distraído Mani
salpicó a sus visitantes.[6] En otra visita, acompañado por Bayó, Gaudí
descubrió, tras llevar unos minutos en el taller, que tenía las piernas
cubiertas de pulgas. En las visitas siguientes le pidió a Bayó que le es-
polvoreara los tobillos y le llenara los dobladillos de un insecticida
casero. No había querido herir los sentimientos de Mani.[7]

Pese a todos sus esfuerzos, Gaudí no consiguió que Milà cambiara
de opinión.[8] De hecho, los recelos de éste en relación con el progreso del proyecto le habían obligado a pasar a la acción con la única
arma de que disponía. Retuvo el pago definitivo de los honorarios de
Gaudí, lo que condujo a una querella cuya resolución recaería finalmente en el Colegio de Arquitectos, juez definitivo cuando no podía
encontrarse terreno propicio para un avenimiento entre cliente y arquitecto. El proceso duraría otros siete años.

Más tal vez que cualquier otro edificio, la Casa Milà representaba un intento de autobiografía. En la fachada de piedra Gaudí había
sublimado todos sus anhelos espirituales y pasiones terrenales. Los
tres años de dedicación a la Casa Milà habían dejado al arquitecto,
que a la sazón tenía ya cincuenta y siete años, psicológica y físicamen-
te exhausto. Sería su último encargo secular.

Los detalles de la Casa Milà que aún quedaban por terminar
—la decoración interior, los balcones y murales de los dos grandes patios interiores— serían completados por otros miembros del estudio
de Gaudí.

La «incompleta» Casa Milà resultaba deslumbrante e infinitamente sugerente. Hoy en día su aspecto es muy semejante al que tenía hace casi un siglo: el de un edificio de viviendas de lujo y a la vez monumento católico en un momento clave en la historia catalana. Antiguo y moderno al mismo tiempo, sería el primer y último edificio verdaderamente propio del siglo XX que construiría Gaudí, una obra maestra del posmodernismo.

XV

«Símbolos densos como árboles»

CHARLES BAUDELAIRE,
Correspondences

La perfección en arquitectura es música congelada.

LORD BYRON

*La ciencia es un bloque muy pesado, de oro si se quiere, pero no
es manejable; el arte lo subdivide, le pone asas y lo hace útil para
el hecho.*[1]

ANTONI GAUDÍ

Durante el invierno de 1909 la situación política en Barcelona continuó siendo explosiva, pero el hecho de que entre tanta iconoclasia las obras de la Sagrada Familia hubieran permanecido intactas significaba que su objetivo y su espíritu comunitario seguían muy vivos.

El 15 de noviembre de 1909 el obispo de Barcelona, Juan José Laguarda Fenollera, inauguró y bendijo las nuevas Escuelas Parroquiales de la Sagrada Familia.

El sencillo edificio, erigido con rapidez y a bajo coste utilizando ladrillo y azulejo, se ha reconocido desde entonces gracias sobre todo a la alabanza que de él hiciera Le Corbusier a finales de los años veinte como un hito en la arquitectura del siglo XX.[2] Aunque el edificio actual no es el original (las escuelas fueron quemadas en dos ocasiones durante la guerra civil española), sí sigue de cerca los planos originales de Gaudí. La simplicidad e innovación del diseño eran tan asombrosas como baratas; la estructura entera sólo costó cuatro mil pesetas.[3] En palabras de Martinell, «este pabellón constituye una prueba de lo que decía el maestro: que la belleza y la lógica constructiva están por encima de los estilos».[4] La belleza estructural residía en un recurso muy simple: a lo largo del espacio central de un rectángulo (la estructura de la escuela) se había colocado horizontalmente una viga en forma de H sobre tres columnas que bisecaban el edificio entero. En sentido transversal a esa viga, y apoyadas sobre ella, unas vigas rectas de madera se desplegaban por secciones, como si de un mazo de naipes se tratara, a todo lo largo de la misma. Cuando una tabla se hallaba en su punto más bajo en la fachada norte alcanzaba el punto más alto en la fachada opuesta, creando al hacerlo una cubierta que se ondulaba como una ola y proporcionaba una canalización perfecta del agua de lluvia. Esto se comprende mejor en las ilustraciones, donde la engañosa simplicidad oculta los rompecabezas estructurales que ha supuesto para arquitectos futuros, como Francisco Candela, que han tratado de volver a ponerla en práctica.

En el plan general de la Sagrada Familia, la virtuosidad técnica no era más que un subproducto del significado real de las Escuelas. Adhiriéndose rigurosamente a los dictados de la *Rerum novarum* vaticana, éstas sólo constituían una pequeña parte de lo que se concebía como una comunidad cristiana entera y plenamente integrada. Si Gaudí era su arquitecto, entonces mosén Gil Parés, el párroco e íntimo amigo de Torras i Bages, era su líder espiritual.[5] Las Escuelas estaban dirigidas a los niños locales de clase obrera, y su sistema de educación gratuito había sido pensado para acercar a éstos a Dios.[6] Gran parte del ideario que animaba a las escuelas se basaba en la acérrima creencia de Bocabella, compartida por Gaudí y la paternalista jerarquía católica, de que para «reformar la sociedad» era necesario «reformar al individuo».[7] Así pues, a cada alumno se le hacía entrega de su propia planta en un tiesto, que se colocaba a la sombra en un rincón del patio de juegos. Y, para estimular aún más su sensación de pertenecer a aquel lugar, cada clase tenía su propia bandera, diseñada por Gaudí, tras la que podían marchar en las procesiones religiosas de la parroquia.

Incluso en fecha tan tardía como 1909 el emplazamiento de la Sagrada Familia se hallaba casi a las afueras de la ciudad. Por ello se convertiría en un lugar favorito de encuentro y zona de juegos para los niños. Pandillas de niños de las zonas vecinas capturaban lagartos y cazaban insectos mientras los cabreros vigilaban sus rebaños protegidos del sol junto al muro exterior de la Sagrada Familia. Las cometas se pusieron rápidamente de moda, y la mayor parte de las mañanas los operarios de Gaudí tenían que encaramarse a los andamios para recuperar las que se habían quedado enredadas en la fachada. En las cálidas tardes de verano, las familias que hacían picnic invitaban a los picapedreros a calmar su sed. Para las grandes ocasiones festivas en que la cripta resultaba inadecuada para el número de visitantes, se alquilaba un entoldado. Las dos principales festividades asociadas a la Sagrada Familia eran la fiesta homónima, que caía en

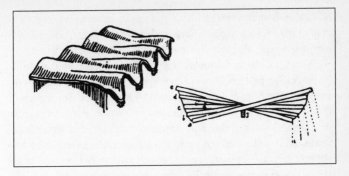

Esquema de la innovadora estructura de la cubierta
de las Escuelas Parroquiales de la Sagrada Familia.

enero, y la de San José, en julio. La junta del templo, al cabo de unos años, empezó a mostrarse reacia al gasto que suponía alquilar el entoldado por lo menos dos veces al año, y se sugirió que o bien se colocaba a toda prisa un techo provisional, hecho de cemento prefabricado, o bien Gaudí diseñaba su propio entoldado. Sospechando que una solución provisional podía acabar siendo permanente, el arquitecto optó por lo segundo. En la preparación de una maqueta de lona sujeta a unos postes, todos los miembros femeninos de la familia Matamala se pasaron meses cosiendo unas a otras las piezas, que luego deberían mandarse a una firma especializada que acabaría el trabajo. El presupuesto, sin embargo, resultó inusitadamente alto, y la junta tuvo que resignarse a seguir alquilando el entoldado.[8]

La fiesta de San José le daría a Gaudí una oportunidad más de improvisar con sus dotes de pirotécnico al organizar una exhibición de fuegos artificiales que culminó en un multicolor homenaje que mostraba los nombres de Jesús, María y José en letras gigantescas. También se ofrecían cuidados y atenciones a los mendigos que se veían «atraídos a las instituciones religiosas como las moscas a la miel».[9] A una víctima de la polio se le asignó un puesto privilegiado en la puerta de la cripta, mientras que a un anciano mendigo la junta eclesiástica le concedió licencia para vender postales del templo en construcción y la cripta acabada junto con sus librillos de cerillas y otros objetos de fumador que el arquitecto desaprobaba oficialmente. Ambos hombres quedaban así protegidos de la mala fortuna y el clima; como Gaudí le comentaría a un colega artista, «¿podrían acogerse mejor que al abrigo del templo, que es la caridad cristiana?».[10]

El emplazamiento se concebía, pues, como una comunidad cristiana modelo en perfecta armonía en la que la nobleza del trabajo podía integrarse con éxito en la vida cotidiana. Gaudí se mostraba, a decir de todos, estricto pero justo. En un momento en que la seguridad social no existía, Gaudí permitía a sus empleados de más edad seguir trabajando aun cuando hubiesen cumplido los sesenta y cinco años, permitiéndoles echarse un sueñecito de vez en cuando y confiándoles tareas ligeras, como la de encender las velas y encargarse de traer el agua para beber.[11] En una ocasión, un albañil, sin que Gaudí lo supiera, utilizó un rincón del solar como huerto para alimentar a su familia. El arquitecto, al descubrirlo, extendió el permiso a todos los demás obreros, a fin de que siguieran tan cristiano ejemplo de aptitudes agrícolas. Gaudí, que fue recompensado con cestas de vegetales, opinaba que se hacía mejor uso de la hora de la siesta dedicándola a la horticultura que cediendo a la tentación de los bares locales.

El emplazamiento de las obras también se había ido convirtiendo en una dependencia no oficial de la Escuela de Arquitectura. Desde principios de siglo los estudiantes más fervientemente católicos completaban sus clases matinales con visitas vespertinas para escuchar a don Antoni. Ésa era la causa, en gran medida, de las discusiones entre Gaudí y Domènech, quien se había convertido en director de la escuela en 1900.[12] Los monólogos de Gaudí, puntuados por sus típicos «martillazos» verbales, defendían que Cataluña había sido específicamente elegida por Dios para continuar con la larga y noble tradición de la arquitectura cristiana universal durante el siglo que empezaba y muy probablemente más allá.[13]

A principios de la primavera de 1910, sin embargo, se hizo evidente que las batallas de los años anteriores se habían cobrado su precio. El intermitente ciclo de las obras en la Sagrada Familia, que siempre había dependido de los fluctuantes recursos financieros de la junta, había resultado espiritualmente agotador para el arquitecto. Y el suicidio de Casellas, el período que siguió a la Semana Trágica y la incesante saga de la Casa Milà no suponían alivio alguno para él. Un testigo describió el estado de Gaudí como «una obstinada anemia contraída a través de un exceso de trabajo intelectual».[14] Ese estado se vería acentuado por su exposición en la Sociéte des Beaux Arts en París, cuya inauguración estaba prevista para marzo de 1910. Se trataba de la primera incursión arquitectónica de Gaudí en el extranjero. Gaudí expresaría su voluntad de no acudir (una actitud, para algunos, de falsa modestia), pero Eusebi Güell se las arreglaría para convencerle ofreciéndose a hacerse cargo de todas las facturas.

«No te preocupes, no es un examen», le diría Gaudí a su ayudante, el estudiante Juan Bordàs, a quien le inquietaba un dibujo de la exposición. La actitud displicente de Gaudí, sin embargo, ocultaba cierta ansiedad, aunque en su opinión los franceses, pese a su anterior admiración por Viollet-le-Duc, no estuvieran en posición de juzgar el mérito de su obra. Sin embargo, casi todas las publicaciones artísticas francesas se mostraron elogiosas, y el crítico Marius Ary-Leblond, en L'Art et les Artistes, llegó incluso a ensalzar el genio espacial de Gaudí.[15] El diseñador de decorados de Diaghilev, Erté, recientemente llegado de San Petersburgo, quedó hasta tal punto impresionado por la exposición de Gaudí que de inmediato juró convertirse en arquitecto.

La «obstinada anemia» de la que había hablado Vilaplana (resultado, posiblemente, de su radical dieta vegetariana), fue sólo una parte del complejo diagnóstico médico de los crecientes altibajos anímicos de Gaudí, así como de su baja moral. Su amigo el doctor Santaló siempre le había brindado consejo, pero el arquitecto rara vez lo seguía. Prefería en cambio curarse a sí mismo con un duro régimen de aire fresco y puro, ejercicio y grandes cantidades de agua. Afirmaba que aun la vista cansada podía combatirse con el ejercicio continuo, y siempre se negó a llevar gafas.

En mayo de 1910, no obstante, se vio afectado de fiebre alta, erupciones, pérdida completa del apetito y dolores reumáticos y glandulares. Pese a su resistencia, le obligaron de inmediato a guardar cama. Gaudí había sido víctima de un atroz ataque de brucelosis, o fiebre ondulante, famosa por su difícil diagnóstico, incluso en la actualidad.[16] Alfonso Trias, su joven vecino del Parque Güell, sugirió que Gaudí probablemente se había contagiado por ingerir leche no pasteurizada.[17] A menudo sus almuerzos apenas consistían en un cuenco de hojas de lechuga regadas de leche, seguido más tarde de un puñado de nueces o peladillas. En una actitud típica de él, explicaba su austera elección en términos arquitectónicos en lugar de nutricionales, señalando que la rugosa superficie de las hojas de lechuga contaba con un espacio mucho mayor en que recibir la ración de leche que otras variedades más lisas de vegetales.[18]

Así pues, a Gaudí no le quedaba otro remedio que un período de descanso y recuperación lejos de Barcelona en cuanto estuviera en condiciones de viajar.[19] Las hermanas carmelitas de un convento cercano se ofrecieron a cuidar de Rosa a todas horas. En mayo fue enviado a Vic, cuyo obispo era Torras i Bages y que tenía reputación de ser el hogar espiritual de Cataluña. Gaudí fue confiado a los cuidados de la «noble y devota señora Rocafigueras», a sugerencia de su amigo jesuita Ignasi Casanova, quien, a modo de presentación, escribiría a la señora que «tiene gran mérito que consuele usted a esta alma noble que le proporciona a los demás semejante placer cristiano y estético».[20]

En la mansión de la señora Rocafigueras, Gaudí eligió las habitaciones más sencillas y desayunó, como era su deseo, un poco de pan ligeramente tostado.[21] Si la ciudad de Vic, envuelta la mayor parte del año en una niebla fría y gris, no era el más alegre de los lugares, proporcionó en cambio al arquitecto un respiro de las presiones del estudio. Durante el día recorría el maravilloso museo diocesano y charlaba con el conservador padre José Gudiol. En ocasiones almorzaba con Torras i Bages en el palacio de éste, y la tarde la reservaba para pasear por el centro de la ciudad y estudiar su arquitectura en compañía del farmacéutico Joaquín Vilaplana y el sacerdote Gaspar Puigneró.

Joaquín Vilaplana recordaría aquellas tardes con desagrado. Los «ataques y diatribas» que Gaudí lanzaba sobre él al pontificar su interminable perorata de que «el verdadero arte se había desarrollado tan sólo en Roma y en las costas del Mediterráneo» agotaban la paciencia del farmacéutico. Era obvio que Vilaplana no había aprendido, como Santaló, a quedarse callado y mantener así la paz. Los juicios de Gaudí eran con frecuencia escandalosos, pues desdeñaba la obra de los hermanos Van Eyck, Van Dyck y Rembrandt como «artistas de sala de estar burguesa» y «decoradores de tercera», un juicio de valores que podría haber encajado mejor con su pintor favorito, Clapés. En una ocasión desdeñó la comprensión de los volúmenes que demostraba Miguel Ángel en la Capilla Sixtina, argumentando que hacía gala de la misma sensibilidad que un carnicero exprimiendo una interminable hilera de salchichas.[22] Gaudí era, según Vilaplana, «un buen cristiano» pero «tan terco como un cerdo», y claramente furioso, años más tarde le escribiría a un amigo: «He también pintado y dibujado mucho y he leído infinidad de libros de arte y visto innumerables edificios famosos.»[23]

El nieto de Eusebi Güell se mostraba de acuerdo. «Gaudí estaba muy convencido del valor de su propia obra. Los artistas son así con frecuencia, y opino que eso contribuía a su carácter despótico. Estaba muy seguro de sí mismo y se irritaba mucho cuando la gente le ocultaba cosas o se oponía a él. Nada le complacía, y nadie le gustaba.»[24] Otro conocido, el padre Cayetano Soler, sería más directo en su crítica de la inflexibilidad, ahora legendaria, del arquitecto: «¡A Gaudí o hay que matarle o darle la razón!»[25]

La fama que se hizo Gaudí de brusco y agresivo hasta lo imposible tuvo su origen en su estancia en Vic, y esa conducta se agudizaría hasta su muerte, dieciséis años más tarde. Quizá tales explosiones no fueran más que los arrebatos de un hombre cada vez más intolerante y arrogante. Pero entre los más poderosos y perturbadores síntomas psicológicos de la brucelosis se encuentran altibajos violentos de humor, que en ocasiones conducen a la depresión suicida. Intercalados con arrebatos de ira y lapsos de concentración, esos ataques de mal humor van acompañados de agotamiento físico, dolores de cabeza cegadores, inflamación glandular, sudores nocturnos y artritis dolorosa. Las impresiones podían provocar nuevos ataques, como también el cansancio físico y mental y prácticamente cualquier gripe o virus corriente que atacara el debilitado sistema inmunológico del paciente. Y nunca remitirían.

A pesar de todo Gaudí encontró tiempo en Vic para preparar los diseños de una serie de farolas monumentales destinadas a la elegante plaza de la ciudad, en celebración del centenario del nacimiento de Jaume Balmes. Si la convalecencia de tres semanas en Vic había sido, al fin y a la postre, resultado del agotamiento nervioso y la anemia y no de manifestaciones tempranas de la brucelosis, el verdadero ataque de ésta se produciría en la primavera de 1911.

Al doctor Santaló no le cabía ya ninguna duda acerca del estado real de su amigo y, convencido de que el principal motivo era la creciente crisis nerviosa de Rosa, acompañó de inmediato a aquél a Puigcerdà, en los Pirineos.[26] En la calma del hotel Europa, Santaló pasó cuatro meses cuidando de Gaudí para devolverle lentamente la salud. En esa ocasión no habría discusiones acaloradas y otras escenas febriles. Inicialmente Santaló tuvo la sensibilidad de proteger a Gaudí de los visitantes, a excepción de mosén Gil Parés, el párroco de la Sagrada Familia. En cierto momento el estado de salud del arquitecto se volvió tan crítico que se llamó a un notario local para que redactara su testamento. La casa del Parque Güell debería venderse, lo obtenido iría a parar a la Sagrada Familia y a los otros dos beneficiarios y ejecutores, el doctor Santaló y Rubió i Bellver.

Lentamente, sin embargo, Gaudí se recobró lo suficiente para atender sus negocios arquitectónicos asistido por el doctor Santaló como secretario no oficial. Se permitió a sus amigos y clientes que le visitaran, y allá fueron Lluís Millet, Eusebi Güell, Dalmases y Bocabella, Berenguer y Rubió i Bellver. El frecuente servicio postal entre Barcelona y Puigcerdà permitió la gradual reintegración de Gaudí en el trabajo del estudio. Pero junto con los planos, dibujos, cálculos y cuentas venían los paquetes de medicamentos del doctor Santaló, que Gaudí se negaba a tomar, pues creía más en la eficacia de su austera dieta vegetariana.[27] El período de descanso también le permitió el lujo de dedicarse a la lectura. Seguía teniendo a mano, como siempre, *La Atlántida* y *Canigou*, de Verdaguer, así como *El misal romano*, el Viejo Testamento, una colección de ensayos de Ignasi Casanovas, la *Imitación de Cristo*, de Thomas Kempis, y *La ciència del sofrir*, de Torras i Bages. Santaló le recomendaría a su vez toda clase de manualidades como distracción adicional, en particular el dibujo y el trabajo de metales, a fin de prevenir la dolorosa artritis. Para el mes de julio Gaudí y Santaló ya podían dar cortos paseos por la animada población turística. Barcelona era un verdadero horno, por no mencionar la terrible humedad, pero en Puigcerdà seguía haciendo un tiempo agradablemente fresco.

Más que nunca, la marcha adecuada del estudio de arquitectura de Gaudí dependía del talento de sus ayudantes y colaboradores. Rubió continuaba dirigiendo la cada vez más problemática restauración de La Seu de Palma de Mallorca. Berenguer estaba a cargo de las

obras de la Sagrada Familia, mientras que Jujol acababa el serpenteante banco del Parque Güell. Casi todos los miembros del equipo de
diseño habían continuado supervisando la evolución gradual de la
cripta de la Colonia Güell.

Sería durante su prolongada enfermedad, sin embargo, cuando
Gaudí produciría en colaboración con Jujol su obra más excitante y
feliz. Paradójicamente, el banco del Parque Güell parecía destilar y
transformar todo el sufrimiento de Gaudí en una sublime experiencia que elevaba el espíritu. El banco empezó en 1909 como un simple objeto funcional: un largo asiento que bordeaba el techo del
mercado y hacía las veces de barandilla; y ante él, la extensa superficie cubierta de arena proporcionaba un lugar de reunión para grupos
al tiempo que filtraba el agua de la lluvia. Así pues, la forma del banco
fue pensada, principalmente, para canalizar el agua y proveer de un
asiento confortable cuando no lloviera. Sin embargo, antes de cualquier preocupación decorativa, el banco planteó tan sólo problemas
estructurales. Construido a base de secciones de cemento prefabrica-
das, constituiría uno de los primeros y más adecuados ejemplos en
España de su uso.[28] El contratista Pablo Gorina recordaría que Gaudí le había dicho a un obrero que se quitara la ropa y se sentara con
total comodidad en un lecho preparado de escayola, para de ese modo
obtener la forma perfecta del asiento una vez que el material se hubiese endurecido.

Resultaría eficaz. Pero siempre que Gaudí había trabajado con
agua, desde los ampulosos Neptunos de la Ciutadella, unos treinta
años antes, hasta el lagarto dragón en la entrada del parque, había
recalcado su fuerza mitológica y simbólica. Y sería a causa de la decoración que un objeto puramente práctico como el banco se transformaría en algo asombroso. Al principio, ese brillante despliegue de
cerámica multicolor parece arbitrario, y aun cuando su superficie, al
igual que el terrado del Palacio Güell, ha sido profusamente restaurado,[29] todavía deja traslucir el concepto original.[30]

Desde cierta distancia deleita e incita a quien lo contempla. Pero
más que meramente decorativo es también escultural, una obra de
arte que requiere participación. Sentarse en él produce una satisfac-
toria sensación de plenitud.

Si nos concentramos en el detalle, lo que al principio parecía un caos decorativo, casi bizantino, va asumiendo lentamente coherencia. El serpenteante banco es un gigantesco rompecabezas. En toda su extensión hay pistas crípticas, fragmentos de mensajes, conjuros, ilustraciones y muestras deliberadas de grafito que constituirán para siempre cautivadoras formas de acceso a las complejas mentes de sus dos creadores.

A lo largo de él los variados tipos de narrativa e intervención visual van de las figuras a base de platos rotos hasta el grafito y los *objets trouvés*.[31] Se trataba de un método de trabajo espléndidamente moderno pero antiguo a la vez. El uso de *objets trouvés*, y la demostración de curiosidad asociada a ellos había funcionado en las catedrales medievales en algún punto entre el simbolismo alegórico y el propósito piadoso de las reliquias sagradas. Jujol había introducido en el conjunto decorativo un encuentro casual con la cabeza rota de una muñeca de porcelana.

Por toda la superficie del banco hay grupos separados de pequeñas y extrañas pistas. Primero encontramos series de números en los fragmentos de baldosas de porcelana barata fabricadas en serie: 8-9-10-11. Hay botellas y formas de concha. De cara al mar, en el quinto recodo hacia adentro, dos brazos desmembrados ostentan con orgullo la cruz de Lorena, que en la Edad Media se autorizaba a transportar ante cualquiera de los cinco patriarcas pero que a su vez era atributo reconocido de Gregorio el Grande. Hay estrellas y mariposas y pequeños angelotes *kitsch* deslizándose de la cenefa de su plato, y, como clavadas a su fondo color crema, cinco flores de lis de color rojo sangre. En un pasaje que originariamente fuera de azulejos azul oscuro, un plato blanco se quiebra para dejar sus añicos suspendidos en un cielo de cerámica, moviéndose con rapidez de izquierda a derecha como una estrella fugaz. El movimiento, por supuesto, evoca el del espectador a medida que avanza lentamente junto al banco.

De izquierda a derecha la tríada de verde, azul y amarillo, que para Gaudí representaba el equivalente cromático de las virtudes teologales, fe, esperanza y caridad, se alternan para acabar por fin en un estallido de blanco celestial. Esa tríada cromática respaldaba una profusión de detalles en colores con contrastes más llamativos asociados con la Iglesia católica: rojo para la pasión, negro para el luto y púr-

pura para la penitencia. Gaudí comprendía lo bien que color y símbolo funcionaban juntos, expresando su significado más allá del alcance de lo racional. Considerada como un todo, la explosión de color
del banco equivale a una versión cinematográfica de la famosa ventana de la rosa en Chartres.

La breve estancia de Gaudí en Vic resultaría sorprendentemente
importante. Mientras recorría el museo diocesano solía discutir con el
padre José Gudiol sobre el ámbito del simbolismo artístico catalán. En
1902, Gudiol, obsesionado por la epigrafía catalana —inscripciones,
monogramas sagrados, jeroglíficos e inscripciones en tumbas—, había
publicado su *Nocions d'arqueologia sagrada catalana*.[32]

Ese lenguaje de signos y símbolos era una expresión personal de
la veneración, pero también se relacionaba íntimamente con el pensamiento del renacimiento católico catalán contemporáneo. Kent y
Prindle señalarían el modo en que «Gaudí y Jujol evocaban de manera más bien minuciosa signos y fórmulas que se hallaban amplia-
mente distribuidos a través de catecismos, letanías, plegarias y canciones del peregrinaje a la Virgen de Montserrat que se diseminaban
entonces en los nuevos estudios asociados a la arqueología sagrada
catalana».

Recorridas tres cuartas partes del banco, en el labio sur, la mayoría del diseño original se conserva en su lugar. Jujol había garabateado
pequeñas caricaturas o representaciones emblemáticas de resbaladizos
calamares, flores y constelaciones celestes acompañadas de una luna
creciente en los azulejos curvos del borde. Son *naïves* y místicos a un
tiempo. MARIA aparece en primer plano, garabateado al revés para que
resultara más fácil leerlo desde el cielo. Más allá, el Vía Crucis está representado por un VIA entre un grupo de estrellas dispersas, a modo de
corona de espinas celestial. El banco constituía en microcosmos lo que
Gaudí, Jujol y Güell habían pretendido lograr en el proyecto del Parque Güell: la creación de un espacio público sagrado. Y, una vez más,
el arte popular era empleado con audacia. El conjunto decorativo del
banco serpenteante se parecía a los arabescos abstractos y los diseños
florales que se trazaban en el serrín para las procesiones religiosas que
recorrían las angostas calles de Riudoms. Otros fragmentos de frases
que acompañan al despliegue de color proceden de esas vibrantes y
simples expresiones de piedad que exclamaban los espectadores de la

lenta procesión de imágenes de las Estaciones de la Cruz durante la
Semana Santa. Pero si la intención al idear el banco había sido la de
«hacer sonar la voz de la fe verdadera sin contaminarla de afectación
o artimañas», su significado total parecía incluso más profundo.

Casanelles relata la historia de dos estudiantes, Josep Garganté y
Santiago Loperena, que estaban sentados en el banco un día soleado.[33]
Justo cuando sonaba el ángelus vieron escrita, bajo una banda de
color y débilmente iluminada, la frase *Angelus Domini nuntiavit Ma-
riae*. Un poco más allá del borde Casanelles encontró las palabras *Ai
urbs antiga i atresorada* y el topónimo *Reus* acompañado de una fecha:
1898. ¿Qué pasó en Reus en 1898?, se preguntó Casanelles. Pero las
arcaicas y arcanas inscripciones revelaban más sobre la actitud de
Gaudí ante su arte que el más simple suceso autobiográfico. Gaudí y
Jujol pretendían investir al banco de un potencial religioso vivo capaz de hacer que a quien se sentara en él le remordiera la conciencia. Sin saberlo, la gente se sentaba en un «catolizador» preindustrial,
cuyo catálogo de signos y símbolos semiocultos había metamorfosea-
do su superficie en una primitiva máquina de fe.

Al otro lado del valle del Llobregat, las obras de la cripta de la
Colonia Güell seguían su curso, pero lentamente. Durante todo el año
1911, que Gaudí había pasado recuperándose en Puigcerdà, la plan-
tilla se había reducido a tan sólo tres personas. Berenguer y Rubió
estaban construyendo otros edificios en la colonia, el famoso Mas d'en
Perdiu de Rubió, por ejemplo, pero la cripta aguardaba las atenciones del maestro en persona.

Pronto se hizo obvio que Gaudí se dirigía hacia lo que Ruskin
había llamado «una ciencia del sentimiento más que de las normas».
Rubió, el teórico del estudio, trataría de analizar la evolución de sus
teorías y pondría por escrito lo que Gaudí había dejado en suspenso
en el espacio con el modelo catenario. En su manuscrito sin publicar *De la integritat*, argumentaba que el espíritu cristiano confería a
una verdadera obra de arte tres cualidades trascendentales: integridad,
proporción y claridad.[34] Rubió no señalaba límites a los logros posibles de la arquitectura, pues, afirmaba, donde acababa el racionalis-
mo empezaba la búsqueda de la belleza ideal. Gaudí, en opinión de
Rubió, era el más grande e incomprendido racionalista de su época.
También se haría evidente que, para aquél, la teoría y la práctica se

estaban acercando cada vez más, que las actitudes e ideas que albergara desde sus tiempos de estudiante confluían. Esta característica, que Jorge Bonet Armengol ha descrito como «continuidad», constituye el elemento único esencial del carácter creativo de Gaudí.[35] Éste tenía la tenaz capacidad de jugar con la misma idea durante décadas, refinándola y perfeccionándola de manera constante. En el complejo rompecabezas de su arte, la cripta Güell era la pieza final que faltaba.

Gaudí había asimilado en su aprendizaje las teorías del arco catenario de Robert Hooke y el contenido de las conferencias de Elias Rogent sobre la historia de la arquitectura.[36] Rogent se había visto profundamente influenciado por Immanuel Kant, quien en su *Crítica de la facultad de juzgar* (1790) y en dos tratados anteriores sobre la razón práctica y pura había establecido los principios fundamentales de la investigación empírica. Los esteticistas Schiller, Wackenroder y August Schlegel pronto retomarían las teorías de Kant.

Al volver la vista atrás más allá del Renacimiento y de la senda falsa del neoclasicismo «pagano», produjeron un cuerpo de pensamiento que era esencialmente nostálgico y anhelaba un sentimiento genuino, ingenuo y honesto, el *einfuhlung*. En un sentido representaba una especie de «primitivismo» cultural en el que la excesiva sofisticación del humanismo renacentista se rechazaba en favor de la simplicidad anterior. Pero que, contra toda lógica, también era verdaderamente moderna. Rogent animaba a sus alumnos a analizar estilos arquitectónicos con la idea de corregir sus errores de apreciación y perfeccionarlos si era posible. La arquitectura estaba limitada, en primer lugar, por las leyes de la geometría elemental. Cada forma, el círculo, el cuadrado, el triángulo, etcétera, gozaba de un particular potencial expresivo. El círculo era equilibrado, el cubo invocaba quietud, etcétera. Lo mismo sucedía con las nociones de horizontalidad y verticalidad; las líneas rectas y curvas empleadas a lo largo de la historia expresaban otras propiedades abstractas, como infinito, equilibrio, cambio y durabilidad. Si las líneas rectas representaban eternidad e infinito, entonces el uso de la curva añadía una dimensión de mutabilidad y cambio.[37] La geometría en arquitectura, afirmaba Rogent, también podía manipularse para evocar filosofías específicas e ideas políticas, haciéndose eco de la teoría de Ruskin de la arquitectura como el «arte político» definitivo.[38]

No era sorprendente, entonces, que el conservadurismo católico eligiera la forma que mejor ofrecía «integridad», «proporción» y «claridad», la de la verticalidad del estilo gótico, capaz de elevar el espíritu. El estilo gótico tenía un problema estructural que Gaudí estaba muy interesado en remediar al eliminar del arbotante la protuberancia semejante a una muleta. Al liberar al edificio gótico de sus falsos soportes, se hallaba en condiciones de ofrecer la posibilidad de un estilo arquitectónico verdaderamente trascendental.[39]

Es cierto que Gaudí se consideraba a sí mismo como perteneciente a una larga tradición de arquitectura española sacra en la que «la proporcionalidad geométrica señala profundas verdades cristianas».[40] Protagonistas famosos de esta arquitectura habían sido Juan de Herrera, quien quiso adherir con cemento reliquias sagradas a los muros de El Escorial con vistas a cargar espiritualmente el espacio, y el arquitecto jesuita Juan Battista Villapondo, el diseñador de la catedral de Baeza, en Andalucía, quien, como devoto creyente en la teoría arquitectónica de la «euritmia», abogaba por un «orden divino» capaz de crear la perfecta armonía espiritual.

La cripta de la Colonia Güell se había iniciado con la elaborada maqueta catenaria de 1898, pero su génesis se hallaba treinta años antes, en la Escuela de Arquitectura. Para Gaudí se trataba de la oportunidad de poner de nuevo la arquitectura y la fe cristiana en la senda adecuada después de quinientos años.

En 1910 Félix Cardellach Alivés, en su *Filosofía de las estructuras*, explicaría que la cripta de la Colonia Güell era, quizá, el edificio más perfectamente racional jamás proyectado; con «racional» se refería al uso del material para sostener un peso particular de la forma más eficaz y económica.

A través del análisis empírico Gaudí utilizaba paraboloides hiperbólicas para construir las fachadas exteriores, hiperboloides para permitir la entrada de luz, y la alabeada helicoide, como se había utilizado en el banco serpenteante del Parque Güell, para conferir movimiento. El efecto obtenido es impresionante.

Su estructura, perfeccionada a lo largo de años de experimentación, y por completo de acuerdo con las leyes de la geometría, resultaba ya imposible de cambiar. Gaudí lo describiría así:

La creación continúa incesantemente por mediación de los hombres, el hombre no crea: descubre y parte de ese descubrimiento. Los que buscan las leyes de la naturaleza para formar nuevas obras, colaboran con el creador.

Sería a través de la elección de material, sin embargo, y en el detalle, la decoración y la infinita variedad de técnicas de albañilería, como Gaudí podría construir un santuario cristiano único. Erigido entre pinos, las columnas del interior de la cripta evocaban los árboles circundantes.

Gaudí escribiría acerca de esa interacción:

La columna es como un pilar, como el tronco de un árbol; el techo es como la montaña con sus arrecifes y laderas; la bóveda es una cueva de sección parabólica; las plataformas más resistentes del acantilado forman dinteles y ménsulas sobre los lugares en que los elementos han erosionado los estratos.[41]

Es difícil no estar de acuerdo con el fotógrafo Norman Parkinson, que tildó la cripta de «el lugar más santo que he visto en mi vida»; pero al igual que tantas obras de Gaudí, sigue inacabada, como testamento a su desmedida ambición. Los archivos parroquiales de Santa Coloma de Cervelló describen su progreso dolorosamente lento. En ningún momento trabajó en el emplazamiento más de una docena de obreros. Para julio de 1911, y pese a la ausencia del arquitecto, se estaban construyendo los pilares del presbiterio. Cuatro años más tarde, el 3 de noviembre de 1915, la cripta fue consagrada para el culto. Y transcurridos otros tres años, en 1918, las obras de ésta se interrumpieron, por lo que quedó como la vemos hoy en día.

Ningún momento del año resulta inapropiado para experimentar ese espacio mágico y su *mysterium tremendum*, pero es preferible encontrarse con él, en la primera visita, en un día caluroso de verano con las ventanas abiertas y con el aire cálido y preñado de resina de pino entrando con suavidad a través de ellas.[42] Si alguna vez la arquitectura necesitara un solo ejemplo para persuadir a los escépticos de que es la reina de las artes, ése sería la cripta de Gaudí. Se trata de una obra maestra absoluta, pero una que habría resultado imposible sin un mecenas tan indulgente y paciente como Güell. Los muros exteriores de cascote y ladrillo extracocido parecen emerger directamente del terreno. Gaudí reajustó el plano de planta de la iglesia para no tener que tocar un pino particularmente hermoso que crecía en la arboleda. Anunciaría al respecto: «Podría construir un tramo de escaleras en tres semanas, pero hacen falta veinte años para que crezca un árbol tan magnífico.»

El techo del pórtico, directamente bajo los poco empinados peldaños que ascienden hasta la imaginaria iglesia, juega con formas geométricas paraboloides hiperbólicas invertidas que descienden henchidas hacia nosotros desafiando, en apariencia, la gravedad y la arquitectura tradicional. Juan de Herrera había utilizado la cúpula invertida en la entrada a la basílica de El Escorial para anunciar el supremo control que sobre su artesanía ejercía. Gaudí, seguro de su análisis estructural, permanecería en pie directamente bajo los arcos cuando los obreros retiraron los moldes de madera que los habían sostenido. Se supone que le dijo en broma a un visitante que el mampostero solía hipnotizar a los azulejos mientras esperaba a que se secara el cemento.[43] Si se continúa rodeando el exterior, es necesario reenfocar continuamente la mirada de las columnas a los árboles, pues en ocasiones éstos se apoyan en la cerámica decorativa o en los extraños enrejados de las ventanas. Diseñados para proteger las frágiles vidrieras de colores, Gaudí los construyó en forma de una fina cortina metálica de agujas viejas procedentes de la fábrica textil. Casi todos los materiales utilizados habían sido reciclados a partir de su uso industrial anterior.

Una vez traspuestas las grandes puertas de madera, el interior deslumbra al visitante con su complejidad espacial. Cada columna, inclinada en el ángulo exacto necesario para evitar el refuerzo de un contrafuerte, es absolutamente única y produce, en palabras de Bassegoda, «un efecto de auténtica tensión muscular, como si la cripta fuera un organismo vivo».[44]

Tal efecto se ve ampliado por cuatro columnas macizas de basalto en la zona central. Éstas cargan con el peso entero de la cripta y al principio parece que les haya dado forma una primitiva hacha de piedra. Suavemente protegidas del suelo de cemento pulido por una almohadilla de plomo comprimido, las pesadas columnas parecen listas para afrontar cualquier vibración sísmica. Se ha llegado a aceptar que la iglesia de la Colonia Güell acabada hubiese ofrecido una meditación más sobre Montserrat (que según la tradición se habría formado en una explosión geológica en el momento de la crucifixión). Por lo tanto, la cripta de la Colonia vendría a finalizar lo que Montserrat había empezado.

Seducido por el absoluto poder de la estructura de la cripta, a uno se le hace difícil captar otros detalles decorativos como las gigantescas caracolas marinas rebosantes de agua bendita o los vitrales de mariposas con su ingenioso sistema de apertura que les permite batir sus alas de cristal.

Una vez más, cada detalle estructural y decorativo está cargado del poder de «símbolos densos como árboles». Ciertos escritores han tildado a Gaudí de masón, de sumo sacerdote de lo oculto, de astrólogo aficionado, de adicto a las drogas y de alquimista.[45] Todas esas teorías parecen inspiradas por la riqueza del lenguaje simbólico que empleaba: pues en la cripta utilizó miríadas de símbolos que se hacían eco de otras fes y creencias paganas y los subsumió en el redil cristiano. En la puerta hay una alfa y una omega, pero también cruces de San Andrés, una mandorla que contiene el serrucho de José, un monograma multicolor con una xi y una ro, y numerosos peces formados mediante *trencadís* de azulejos reflectantes que hacen aún más profunda la simbólica resonancia del edificio. Gaudí utilizó la paraboloide hiperbólica no sólo por su valor estructural sino también por su contenido simbólico. La forma geométrica alabeada era símbolo de la trinidad.

Eduardo Rojo Albarrán, que se confiesa marxista, ateo y enemigo de las sociedades secretas, ve escrita en la mampostería de la cripta una confesión de la pertenencia de Gaudí a los rosacruces o alguna secta masónica-católica. El edificio representa, desde luego, un verdadero peregrinaje espiritual. Gaudí veía la mecánica de la arquitectura como una metáfora perfecta de la búsqueda y la revelación espirituales. Más aún, Rojo Albarrán está casi en lo cierto cuando analiza la presencia de las trece cruces de San Andrés como símbolos de la vida de Cristo. Como es lógico, las trece cruces van desde el verde de la vida, pasando por el púrpura y el negro, hasta finalizar en una tríada de cruces coloreadas en azul celestial. Pero el lenguaje de los símbolos es infinitamente flexible; limitarlo supone ignorar su potencialidad.

En el paraíso ficticio de la Colonia Güell había también enterrado un simbolismo social.[46] Porque a cambio de tener en propiedad un minúsculo pedazo de tierra y su casa pairal en miniatura, la libertad ilusoria de los trabajadores se veía absorbida por entero por el jerárquico todo católico. En 1910, cuando Gaudí acababa de regresar de su retiro en Vic, la Colonia Güell cobró un papel protagonista como sede de las celebraciones anuales de la V Semana Social de España, tan activamente promovida con anterioridad por el marqués de Comillas. Se trataba de una elección significativa considerando la proximidad, tanto en el tiempo como en la distancia geográfica, de la Semana Trágica. El discurso de apertura de Torras i Bages, *El espíritu en el problema del trabajo* reiteraría muchas de las ideas antes propuestas por Ruskin y el gremio de San Jorge.

Casi una década antes, Prat de la Riba había imaginado una colonia capaz de proveer de un perfecto idilio a los obreros y en la que el capital y el trabajo coexistieran en armonía, y en la cual, en palabras del folleto promocional de 142 páginas de la Colonia Güell publicado en 1910, «la esperanza y la caridad, verdadera herencia catalana» y «la fe de nuestros abuelos» pudieran seguirse manteniendo tras los muros protectores de la colonia. Pero Gaudí no se mostró totalmente de acuerdo con el uso ideológico de la Colonia Güell. Acusó a uno de los organizadores, el padre Gabriel Palau, de conducta autocrática. «¡Es usted un tirano, padre! ¡Y Dios me ha dispensado directamente de acatar más órdenes suyas!»

Gaudí había regresado al fin de su convalecencia en Puigcerdà, pero necesidades personales urgentes reclamarían su inmediata atención. Rosa Egea estaba más enferma cada día, de modo que lo primero que tuvo que hacer el arquitecto fue buscar un matrimonio sin hijos que se mudara al Parque Güell y cuidara de ambos. Como no lo encontró, se dirigió a su primo José Gaudí Pomerol, que vivía cerca, pero tampoco pudo ayudarle debido a exigencias laborales. Por el momento Gaudí continuó con la ayuda de las monjas y la criada, pero la tragedia se cerniría sobre él con rapidez.[47]

Maragall también estaba enfermo. El 1 de diciembre de 1911 le dio cuerda al reloj modernista que se hallaba en el rincón de la salita de estar, tal como había hecho por primera vez en compañía de Clara la primera hora del nuevo siglo. Era la misma habitación en que se había servido en tantas ocasiones el té inglés y a la que casi todos los pertenecientes al mundo artístico y literario catalán habían acudido dejando a un lado sus diferencias en honor al anfitrión y la anfitriona. «Los conflictos —le había escrito Maragall a su amigo Pere Corominas en 1902— le repugnan a mi naturaleza, que busca un núcleo de armonía y serenidad en todas las cosas.»

Maragall se dirigió como aturdido a su despacho en la planta baja y, echando una última ojeada por la ventana, se quitó con cautela la alianza del dedo para luego dejarla sobre el aparador y ascender lentamente hasta su lecho. Menos de tres semanas más tarde estaba muerto.

Al cabo de unas semanas Rosa también murió, y Gaudí, siempre difícil de consolar, emprendió la huida cogiendo el primer barco hacia Palma de Mallorca.[48] Ya era hora de empezar de nuevo a trabajar, y es indicativo del ritmo frenético del arquitecto el hecho de que en diciembre de 1912 el carruaje de la Colonia Güell fuera enviado en doce ocasiones a la estación más cercana a recogerlo. A primeros del mismo mes, Gaudí había asistido a la festividad de la Inmaculada Concepción en Mallorca para ver el gigantesco candelabro colocado precariamente en su lugar sobre el crucero central. Después de que los cables y cuerdas se rompieran por tercera vez, Gaudí se retiró abatido a la cama, sólo para verse salvado en el último momento por el constructor Miguel Sans, que había colocado un cabo grueso cuya resistencia era mucho mayor que la de los previamente utilizados.[49]

Gaudí había cambiado. Pese a sus intentos de seguir adelante, necesitaba mayores cuidados. Santaló y Matamala se turnarían para hacerle compañía, quedándose a dormir en la casa. En el trabajo se ocupaban de que comiera Berenguer o la complaciente familia del portero del templo.

El aspecto de Gaudí, sin embargo, era resultado de su dieta y de los estragos de la brucelosis más que de cualquier fe filosófica o religiosa. Cada vez más, parecía salido de un lienzo que representara la tentación de san Antonio Abad. Era, según Casanelles, «como una sombra» o como un muerto viviente. Tras sufrir una hernia se había aficionado a llevar para evitar resbalones, un bastón con la punta de goma. Cambió su habitual modelo de zapatos, que cada vez le hacían más daño en los pies, por unos de su propia invención de suelas de esparto con empeine de piel.[50]

Los trajes le colgaban de los hombros huesudos, mientras que los pantalones ondeaban en torno a las flacas y enérgicas piernas que vendaba todas las mañanas para protegerlas del frío. Cada vez prestaba menos atención a su aspecto, y muchos recordarían los trajes manchados y tiznados de moho verdoso, los bolsillos deformados por el exceso de uso, y aquellos zapatos que sujetaba mediante elásticos.[51] Para economizar se afeitaba la cabeza y la barba cada pocos meses, de manera que su aspecto cambiaba constantemente. Cierto día en que esperaba en estado febril a que el tranvía de Horta llegara a la plaza Urquinaona, alguien confundió a Gaudí con un vagabundo y le dio una limosna. Es cierto que, en efecto, hacía un recorrido pidiendo dinero para llenar los cofres de la Sagrada Familia.

En una fotografía de la época se le ve tenso y apasionado, rodeado, como era corriente, de un grupo de dignatarios religiosos a los que guía en una visita a la Sagrada Familia. Se capta una suerte de hilaridad nerviosa entre los miembros del grupo mientras él les explica algunas de las más arcanas referencias escondidas en la piedra.

Un día en que unos médicos visitaron la Sagrada Familia, Gaudí les explicó que al vivir casi de continuo dentro del círculo de sufrimiento del paciente, como seguramente hacían, podían considerarse nada menos que arquitectos del edificio humano.[53] Aunque era el primero en rechazar el consejo médico, Gaudí siempre se mostraba deseoso de ofrecer a otros sus curas caseras y recomendaciones. A un escultor particularmente obeso, Ramón, le aconsejó que hiciera ejercicio, fuese andando al trabajo y comiera menos grasas.[54]

El mito de Gaudí como ermitaño y desalentado mendigo data, de hecho, de 1914 en adelante. Sin embargo, constituye una exageración. Desde luego, el círculo social de Gaudí quedaba oculto de la mirada pública, pero dentro de la estructura de la Iglesia católica y del renacimiento litúrgico, aún desempeñaba un papel activo. En octubre de 1913 se unió al comité del Primer Congrés d'Art Cristià de Catalunya, en el que Torras i Bages pronunció el discurso inaugural *Ofici espiritual de l'art* y se leyeron dos ponencias: *L'art en el temple*, de Ignasi Casanovas, y *L'art i la liturgia*, de Josep Tarré, que rendían homenaje al arquitecto de la organización, Antoni Gaudí.[55] También siguió siendo miembro activo, cómo no, de la Lliga Espiritual de la Mare de Déu de Montserrat, dirigida por el padre Lluís Carreras, y en 1915 concurrió al Primer Congrés Litúrgic de Montserrat.

Gaudí continuaría asistiendo también a las clases de dibujo del natural en el Cercle Sant Lluc, y casi a diario iba a ver al doctor Santaló. La misa y la confesión vespertinas conferían cohesión a su jornada. Como también lo hacía el paseo, cada atardecer, por el Parque Güell con Alfonso Trias. Por supuesto, continuaba trabajando en estrecha colaboración con todos sus empleados en la Sagrada Familia.

Gaudí era un ejemplo perfecto del laico que está estrechamente involucrado en la mecánica de la fe. En 1916, se convirtió en entusiasta participante del Curs Superior de Cant Gregorià. Con su voz atonal y monótona quizá se adaptara de forma inusual a la monodia del canto gregoriano. Sus sutiles variaciones de ritmo y tono, establecidas siglos atrás, le emocionaban. Pío X había escrito en 1903 acerca de la «santidad, la calidad formal» y «la omnipresente validez» de esa modalidad de canto, pero tras su evocadora e inquietante belleza, Gaudí trazaría la estructura armónica de una catedral de sonido.

Cuando las obras en la Colonia Güell se paralizaron en 1914 debido a la crisis económica, Gaudí se quedó con una sola tarea, la Sagrada Familia. En 1912 había diseñado un púlpito para la iglesia de Blanes, y en 1915 se le pidió que examinara las ideas de restauración propuestas para la catedral de Manresa por el arquitecto Alejandro Soler March. La había construido originalmente el mismo maestro constructor que creara Santa María del Mar, y como era natural, significaba mucho para Gaudí.[56] Pero, al contrario que Santa María del Mar, comprimida entre otros edificios, La Seu de Manresa se halla en lo alto de una colina, y su austera belleza y el uso de materiales locales le confieren un aspecto casi industrial. Gaudí se sintió de inmediato agraviado por los proyectos de Soler March, a quien «opuso violentamente», tornándose «muy agresivo».[57] Soler March le tranquilizó y cedió ante sus ideas. Pero seguiría sin tratarse de una obra nueva.

La evolución de Gaudí durante los dos primeros años de la Primera Guerra Mundial revelaría hasta qué punto había quedado atrapado en el «cerrado y férreo círculo» de la Sagrada Familia y su mundo católico romano de referencias propias.

En Europa y en América los estilos *art nouveau* y modernista habían quedado cada vez más anticuados. Los proyectos de Frank Lloyd Wright, que se habían popularizado en 1910 con la publicación del influyente *Wasmuth Volumes*, señalaron finalmente una salida del punto muerto del movimiento de artes y oficios. En Europa, los principios de diseño del arquitecto estadounidense y su «gramática del protestante» cayeron en tierra abonada. La temprana Bauhaus y el movimiento holandés De Stijl anunciaron la llegada de una nueva y más limpia estética industrial.

En Italia, el arquitecto futurista Antonio Sant'Elia redactó su *Messaggio*, en el que exponía que la ciudad moderna debía tener el aspecto de «un inmenso y tumultuoso astillero, activo, con movilidad y dinámico en todas partes, y el edificio moderno el de una gigantesca máquina», y había que «resolver el problema de la arquitectura moderna sin copiar fotografías de China, Persia o Japón». La arquitectura temática y narrativa estaba por entonces claramente pasada de moda.

En Cataluña la atmósfera también había cambiado. Pese a la fama de la arquitectura modernista de Barcelona, la gente estaba cansada de lo que veía como en exceso indulgente. Esa nueva estética se llamaría noucentismo y sus profesionales serían los Nuevos Centuriones.

Eugeni d'Ors estaba convencido de que los modernistas habían desviado su visión hacia París y el norte de Europa, y de que la primera tarea del noucentismo era volver a centrar a los catalanes en su legítimo patrimonio mediterráneo. Lo que el noucentismo requería, pues, era armonía clásica, pulcritud y un recorte estilístico. Exactamente lo opuesto a las esperanzas de Gaudí para la neogótica fachada del Nacimiento de la Sagrada Familia. Pero otras diferencias más evidentes se hallaban arraigadas en su relación con los conceptos de ciudad y las artes populares y su actitud ante ellas.

El modernismo había sido, en particular en el campo de los encargos privados, esencialmente un estilo con aspiraciones burguesas e incluso aristocráticas.[58] Parte de la energía del noucentismo, en cambio, se dirigía al intento de establecer Barcelona como una ciudad «normal», de «normalizarla» para que fuera tan moderna como indistinguible de cualquier otra ciudad europea.[59] En muchos aspectos representaba una completa ruptura con el anticuado y provinciano estilo modernista, que quizá resultaba anecdóticamente catalán con excesiva deliberación.

Para 1917, sin embargo, las energías del noucentismo habían empezado a menguar. Exiliados de otras partes de Europa, beneficiándose de la neutralidad española, se trasladaron a Barcelona trayendo consigo los últimos avances en la *avant-garde*. Los Delaunay visitaron brevemente Barcelona en 1916 con sus pinturas «simultaneístas». Al año siguiente, Picasso regresó también a su ciudad favorita para la representación de *Parade*, una colaboración con Cocteau, Satie y Massine, e interpretada por el ballet ruso de Duaghilev. Pero sin duda la más avanzada manifestación de una nueva estética fue la publicación en 1917 de la revista dadá de Francis Picabia *391*.

Para Gaudí el cambio más significativo fue la rápida aceptación del noucentismo como el nuevo estilo legítimo de la ciudad. Sólo unos años antes, en 1905 y 1906, la trayectoria de la Sagrada Familia se había beneficiado enormemente de la campaña sostenida de Maragall, Rubió i Bellver y Cardellach por situar el templo expiatorio en el centro del debate cultural. Para 1913, sin embargo, resultó obvio que el gusto «oficial» había cambiado definitivamente.

Un elemento clave del proyecto noucentista había sido «profesionalizar» e «institucionalizar» el mundo de la cultura a través del establecimiento de organismos como el Institut d'Estudis Catalans, la Biblioteca de Catalunya y el Museu d'Art de Catalunya. La Universidad Industrial, basada en la politécnica alemana, fue también establecida durante este período, como lo fue toda una serie de escuelas humanistas. Un tema esencial del programa «moral» del noucentismo había sido la promoción de la civilización y el orgullo cívico; la creación de parques públicos y jardines resultaría fundamental en ese aspecto. Una demostración eficaz de los objetivos del noucentismo fue el contraste entre el exclusivo pero fallido Parque Güell de Gaudí y el éxito obtenido por Jean Claude Forestier en la remodelación y racionalización de la montaña de Montjuïc, que estaba abierta a todo el mundo.[60] El noucentismo se hallaba impregnado de una abrumadora sensación de optimismo y esperanza.

Sería significativo que, ya en el año 1901, Gaudí hubiera sido la única figura cultural de renombre que no aparecía en el panteón de Picasso en su primera exposición en solitario en Els Quatre Gats, y

Caricatura de un desastrado Gaudí ante la Sagrada Familia,
por Feliu Elies, «Apa».

el único arquitecto que se mantenía sistemáticamente alejado de la
política y evitaría escribir artículos o libros en los años intermedios,
como también había evitado, de forma deliberada, cualquier participación en los grandes proyectos cívicos del grupo noucentista. Para
1918 Gaudí se encontraba por completo aislado y sólo le quedaba ya
un mecenas: la Iglesia católica.

La gente aún lo visitaba en la Sagrada Familia para maravillarse
ante su arquitectura, pero era casi seguro que otros acudían allí como
antropólogos urbanos con la intención de ver a ese extraño «romántico», el último ejemplo de una tribu en extinción.

XVI

La catedral de los pobres

¡Hemos llegado a un momento en el tiempo en que hasta las piedras deben hablar!

TORRAS I BAGES

Lo bello sólo tiene una faceta; lo feo tiene un millar. Esto es así porque lo bello, humanamente hablando, no es más que forma considerada en su más simple relación, su más absoluta simetría, su más íntima armonía con nuestro organismo. Siempre nos ofrece por tanto un conjunto que es completo pero limitado como nosotros. Lo que llamamos lo feo, por el contrario, es un detalle de un conjunto mayor que se nos escapa, y que no armoniza con el hombre, sino con la creación entera. Ésa es la razón de que se nos presente siempre con aspectos nuevos pero incompletos.

VICTOR HUGO,
prefacio de *Cromwell*

Tras los años de escasez de la guerra, la figura de Gaudí se fue volviendo cada vez más irrelevante para los arquitectos más jóvenes. Tenía que lidiar con una salud física en declive, una profunda crisis espiritual y las muertes de muchos de sus amigos más cercanos.

En 1910 había fallecido su antiguo profesor Josep Vilaseca; en 1911, Juan Maragall, el excéntrico escultor Carles Mani y Roig y su ayudante Juan Alsina; en 1914, Berenguer, su *braç dret*, su «brazo derecho» y principal amanuense; el obispo Campins murió al año siguiente, y en 1916 Torras i Bages y Pere i Falques. Pero con la muerte de su mecenas don Eusebi Güell, en junio de 1918, las obras en el Parque Güell y en la Colonia Güell se vieron por completo interrumpidas.

La conclusión final, en 1916, del caso judicial de la Casa Milà, que se había alargado desde el otoño de 1909, supuso una pequeña victoria. A Gaudí se le concedieron ciento cinco mil pesetas en compensación por los honorarios retenidos. Un conocido, Pau Badia Ripoll, recordaría que el arquitecto había resultado un «hueso duro de roer», manteniéndose en sus trece y obligando a Pere Milà a rehipotecar la Casa Milà con vistas a afrontar el pago de la multa. Para Gaudí se había tratado claramente de un asunto de principios y orgullo, puesto que donó de inmediato hasta la última peseta a Ignasi Casanovas y los jesuitas. Para 1918, por tanto, sólo quedaba ya un proyecto: el templo expiatorio de la Sagrada Familia, y como Gaudí había llegado al fin a un estilo únicamente suyo, se dedicó por entero a ese edificio y a la mayor gloria de Dios.

La Sagrada Familia había supuesto una parte importante de la vida de Gaudí y un trabajo de muchos años, pero casi desde el principio había resultado una amada exigente. Gaudí no sólo era responsable de proyectar el edificio, sino que en ocasiones tenía que trabajar también de recaudador de fondos. El progreso del edificio durante sus primeros treinta y seis años, de 1882 a 1918, no se había visto precisamente exento de complicaciones.

La cripta, heredada en su esencial forma neogótica de Paula del Villar y Lozano, quedó acabada en 1891. En esa etapa tan temprana la junta e incluso Gaudí creían que la misa en celebración de la conclusión del templo podría tener lugar antes de que finalizase el siglo. Sin embargo, la falta de dinero y el genio impredecible de Gaudí unidos a toda una serie de muertes prematuras, se interpondrían en el camino. El 22 de abril de 1892 murió Bocabella, presidente de la junta de la Sagrada Familia. Su yerno Manuel de Dalmases y de Riba le sucedió en el cargo, sólo para morir unos meses más tarde, en 1893. Asumió entonces el cargo su viuda, doña Francisca de P. Bocabella y Puig, quien también falleció antes de finales de año. Desde 1895 el puesto de presidente le fue conferido por unanimidad al titular del beneficio eclesiástico, el obispo de Barcelona.

Para 1900 la primera fachada de crucero, la del Nacimiento, y una sección del muro exterior del claustro y de la capilla del Rosario se habían completado. Dieciocho años más tarde el equipo de Gaudí, trabajando con extraordinaria atención al detalle, no había llegado más allá del interminable perfeccionamiento de las ideas y maquetas para la nave central y el crucero, y a dibujar la fachada opuesta de la Pasión. Sobre la fachada del Nacimiento, sin embargo, se erigían lentamente cuatro torres campanarios circulares. La primera de éstas, completada en 1918, tenía una cubierta de mampostería perforada como un panal con huecos asimétricos de ventanas que ascendían en lenta espiral. Vista desde lejos parecía exactamente una desmesurada adaptación de las frágiles caracolas escalonadas que se encontraban en la costa catalana. Para cuando murió Gaudí, la torre de san Barnabás, cubierta de un mosaico chillón de cristal de Murano, sería la única acabada.

La ambición de Gaudí sobrepasaba con creces lo posible dentro del término de su vida; pero no había que culpar por entero a sus métodos, que requerían gran cantidad de mano de obra, de los interminables retrasos. En el período de 1903 a 1905 Leon Jaussely ha bía empezado a desarrollar su proyecto de replanteamiento urbanístico de Barcelona, quien ganaría el concurso convocado al respecto.

Jaussely, que había tenido la cautela de consultar a arquitectos destacados, reconoció de inmediato lo apropiado de las sugerencias de Gaudí para la Sagrada Familia y el paisaje urbano circundante. La presencia monumental del templo aumentaría si se dejaban las zonas triangulares de todas las manzanas colindantes sin urbanizar, permitiendo así que la vista hasta el templo quedara despejada desde cientos de metros de distancia. Aunque la forma resultante, la de una estrella, nunca gozó de conformidad, se adaptaba a la perfección a la lógica del cercano Hospital de Sant Pau, de Domènech, que se hallaba en una diagonal exacta de 45 grados para contemplar, al fondo de una larga avenida, la fachada del Nacimiento de la Sagrada Familia. La reflexión y el cambio siempre habían sido los dos absolutos del proceso de diseño de Gaudí en su continuo replantearse, reajustar, reescalar y remodelar aspectos del edificio, casi a diario. «Cuanto más grande mejor» era uno de los principios rectores con que se había diseñado el templo.[1] Pero no se trataba tan sólo de megalomanía, como la de quinientos años antes en la catedral de Sevilla, donde el capítulo había alardeado de construir un «edificio tan grande y de tal clase que quienes lo vean acabado nos creerán locos», sino que también estaba en juego la conveniencia política. Si era demasiado pequeña, la Sagrada Familia corría el riesgo de perder su autonomía y caer bajo la jurisdicción de su parroquia, Sant Martí de Provençals, con lo que pasaría a depender del obispo, quien muy bien podía tener planes por entero distintos. La catedral gótica, la iglesia madre del obispo, pese a contar con el mecenazgo del acaudalado Manuel Girona, aún seguía sin acabar 720 años después de haberse iniciado.

En 1907 el cardenal Casañas metió baza en el asunto delicadamente al dirigirse a la junta en los términos más diplomáticos:

El crecimiento de San Martí ha llevado al excelentísimo cardenal Casañas, obispo de Barcelona, a solicitar la autorización de la asociación —mientras aguardamos la instauración de una nueva parroquia— para establecer una rama parroquial en el templo, bien entendido que si tal disposición perjudica en lo más mínimo al templo, tendrán total libertad de decirlo así, pues él buscará otra solución.

Si se capitulaba de forma elegante y se permitía que la cripta sirviese de parroquia local, siempre existía la posibilidad de que la Sagrada Familia beneficiara a las «treinta mil almas» de la demarcación. Para 1912, sin embargo, bajo el nuevo obispo, doctor Laguarda, comenzaron a correr rumores que sugerían la inmediata ratificación de un decreto que transformaba la Sagrada Familia en una mera iglesia parroquial. Ello, más los rumores de que la salud de Gaudí empeoraba por momentos, supuso un motivo serio de preocupación. El arquitecto acudió de inmediato a Prat de la Riba, quien rápidamente intercedió en su favor. El 21 de diciembre de 1912 *La Veu de Catalunya* publicó un artículo en el que Prat de la Riba hacía público el resultado de sus negociaciones. Bajo el gran titular «¿Va a abandonar Gaudí las obras de la Sagrada Familia?», explicaba:

> En uno de los lugares frecuentados por los artistas de nuestro país han tenido lugar acalorados debates sobre la noticia de que Gaudí abandonaría la dirección de su obra genial, el templo expiatorio de la Sagrada Familia, antes de ser testigo del golpe mortal que significaría la conversión del templo en una de las muchas iglesias parroquiales de la ciudad.

Prat explicaba a continuación que había recibido garantías verbales del doctor Laguarda en el sentido de que eso nunca sucedería. Respetuosamente, Prat le cerraría firmemente la puerta al obispo:

> Puesto que no podemos cuestionar la honestidad de las muy respetables palabras de nuestro prelado, creemos poder afirmar sin temor a equivocarnos que, por el momento, no existe motivo de alarma.

En 1898 Joaquim Mir, miembro destacado del grupo Col de Zafra y más corrientemente asociado a la producción de luminosos paisajes cromáticos, eligió la Sagrada Familia como tema para una de sus grandes obras maestras titulada *La catedral de los pobres*.[2] En primer plano, una familia hambrienta está mendigando entre los muros del templo. Es bastante posible que la pintura de Mir sea de hecho una crítica irónica de ese vasto proyecto que tanto dinero consumía,[3] pero la interpretación habitual es que *La catedral de los pobres* es una representación exacta de una estructura religiosa abierta a todos.

Gaudí estaba muy orgulloso de la peseta que llevaba la mayoría de mañanas a la Sagrada Familia como donativo de una tienda del barrio. Como Bocabella escribiera en 1884, «necesitamos piedras de todos los tamaños». El sufrimiento y la abnegación eran elementos esenciales en la química de esa iglesia. «¿No puede el fumador renunciar a sólo un cigarrillo al día? ¿O negarse el tendero el placer de tan sólo una taza de café en toda una semana?», continuaba Bocabella. Pero la de dar limosna era, además, una práctica que contaba con pleno apoyo papal, y a los donantes se les recompensaba con cien días de indulgencia y la bendición del pontífice.

A lo largo de los años, incluso en vida de Gaudí, la Sagrada Familia se había convertido en un lugar de peregrinaje. El rey Alfonso visitaría el emplazamiento, aunque es casi seguro que Gaudí le contrariara al negarse a hablar otra cosa que no fuera catalán.[4] Doña Luz de Borbón también la visitó, así como la infanta Isabel. El cardenal Ragonesi, nuncio papal en España, acudió a ver las obras, y también lo hizo Albert Schweitzer. A este último no le fue mejor que al rey Alfonso con Gaudí, quien explicó al «doctor blanco», en catalán, que había ciertas cosas que sólo podían entenderse en esa marginada lengua mediterránea.

La más tragicómica de todas, sin embargo, sería la bien documentada visita del filósofo Miguel de Unamuno en 1906. Si se considera que Unamuno había acudido a Barcelona para asistir al Primer Congreso de la Lengua Catalana, fue en cierta medida razonable que Gaudí esperara de él nociones básicas de catalán. Unamuno, respetado aliado y amigo de Joan Maragall, fue recorriendo el emplazamiento lentamente mientras farfullaba en castellano: «¡No me gusta! ¡No me gusta!» Unos pasos detrás de él, Gaudí iba imitando cada uno de sus movimientos. *«No li agrada! No li agrada!»*, repetía en catalán. Gaudí nunca se había esforzado un ápice en darse publicidad. Con el apoyo de Unamuno su fama y aceptación en España podrían haber llegado bastante antes.[5]

La jornada acabó de forma más bien extraña, con los dos hombres habiendo enterrado al fin sus diferencias y sentados frente a frente al escritorio de Gaudí en el estudio, mientras el rector de Salamanca hacía gala de sus dotes con la papiroflexia y le hacía al arquitecto unas perfectas pajaritas de papel. Gaudí las guardaría como un tesoro durante el resto de su vida, pero al oír las campanas del ángelus pondría brusco fin a la visita de Unamuno.

Durante décadas Gaudí había orquestado y perfeccionado los arreglos litúrgicos precisos para el contenido y el espacio simbólicos de la Sagrada Familia. Gracias a los experimentos llevados a cabo en la Colonia Güell, que ya habían demostrado la eficacia del arco parabólico, la estructura estaba casi completamente resuelta. Pero en el taller ubicado junto al templo se esforzaba a diario en crear una visión «total».

En cada esquina del emplazamiento, y coincidiendo con los puntos cardinales, se colocó un obelisco para simbolizar los cuatro períodos de ayuno del año católico. Además, entonarían por adelantado, en palabras de Gaudí, «las alabanzas de la Sagrada Familia y proclamarían las virtudes de la penitencia». Como acompañamiento de los obeliscos habría también una fuente gigantesca y una monstruosa linterna que simbolizaban la purificación mediante el agua y el fuego.

En el interior de la Sagrada Familia, Gaudí planeaba dar cabida a trece mil fieles sentados, y las columnas principales se asignaron a las más importantes misiones apostólicas de España, que incluían ciudades como Valencia, Granada, Santiago de Compostela, Burgos, Sevilla, Toledo, Segovia e incluso sedes más pequeñas como Burgo de Osma, con una población de tan sólo cinco mil almas.

La arquitectura de Gaudí era, pese a su apariencia superficialmente fantástica, profundamente literal en un sentido que no se había visto en Europa desde cientos de años atrás. Gaudí hizo lo que Goya y El Greco antes que él: ilustrar de forma precisa la realidad plástica del mundo espiritual. En cierta ocasión diría que «el oído es el sentido de la fe y la vista es el sentido de la Gloria, porque la Gloria es la visión de Dios. La vista es el sentido de la luz, del espacio, de la plasticidad, la visión es la inmensidad del espacio; ve lo que hay y lo que no hay».[6] La Sagrada Familia ilustraba esa ilusión a la perfección. El templo se había proyectado no sólo como intermediario entre el cielo y la tierra, sino también como campo de batalla de los sentidos. Gaudí comprendía muy bien el efecto psicológico y la importancia del sonido, en particular en los edificios religiosos.

Durante años había experimentado con nuevas formas para las

alargadas campanas tubulares de la Sagrada Familia, pero, además, la estructura del edificio estaba proyectada, en su totalidad, para funcionar como un órgano gigantesco. Se esperaba que el viento soplara a través de las torres perforadas y entonara un coro natural. «La piedra que murmura trata de decir *Noël*» había escrito Maragall en 1900.

El color también desempeñaría su papel. Supone una de las ironías de la obra de Gaudí que mientras para muchos ha llegado a simbolizar todos los valores que asociamos con «la España negra», inquisitorial, sospechosa e intolerante, él había planeado algo que atrajera la atención mucho más que los *Hosanna* en mosaico resplandeciente que recorrían la torre hasta lo alto. Concebía el exterior de la Sagrada Familia como un brillante himno policromo a la gloria del Señor.

La fachada del Nacimiento de Gaudí era literalmente impresionante. No por su temática, que se dividía pulcramente en los tres portales de la Esperanza, la Caridad y la Fe, sino en su efecto general. Plantarse bajo el gigantesco friso escultural todavía produce la sensación de que el edificio entero está a punto de derrumbarse sobre nuestra cabeza. El saliente cortado a pico, que Gaudí utilizara en Astorga y en la Colonia Güell, parece desafiar la gravedad y empequeñecer a quien lo mira.[7]

Cuando uno cruza hacia la fachada del Nacimiento, que mira al norte, se encuentra cara a cara con un estrambótico y descomunal crecimiento. El umbral central, dividido por una columna, está coronado por un grupo escultural a tamaño natural de la Sagrada Familia. A nuestros pies, las dos columnas en forma de palmeras que dividen el espacio se apoyan en los caparazones de dos tortugas, *impresa* y símbolo elegido a su vez por Cosimo de Médici, y cuyo lema *Festina lente* (Imprime lentitud a la prisa) es símbolo apropiado para el templo. Cuando uno levanta la vista la fachada parece alzarse en un pináculo para empequeñecer a sus vecinos y, flanqueada por los apóstoles Barnabás, Simón, Tadeo y Mateo, la coronación de la Virgen tiene lugar a treinta metros sobre el nivel del suelo, a la sombra de un gigantesco árbol de Navidad.

El portal de la Esperanza representa varios grupos a tamaño natural: las bodas de José y María, la huida a Egipto, la matanza de los inocentes y a Jesús en el taller de su padre. El de la Fe muestra la presentación de Jesús en el templo, Cristo entre los doctores, y al

Jesús maduro poniendo en práctica el oficio de su padre. Hay cama-
feos por todas partes: pájaros en vuelo, una barca sardinera entrando en el puerto de Cambrils, la estrella de Belén, el Espíritu Santo y
la Vía Láctea. Los gemelos celestes Cástor y Pólux y otros signos del
Zodíaco penden sobre nuestras cabezas como atrapados en gelatina.
Aquí hay una cabeza de toro; allá, una selección de mariscos y reptiles, erizos de mar, anémonas, salamandras y caracoles que trepan
por las algas marinas. Olivas, naranjas, granadas, almendros y rosas
en plena floración.[8] «Creo como Da Vinci que la decadencia hace su
aparición en cuanto el hombre se olvida de contemplar la naturaleza», le había dicho Gaudí a modo de lección a Juan Matamala.[9] En
los extremos de cada escena la piedra se había tallado como evocando el gradual movimiento de la lava.

Con sus referencias contemporáneas a la importancia de la familia
nuclear y su reverencia abierta y sin trabas por el trabajo honesto, la
decoración exterior de la Sagrada Familia era una perfecta ilustración
de la política vaticana. Pero se trataba, además, de un templo expiatorio, y al volver la esquina del portal del Rosario, Gaudí colocó dos
capiteles, uno de una mujer tentada por el demonio con una bolsa de
dinero, y el otro un diablo contraído que le tiende a un obrero una
bomba Orsini, de la misma clase que a punto había estado de matar
a Maragall en el Liceu. Tenía un alarmante tono contemporáneo, al igual
que los chistes dirigidos al clero ocultos en lo alto de la mampostería
de la iglesia gótica medieval. También reflejaba un espantoso pesimismo y una casi nihilista pérdida de fe en el hombre cotidiano.

La fachada entera del Nacimiento producía una sensación claramente operística; arrebatadora y grandiosa. Era, como Ortega había
dicho de El Escorial, «un credo hecho visible». Los críticos rematarían
que no era más que «un tratado del puro esfuerzo». Pero la inacabada *magnum opus* de Gaudí empleaba una salvaje cleptomanía estilística que aunaba el lenguaje de las figuras de cera, el diorama, el carnaval, el paisaje, la gruta, la feria y el santuario religioso en un todo
elaborado. Pevsner la desdeñaría como «frenético mejunje sólo posible en el país de Churriguera».

Oscar Tusquets, arquitecto y restaurador del Palacio de Domènech, explica cómo Gaudí «trabaja en diálogo con Dios [...] la clase
de diálogo con Dios que podría mantener un alfarero japonés». En

cierto sentido, es absolutamente cierto, pues Gaudí trabajaba también como un miniaturista, modelando minúsculos detalles en arcilla. Era un aclamado constructor de encantadores belenes en miniatura pero trasladados a una escala gigantesca.[10] Se ha discutido con frecuencia sobre esas torres humanas que se levantan durante ciertas celebraciones y que a veces alcanzan nueve niveles.[11] Como representación plástica de la capacidad catalana para el trabajo comunal. La fachada del Nacimiento también meditaba acerca del efecto de los dioramas y del cine sobre la conciencia pública con su control sobre la realidad, el movimiento y el espacio.

Gaudí y sus mecenas, la junta de la Sagrada Familia, habían luchado con ahínco, en «una época impía», para investir de nuevo al edificio religioso de propósito moral y autoridad religiosa. Pero, como era típico de él, Gaudí trató de solucionar el problema llegando hasta el más alto terreno moral a través de un plan de orquestada vulgaridad.

La escala del conjunto es demencial, una locura. Pero, como escribió Séneca, «no hay genio sin locura». Picasso también había bromeado al respecto.

> Para Picasso, la famosa iglesia de Gaudí, la Sagrada Familia, era algo así como un chiste, más del gusto de Salvador Dalí, comentaría, que del suyo. En la sala de estar de La Californie solía haber un enorme *panettone* que los ratones habían arruinado: «La maqueta de Gaudí», decía.[12]

Cuando uno se halla de pie ante los pedazos de piedra a medio tallar de la Sagrada Familia, abandonados desde la muerte de Gaudí, se hace difícil no pensar en el gasto y hasta el despilfarro de tan monstruoso proyecto y experimentar cierto desagrado protestante.

> Karlstad, Zwingli y Calvino no sólo preconizaban la destrucción de obras de arte; estaban intentando rediseñar totalmente la experiencia visual de los cristianos [...] pues destruir imágenes es destruir el pasado.[13]

Al igual que en la Colonia Güell, Gaudí construyó un taller a fin de desarrollar en él las nuevas técnicas que la fachada requería.[14] En lo alto de un tramo de peldaños de madera, sobre la vivienda de mosén Gil Parés, un gran estudio de dibujo se unía a un estudio fotográfico con techo móvil para permitir la utilización de la luz natural, que recordaba a La Sibèria, la gélida sala de dibujo de la Escuela de Arquitectura cincuenta años antes. Había otra sala lo bastante alta para albergar la maqueta de la nave del templo, de una escala 1:10, y una habitación para maquetas más pequeñas. Cuando no se utilizaban para hacer modelos en escala o copiar, las figuras de escayola se colgaban del techo, lo que confería a la estancia el aspecto de «una cueva de reptiles», según Matamala.[15] Al fondo había una pequeña habitación, atiborrada de planos y rollos de papel, que contenía un estrecho catre de hierro, en el que Gaudí dormiría durante los últimos nueve meses de su vida.

Cuando preparaba la decoración de la fachada, lo que Gaudí quería era una copia exacta de la naturaleza, de modo que recorrió la parroquia durante años en busca de los modelos apropiados. Copiar las obras de Dios suponía la más alta forma de alabanza y era muestra de la humildad del artista. «Es una locura tratar de representar un objeto ficticio», había escrito muchos años antes en su diario de Reus, y todavía fiel a su filosofía andaba en busca de gente que pudiera posar como Cristo, José, la Virgen María y todos los santos y ángeles. El portero alcohólico, Josep, que más tarde moriría presa de delírium trémens, sería Judas. Gutiérrez, un cabrero barrigón, Poncio Pilato. Un gigante con seis dedos en los pies, hallado en un bar, posaría para el centurión que masacraba a los inocentes. La referencia del 666 le encantó a Gaudí, que veía reflejadas en ese hombre todas las diabólicas energías del holocausto. Pero la búsqueda no se restringía a los humanos. Había que encontrar el árbol de Navidad adecuado, el pollo correcto y la clase de burro que tuviera aspecto de bestia de carga tras días de caminar. El chatarrero del barrio prestó su animal. Cuando se hacía difícil localizar modelos Gaudí encontraba la nobleza requerida en los rostros y cuerpos de su personal. Un escultor se convirtió en Simón, un transportista de piedra en el apóstol Tadeo y un yesero increíblemente guapo en David.

La siguiente fase fue incluso más excéntrica. Pollos y pavos fueron cloroformizados, untados de grasa y rápidamente vaciados en escayola antes de que volvieran en sí. El burro fue amarrado y levantado en un arnés, para que hiciera más fácilmente de modelo. Un búho muerto encontrado cierta mañana fue utilizado como perfecto emblema de la noche. Sólo cuando se desmayó al intentar vaciar un molde completo de Ricardo Opisso, Gaudí comprendió las limitaciones de su técnica.

Buscó entonces otras formas de verificar las verdades de la naturaleza. En el estudio fotográfico él y Opisso colocaron, ubicados en cuidadosos ángulos, una hilera de espejos de manera que cada objeto pudiera ser estudiado por todos sus lados a la vez. De pie en el lugar adecuado, el modelo podía contemplarse desde cinco ángulos distintos, pero aun así Gaudí no quedaría satisfecho. Lo que quería en realidad eran unos rayos X que le permitieran llegar hasta la estructura ósea oculta. De forma que le proporcionaron esqueletos de un hospital, que fueron fotografiados suspendidos en diferentes posiciones. Para ir todavía un poco más allá en sus investigaciones, reconstruyó pacientemente la cobertura del esqueleto con alambre retorcido.

Pero a Gaudí aquello no le bastaba. Tras obtener permiso especial presenció autopsias en el hospital de la Santa Cruz.[16] Somos todos marionetas de Dios, le había confesado en cierta ocasión a Matamala.[17] En 1919, cuando Alfonso Trias estaba a medio camino de obtener el título de médico, fue autorizado por el rector universitario y el profesor de anatomía para diseccionar un cuerpo entero y mostrárselo al arquitecto. Una vez hubieron acabado, el esqueleto fue llevado al taller, donde, tras ser ensamblado con cable, se le confirió mayor rigidez mediante unos tubos de metal y se le vistió para proseguir con el examen.[18]

Otro día Gaudí entró en el hospital a preguntar si había muerto alguien recientemente. La hermana enfermera anunció que gracias a Dios no había muerto nadie esa noche, pero que si él y Matamala querían ver a alguien a punto de expirar podían seguirla y ser testigos de cómo se le administraba la extremaunción a un paciente. Así lo hicieron, y el arquitecto quedó convencido de haber visto el momento exacto en que el alma era recibida por la Sagrada Familia.[19] Más extraño aún sería el uso por parte de Gaudí de vaciados de escayola de bebés nacidos muertos para representar a los cientos de criaturas que Herodes había mandado matar. Convertían en un espectáculo escalofriante el techo de la sala de dibujo, del que pendían hileras enteras de aquellos moldes de escayola.

Tras toda esa investigación aún quedaban numerosos pasos antes de que la escultura definitiva fuera colocada en el lugar que le había sido asignado en la fachada del Nacimiento. En primer lugar, el molde de yeso era izado y colocado en su sitio. Si lo encontraba satisfactorio, Gaudí hacía que bajaran de nuevo la pieza y la llevaran de vuelta al estudio de Opisso donde se la fotografiaba de inmediato. La copia obtenida se sujetaba a un tablón en el ángulo necesario para compensar la distorsión de perspectiva que surgía por la altura de la escultura respecto del suelo. La fotografía resultante parecía un santo de El Greco, que era el último grito contemporáneo.[20] Desde ahí, la fotografía «distorsionada» definitiva, junto a otros frutos de la investigación, como fotografías de cuerpos en movimiento o de pollos en vuelo, era colocada a escuadra sobre el papel para facilitar su trasposición a tres dimensiones con vistas a la futura versión en escayola. Ésta se izaba una vez más, y Gaudí permitía entonces que los escultores transformaran la escayola en piedra.

Era un proceso que llevaba mucho tiempo y al que a algunos escultores les resultaba difícil adaptarse. Torres García, Llonguers, Pascual, Sala y Ramón Bonet y Save, quien más tarde trabajaría en las *Puertas del infierno* de Rodin, abandonarían uno detrás de otro el estudio de Gaudí.

Desde la opulencia del neoyorquino hotel Saint Regis, Salvador Dalí hizo una lista de lo que consideraba «las cinco principales perfidias»:

1. Aquellos que no han captado su visión militante son traidores...
2. Aquellos que no han tocado las huesudas estructuras y la carne viva de su delirante ornamentación son traidores...
3. Aquellos que no han escuchado la cromática y resplandeciente estridencia de su color, la asombrosa polifonía de sus torres como tubos de órgano y el choque de su mutante naturalismo decorativo son traidores...
4. Aquellos que no han saboreado su mal gusto soberbiamente creativo son traidores...
5. Aquellos que no han olfateado el aroma a santidad son traidores...

Pero tras el histrionismo subyace una crítica sutil. En el taller de Gaudí, las pasiones y obsesiones se estaban destilando con cautela hasta transformarse en piedra.

Para principios del año 1920, la jornada de Gaudí consistía en una rutina inalterable: misa matutina, trabajo en la Sagrada Familia, confesión y vuelta a casa a meterse en la cama.

Había quienes creían que la Semana Trágica de diez años antes había aliviado el malestar civil, pero los años que siguieron demostrarían que quienes pensaban así pecaban de ingenuos. En 1916, a pesar de los dos años de privaciones que había traído consigo la guerra, la política de neutralidad española benefició enormemente la economía de Cataluña. Ese auge, sin embargo, conduciría a más tensiones en las relaciones industriales. La CNT, Confederació Nacional del Treball, un sindicato obrero catalán que en 1916 entroncaría con la española UGT, fue rápidamente contrarrestada por la formación, en diciembre, de una unión católica, la Confederació de Sindicats Catòlics. En el año 1917 estalló la crisis. Tras seguir de cerca los sucesos en Rusia, a muchos en el campo de la izquierda les pareció evidente que una huelga general podía forzar las cosas. Con llamamientos cada vez más frecuentes durante el verano a la autonomía catalana, y con la negativa de las Cortes a considerar semejante concepto, el escenario para el completo desmoronamiento de la ley y el orden volvía a estar dispuesto. Durante el mes de agosto se requirió la presencia de los militares en Barcelona para acabar con la huelga, con el resultado de miles de arrestos y más de treinta muertos. Como antes, el derramamiento de sangre y la represión sirvieron para que la rebelión pasara a la clandestinidad sólo momentáneamente.

La autonomía de Cataluña seguía siendo un aspecto fundamental de la crisis, cuya fuerza se acrecentaría cuando en 1919 el político catalán Francesc Macià declaró que la autonomía catalana y los derechos de los trabajadores eran esencialmente inseparables. En febrero los obreros de la mayor planta hidroeléctrica de Cataluña se declararon en huelga. En una réplica casi exacta de los acontecimientos que condujeron a la catástrofe de 1909, los asesinatos políticos en ambos bandos desestabilizaron Barcelona. Los sindicatos cambiaban sus filiaciones cada semana, asesinando a miembros y líderes de los mismos, para sufrir a su vez la persecución del Estado. Y una vez más en Marruecos durante el verano de 1921 el ejército español sufrió una aplastante derrota en el Rif con la pérdida de quince mil vidas.

Gaudí caminaba tranquilamente todos los días a través de la creciente tormenta política, distanciándose de un mundo que quizá aún pudiera encontrar en el último momento la salvación en su iglesia. La gente cruzaba de acera cuando le veía venir, temiendo que les pidiera dinero. Unas cuantas pesetas más tal vez sirvieran para pagar los salarios de la semana siguiente.

Pese a todos sus intentos de permanecer al margen de la refriega política, Gaudí se vio finalmente arrastrado a ella. El *coup d'état* que Primo de Rivera había dado con éxito en septiembre de 1923, aunque llevaría la anarquía a un rápido final, había producido una serie de leyes que tendrían repercusiones directas en el cerrado mundo catalán de Gaudí. Se prohibió de inmediato el uso del catalán en público, como también el «exaltador» ondear de la *senyera*. Uno de los primeros actos de vandalismo cultural fue la retirada de las farolas ornamentales de Gaudí, que celebraban el centenario de Jaume Balmes, de la plaza principal de Vic. En marzo de 1924, sin embargo, la dictadura de Primo de Rivera se vio enfrentada a una intensa demostración de solidaridad con los afectados por parte de la *intelligentsia* española; muchos de los miembros de la madrileña generación del 98 firmaron un manifiesto a favor del uso del catalán. Pero fue rechazado. Las demostraciones de identidad regional tenían que ser aplastadas.

Bajo esa provocación el carácter catalán y la obstinación de Gaudí saltarían a un primer plano. Sólo unos años antes, al final de las celebraciones de los Jocs Florals de 1920 la jornada había degenerado en unos disturbios de poca gravedad. Gaudí, al verse golpeado por las porras de la policía, insultó a gritos a los «miserables» y «cerdos sedientos de sangre». Dos sacerdotes se lo llevaron de allí, salvándolo de una paliza mayor.[21]

Pero el 11 de septiembre de 1924, en la misa celebrada en la iglesia de San Justo para conmemorar la valentía de los mártires catalanes de 1714, Gaudí hizo al fin su propia demostración de solidaridad catalana. Los acontecimientos del día fueron registrados por César Martinell en su conversación del día siguiente con el arquitecto.[22]

Gaudí, según Martinell, había sido arrestado por sus protestas a la Guardia Civil al encontrar bloqueado el camino cuando trataba de entrar en el templo para asistir a la misa.

Porque tanta agresividad va contra Cataluña y contra una de las cosas que más caracteriza y más ama Cataluña, que es su lengua, porque es la mía y por esto yo en aquellos momentos de persecución no quise abandonar. Porque la agresividad que sentían contra mí era porque yo les hablaba en catalán.

Conducido al calabozo, le metieron entre rejas con un criminal traído de la Modelo y un vendedor ambulante. Los rumores del arresto de Gaudí se difundieron con rapidez por la ciudad, y un ayudante acudió de inmediato a pagar la fianza de cincuenta pesetas. El breve encarcelamiento, sin embargo, dejó en el arquitecto un resentimiento duradero hacia la Guardia Civil.

Aquello me hizo el efecto de un pequeño infierno. Unos guardias flacos, con ese aspecto que la gente llama de «pobre diablo». Los jefes, mejor retribuidos, con barrigas abultadas, son Lucifer que los manda.

Continuaría entonces en tono profético:

… Cuando considero lo ocurrido, me aflige pensar que estamos en un callejón sin salida y a la fuerza tendrá que venir un cambio radical.

No viviría para verlo, pero tan sólo doce años más tarde, en 1936, mosén Gil Parés e Ignasi Casanovas se convertirían en dos de las primeras víctimas de la guerra civil, y las pandillas de saqueadores prenderían fuego a su tumba, en la cripta de la Sagrada Familia. La República se venía abajo y pronto sería reemplazada por la dictadura católica de Franco, que expresaba sus mesiánicas ambiciones en los términos de otra guerra santa. Pero el Caudillo no se mostraría más susceptible a las exigencias de autonomía de Cataluña y al uso de su propia lengua de lo que se había mostrado en su momento Primo de Rivera. Gaudí murió antes de tener que hacer la difícil elección entre la ortodoxia religiosa y su amada Cataluña.

Tras años de padecer un cáncer facial, Lorenzo Matamala, que durante años había compartido las noches en vela con Santaló en lo alto del Parque Güell, fue declarado inválido para el trabajo. Había supuesto la más duradera relación creativa en la vida laboral de Gaudí, pues se remontaba a 1883, cuando éste había invitado a Matamala a unirse a su equipo. «Véngase a trabajar conmigo en el templo, senyor Llorenç, y tendrá trabajo de por vida.» Su colaboración duraría cuarenta y tres años.

En el otoño de 1925 Gaudí decidió al fin trasladarse al estudio en la Sagrada Familia. Cada vez más parecido al proverbial «pobre diablo», continuó cruzando la ciudad al atardecer hasta San Felipe Neri para ver a su consejero espiritual Agustí Mas y luego visitar al doctor Santaló, quien se recobraba con lentitud tras una operación de próstata. Una de sus últimas incursiones en el mundo artístico fue la exposición de arte litúrgico llevada a cabo en la Sala Parés, que exhibió algunos de los muebles eclesiásticos de Gaudí.[23] Pero a excepción de eso, la vida cotidiana de éste continuó normalmente.

El lunes 7 de junio de 1926, a las 5.30 en punto, Gaudí salió de la Sagrada Familia para recorrer andando los tres kilómetros hasta San Felipe Neri. Al marcharse impartió su última orden del día: «Vicente, mañana venid temprano que haremos cosas muy bonitas.»

Siguiendo su ruta habitual, Gaudí descendió por la calle Bailén hasta el cruce con la Gran Vía de les Corts Catalanes. Unos días antes Juan Matamala se había tropezado con él en el camino y había advertido que Gaudí, que al principio ni siquiera le contestó, parecía más distraído de lo habitual.[24] Justo pasadas las seis, según el informe de la compañía de tranvías, el número 30, incapaz de aminorar la velocidad, atropelló a quien el conductor describió como un vagabundo borracho. Deteniéndose brevemente, se hizo a un lado al vagabundo y el tranvía continuó con su trayecto.

Se hace imposible ahora reconstruir con exactitud el accidente. Existen muchos datos de la época sobre conductores de tranvía que se abrían paso con impaciencia entre las multitudes y sobre sus frenos defectuosos. Hay un relato, sin embargo, que Martinell recuerda de una conversación con el arquitecto, que posiblemente arroje algo de luz sobre el asunto. A Gaudí siempre le pareció que los peatones debían tener prioridad sobre los tranvías y coches. Cierto día en que cruzaba la unión de las calles Trafalgar y Bruch, había recibido la advertencia de un tranvía que se acercaba haciendo sonar su bocina. Gaudí se negó a detenerse y obligó al tranvía a frenar de inmediato.

El airado conductor cogió un puñado de arena de una caja, utilizada para ayudar que las ruedas no resbalaran en las pendientes pronunciadas, y se lo arrojó al arquitecto a la cara.[25]

La tarde del 7 de junio de 1926, el conductor del número 30 aseguró, con toda la vehemencia de que fue capaz, que Gaudí no miraba por dónde iba y que, al tropezar con los raíles, se golpeó la cabeza contra una farola, lo que de todos modos no disculpa la insensibilidad de que dio muestra tras el accidente.

Dos peatones acudieron a ayudar a la víctima, a quien le sangraba un oído, pero ninguno de ellos reconoció al famoso arquitecto de la Sagrada Familia. No llevaba documentos encima, sólo un puñado de pasas y nueces en el bolsillo. Su sombrero también había desaparecido.[26] En cuatro ocasiones trataron de parar un taxi para llevarlo al hospital más cercano, pero los chóferes se negaban a detenerse. (Tres de ellos fueron multados más tarde bajo la ley del Buen Samaritano por negarse a socorrer a una persona en claro peligro.) Finalmente, con la ayuda de un guardia civil, se le ordenó a un taxi que condujera a la víctima al dispensario de la Ronda de San Pedro. Los dos extraños, que deseaban permanecer en el anonimato, continuaron su camino. Pero recientemente la familia del fallecido Ángel Tomás Mohino, propietario de una tienda textil, se ha ofrecido a relatar cómo el entonces muchacho de veintitrés años, molesto por la insensibilidad de otros testigos, acompañó a Gaudí al dispensario.[27]

En el dispensario al arquitecto se le diagnosticó rápidamente rotura de costillas, contusión cerebral y hemorragia de oído, y se decidió trasladarle al hospital Clínico. La trágica farsa continuó. Los enfermeros de la ambulancia, que estaban a punto de tomarse un descanso, decidieron que sería más rápido llevarle al cercano hospital de la Santa Cruz, que Gaudí conocía bien de sus investigaciones anatómicas. Una vez más no fue reconocido, y se le registró en la lista de admisiones como Antonio Sandí. Destinado a la cama 19 de una sala pública, pasó la noche entera perdiendo y recobrando el sentido; un paciente más entre muchos otros.

Alrededor de las ocho mosén Gil Parés empezó a alarmarse al advertir que su amigo no regresaba de su cena frugal. Parés llamó al arquitecto Sugranyes y ambos esperaron con impaciencia hasta que anocheció antes de decidir por fin iniciar una búsqueda sistemática en comisarías de policía, hospitales y centros de primeros auxilios de la ciudad. Al llegar al dispensario de la Ronda de San Pedro, se le dijo a Parés que un vagabundo, que encajaba más o menos en la descripción de Gaudí, había sufrido un accidente de tranvía y se le había encontrado con una Biblia en el bolsillo y con los calzones sujetos por imperdibles.[28] Su aspecto descuidado, persona mal alimentada, así como los muchos vendajes que cubrían sus rodillas hinchadas a causa de la artritis, las zapatillas y el traje raído y holgado, contribuyeron de forma considerable a explicar que los taxistas se mostraran reacios a llevar a un pasajero incapaz de pagar el trayecto y que probablemente les estropearía la tapicería nueva de trinca.[29] Parés y Sugranyes siguieron la pista falsa de Gaudí. Primero acudieron al hospital Clínico, donde al parecer nunca había llegado, hasta localizarle al fin, avanzada ya la noche, en la sala pública del hospital de la Santa Cruz.

A la mañana siguiente, «el herido recobró el conocimiento después de la postración de toda la noche y pidió los Santos Sacramentos, que recibió con fervor». Muy pronto las noticias de la situación de Gaudí se difundieron por la ciudad. Para la tarde del martes le habían trasladado a una habitación privada, en la que se aferraba precariamente a la vida después de que se le hubieran encajado las costillas dislocadas. Dignatarios, amigos y admiradores desfilaron por los pasillos del hospital: el obispo Miralles, Puig i Cadafalch, Cambó, Rubió i Bellver, el cerrajero Mañach, Sugranyes, el poeta Melchor Font y un enviado del alcalde, el barón de Vivar, cuya oferta de trasladar al herido a una clínica privada más lujosa fue rechazada con educación. Gaudí deseaba morir entre la gente sencilla. Permanecía casi en completo silencio, con la respiración entrecortada puntuada tan sólo por profundos suspiros de «*Jesús, Déu meu!*», y con la mano derecha, apoyada con suavidad sobre un pañuelo blanco, aferrando un crucifijo.

La mañana del miércoles, y en una demostración de público pesar, todos los periódicos informaron de la trágica noticia, a modo de colectiva contrición y vergüenza en su intento de reunir las piezas del incorregible lío que habían supuesto los dos días anteriores.

El jueves 10 de junio a las cinco en punto, de la tarde, Antoni Gaudí fallecía.[30]

Su muerte puso de relieve la extinción de una época heroica en la larga batalla de Cataluña por restablecer su verdadera identidad independiente. La épica ambición de Gaudí de construir un testimonio tridimensional de la historia y el credo de la fe católica y de situar a Cataluña en el centro mismo de la cristiandad había resultado imposible de realizar.

Aun así, Gaudí entendió con su peculiar humildad cristiana que todos debemos intentar, dentro de las fronteras de nuestros propios dones o limitaciones, representar un papel dentro del gran designio de Dios; ya sea ese papel grande o pequeño. Cada vez que empujamos los torniquetes para entrar en la Sagrada Familia pagamos para que se ponga otra piedra y para expiar otro pecado. Deberíamos tratar de que nunca se acabe, o destejeríamos el entramado de poder elaboradamente tejido en su misterioso hechizo religioso. Supone una vanidad monstruosa tratar de completar el templo demasiado pronto. El tiempo lo es todo. «Una obra acabada es una obra muerta, asesinada», advertía Picasso.

Si la Sagrada Familia de Gaudí queda acabada por alguna razón antes del Día del Juicio, alguien, en alguna parte, tendrá que volver a empezar de nuevo. Será un indicador de nuestra capacidad de fe el que alguien se atreva a aceptar el desafío de Gaudí.

En reconocimiento por su hercúleo trabajo, al gran arquitecto catalán se le honraría con el funeral que merecía, y como epitafio recibiría la atención que hacía tan poco se le había negado. El obispo Miralles le envió un telegrama al Papa pidiendo permiso para enterrar a Gaudí en la cripta de la Sagrada Familia. El mismo jueves Juan Matamala trabajó hasta altas horas de la noche en la realización de una mascarilla mortuoria, mientras se realizaban apuntes a lápiz de su perfecto reposo. De disponer el escenario se encargaría un selecto grupo de ayudantes, amigos y biógrafos tempranos del arquitecto: Alfonso Trias, Ràfols, Puig Boada y César Martinell. A sólo tres calles de distancia, en su lecho de enfermo y aún a la espera de que su amigo le visitara, al doctor Santaló se decidió no ponerle al corriente.

El viernes, el cuerpo de Gaudí fue embalsamado y ataviado con hábito negro de monje, con la mano izquierda aferrando las cuentas de un rosario.[31] La tarde del sábado 12 de junio de 1926 el cortejo fúnebre siguió al carruaje a través de las puertas del hospital hacia las Ramblas. Detrás del féretro se hallaban los delegados de cada grupo oficial que hubiera tenido como miembro o hubiera recibido el apoyo de Gaudí: cuerpos profesionales como la Asociación de Arquitectos de Cataluña; grupos culturales como el Orfeó Català, los excursionistas, el Ateneu y el Cercle Artístic de Sant Lluc; dignatarios religiosos que iban desde la junta de la Sagrada Familia al obispo de Barcelona, así como miembros del clero de Reus, Montserrat y Tarragona, y representantes de las asociaciones que habían surgido para impulsar la reforma litúrgica, entre otras la Lliga Espiritual de la Mare de Déu de Montserrat y los Amics de l'Art Litúrgic; políticos de Reus, Riudoms, el ayuntamiento de Barcelona y la recientemente abolida Mancomunitat; y, por supuesto, miembros de todos los gremios laborales cuya artesanía Gaudí había ayudado a popularizar y sustentar contra la incesante mecanización. Se trataba de lo más cercano a un funeral de Estado catalán. Hubo un elemento popular en los homenajes que fue muy elocuente del atractivo universal de Gaudí. Cuando el cortejo entró en la calle del Carmen, cientos de cantantes del Orfeó Català entonaron salmos. A medida que la procesión se abría paso a través del barrio gótico y cruzaba la plaza San Jaime hacia la catedral, cientos de miles de dolientes flanqueaban las calles. Cuando el cortejo accedió a la plaza de Cataluña la ancha avenida de la Puerta del Ángel estaba a rebosar de un mar de rostros hasta donde alcanzaba la vista. Al llegar a la Sagrada Familia, el Orfeó acompañó el descenso del féretro a la cripta con el emocionante responsorio «*Libera me*», de la *Misa de muertos* de Tomás Luis de Victoria, el compositor favorito de Felipe II. Era el final perfecto para una vida extraordinariamente creativa y cargada de religiosidad.

El epitafio de Gaudí está escrito en ladrillo y piedra. El historiador de la arquitectura David Mackay ha concluido que

> su imaginación desbordante, su ingenio en privado y su confianza en sí mismo en público acabarían por hipotecarse en una religiosidad absorbente y reaccionaria que crecía en torno a él a través de su obra en el templo de la Sagrada Familia. Malinterpretó el alcance de su competencia, y eso le destruyó. Su arquitectura pasó a verse sometida a una religión de símbolos.[32]

Según él, llevado a un callejón sin salida de la mano de Torras i Bages, se convirtió en víctima de la excesiva ambición y de una fatal incapacidad de comprender en última instancia la escala humana.

El enorme número de dolientes que flanqueaba las calles desde el hospital de la Santa Cruz hasta la Sagrada Familia sugiere lo contrario. Y los millones de personas que aún emprenden el peregrinaje hasta Barcelona estarían, desde luego, en desacuerdo. Pero los placeres decorativos que aparecen en la superficie de la obra de Gaudí quizá sean deliberadamente engañosos. Juan José Lahuerta hace hincapié en el abrumador pesimismo que capta paradójicamente bajo la seductora superficie de sus edificios:

> La Sagrada Familia es más que una iglesia, más que un santuario: es una montaña que crece y crece de aluvión, acumulando el lodo amasado con sangre que, en palabras de Maragall, ha formado las calles de Barcelona. Pero no se trata sólo de la Sagrada Familia: la obra entera de Gaudí se ha erigido sobre un espíritu maligno, ¡sobre el infierno![33]

Resulta demasiado severo. La ambición de Gaudí muy bien pudo ser olímpica, y su intento de reconstruir una imitación más perfecta de la naturaleza catalana, como en la Casa Milà, un ejemplo más de vanidad sin límites. Pero la profundidad absoluta y la resonancia de su obra la convierten en el equivalente arquitectónico de la densa ópera de Wagner *El anillo de los Nibelungos*.

Hay a quienes la obra de Gaudí les ha parecido extraordinariamente profética. Josep Subirachs, el escultor, que ha trabajado durante las últimas décadas en la decoración de la fachada de la Pasión de la Sagrada Familia, así lo cree. Preocupado ante la posibilidad de que una vez más nos estemos deslizando hacia la ciénaga de otra Edad Oscura, Subirachs ha escrito:

> Si eso es cierto, y los signos parecen confirmarlo así —el resurgir del islam; las grandes plagas; el sida y el cáncer; la simultaneidad de la delegación en autoridades locales y los grandes bloques ideológicos; la nueva forma de piratería que es el terrorismo, y la reemergencia de prácticas esotéricas—, Gaudí habrá sido, como lo fuera en tan-

tos campos, un profeta al decir: «La Sagrada Familia no es la última
de las catedrales, sino la primera de una nueva era.»[34]

Para contrarrestar el tono milenario de Subirachs, un aspecto
fundamental del genio de Gaudí —lo planeara así o no— lo constituían las absolutas e incondicionales exuberancia y generosidad de su
obra. Las estructuras y significados complejos siempre estaban ocultos bajo una explosión de texturas y colores y un diseño seductor.
Y aun así ningún otro arquitecto en la historia nos ha producido tanto
placer y tanta alegría.

El tributo más adecuado al genio arquitectónico y escultural de
Gaudí procede del arquitecto al que muchos consideran el verdadero heredero del talento único de Gaudí para encontrar la forma significativa, el valenciano Santiago Calatrava.

> La gente ha tratado de entender a Gaudí en términos de paganis-
> mo, masonería, budismo o ateísmo. Creo que en efecto era un hom-
> bre que servía a una idea religiosa; pero que el Dios, o más bien la
> Diosa, a la que Gaudí veneraba era a la arquitectura misma.

Es cierto. Pero el legado de Gaudí, en términos del estricto canon
de la arquitectura, queda lejos de estar claro. Aunque tuvo algunos
seguidores, no creó un estilo nuevo global. Si la ambición de Gaudí
era replantearse por entero el lenguaje de la arquitectura, se trataba
de una ambición imposible para un solo hombre. Desde el grafito de
la primera época en las paredes de la Mataroniense, Gaudí progresa-
ría sin cesar a través de la historia de los estilos; del pastiche mudéjar, pasando por el rococó y el barroco; a través de la ingeniería victoriana a la sofisticada simplicidad de la cabaña de adobe de un
campesino. Lo que Gaudí se esforzaba por alcanzar era la universa-
lidad, un objetivo imposible.

Al contemplar el Guggenheim de Gehry, enormemente influenciado por el uso fluido del espacio por parte de Gaudí, vemos hasta
qué punto éste se había adelantado a su tiempo. Sólo ahora descubri-
mos el pleno potencial de un genio en acción. A medida que se alza
la Sagrada Familia nos vemos obligados a reconocer que su popula-
ridad y reputación aún continúan creciendo. Si centramos sin embar-

Retrato de Gaudí en sus últimos años, obra de Quelus.

go nuestro objetivo en esa su más polémica obra nuestra atención se
ve desviada del alcance absoluto de sus logros.

Al final, fue a través de su devoción y su creencia en el potencial
de la arquitectura sagrada como Gaudí produjo en la Casa Milà y en
la Colonia Güell dos de los más grandes edificios que se hayan construido jamás; para que los disfrutaran por igual cristianos y ateos.

El epitafio preferido por el propio Gaudí habría sido más modesto. Habría quedado finalmente satisfecho con la simple repetición de
las palabras de los magos al ver la estrella: «*Fa goig!*» («¡Qué alegría
me produce!»).

Soy hombre viejo, pobre y menospreciado,
no tengo ayuda de hombre nacido alguno
y me he empeñado en una tarea demasiado vasta.
He buscado en este mundo un gran proyecto
muy buen ejemplo a muchos he dado,
poco conocido soy, y poco amado.

RAMON LLULL, *Cant de Ramon*

NOTAS

Introducción

1. Ramón Menéndez Pidal, *Los españoles en la historia y en la literatura. Dos ensayos*, Espasa Calpe Argentina S.A., Buenos Aires, 1951.

2. Roger Fry escribió: «Desde el tren sólo vi su esqueleto megateriano, que para entonces aparecía sucio y desconsolado, más semejante a una ruina que al edificio que solía ser.» Fry, R., *A Sampler of Castile*, 1923.

3. Traducción de Sobrer, J. M., *Catalonia, a Self-Portrait*, Indiana University Press, Bloomington and Indianapolis, 1992.

4. Orwell, G., *Homenaje a Cataluña*, Círculo de Lectores, Barcelona, 1996.

5. Gropius, W., citado en *El Propagador de la Devoción a San José*, vol. LXVI, Barcelona, 1 de junio de 1932.

6. Louis Sullivan, citado por Tallmadge, T. E., en *Western Architect* vol. XXI, marzo de 1922.

7. Finsterlin, H., *«Gaudí und ich»*, monólogo para *Amigos de Gaudí*, Barcelona, 1967.

8. Schapiro, M. *Romanesque Art*, Chatto & Windus, Londres, 1977, p. 3. (*Estudios sobre el románico*, versión española de María Luisa Balseiro, Alianza, Madrid 1985.)

9. Guerrand, Roger-Henri en Rusell, *Art Nouveau Architecture*, Academy Editions, Londres, 1979, p. 10.

10. Benton, T., en *Art Nouveau Architecture*, p. 51.

11. Ortega y Gasset, J., *España invertebrada*, Colección Austral, Espasa Calpe, Madrid, 1999, pp. 109-110

12. *Ibíd.*

13. Véase Ignasi Solà-Morales, *Joan Rubió i Bellver y la Fortuna del gaudinismo*, Colegio Oficial de Arquitectos de Cataluña, Barcelona, 1975.

14. El verdadero alcance ha salido a la luz recientemente con la publicación, en 1990, de *El gran Gaudí*, del profesor Juan Bassegoda i Nonell, que abarca cincuenta años de meticuloso trabajo detectivesco.

I. «Gente de espacio y situación»

1. Ortega y Gasset, J., *España invertebrada*, p. 111.

2. La placa conmemorativa fue colocada por el ayuntamiento de Riu-

doms en la fachada del Mas de la Calderera el 23 de junio de 1952 para celebrar el centenario del nacimiento de Gaudí. Se ofició una misa para rogar por la salvación y el tránsito rápido del alma del arquitecto en su viaje a través del purgatorio.

3.   Un exhaustivo árbol genealógico de Gaudí, investigado y redactado por José María Armengol Viver, fue publicado por primera vez en vísperas de la guerra civil española en un artículo titulado «La gènesi de Gaudí». Está reproducido en Bergós Masso, J., *Gaudí, el hombre y la obra*, p. 19.

4.   «Antoni Gaudí», 13 de diciembre de 1924, de Martinell, en *Gaudí: su vida, su teoría, su obra*, Editorial Blume, Barcelona, 1951, p. 134.

5.   Bassegoda i Nonell, J. *El gran Gaudí*, Ausa, Barcelona 1989, p. 17.

6.   Casi puede hablarse de un renacimiento de las artes encabezado a finales del siglo XIX por Reus.

7.   Matamala, J., *Mi itinerario con Gaudí*, manuscrito inédito, Cátedra Gaudí.

8.   Eduardo Toda, bibliófilo, diplomado y amigo de Gaudí de toda la vida, compró Escornalbou, en su día hogar de los franciscanos pero clausurado en 1835, y lo restauró entre los años 1910 y 1925. Será tratado con mayor detalle más adelante, en este capítulo.

9.   Las dos casas de campo conocidas como Planes y Timba.

10.   Los biógrafos lo han repetido tan a menudo que se asume que Gaudí no perdería la oportunidad de reiterar ese lugar común. Sin embargo, el conservador del MOMA de Nueva York James Johnson Sweeney, en Sweeney, J.J. & Sert, J. L., *Antoni Gaudí*, Ed. Infinito, Buenos Aires, 1961, reivindica que fue Lluís Bonet i Garí, uno de los asistentes de Gaudí, quien sugirió que es el ejemplo del padre de éste lo que subyace tras la preferencia del arquitecto por trabajar partiendo de modelos en lugar de hacerlo con planos y alzados. Sin tener en cuenta estos argumentos académicos es muy fácil imaginar a Gaudí presentando a su anciano padre a desconocidos, más que por cortesía, como la persona que le enseñó casi todo acerca de las tres dimensiones. El caso es similar al del pintor abstracto inglés Ben Nicholson, quien según se dice, afirmó que había aprendido más acerca de la distribución de los colores jugando al billar que de toda la historia del arte.

11.   Bassegoda i Nonell, J., *L'Estudi de Gaudí, sel·lecció d'articles publicats a la revista Temple entre 1971-1974*, Ed. Temple Expiatori de la Sagrada Família, Barcelona, 1996, p. 14.

12.   Toda Güell, E., *«Records d'Antoni Gaudí a Reus abans de 1870»*, suplemento de *El Matí*, 21 de junio de 1936.

13.   Matamala, p. 12.

14.   En 1992 visité la Casa Navas, palacio modernista de propiedad privada, construido por Domènech i Montaner en el centro de Reus. En el ático, junto al farol de Domènech dañado por una bomba durante la guerra civil española, me horrorizó encontrar una colección de muebles *art nouveau* desparramados en un triste estado de conservación: Mackintosh, Thonet, etc. El cortés propietario, al descubrir que yo era holandés, abrió un escritorio que contenía facturas originales de venta que databan del siglo XVIII y certificaban una importante transacción directa con los legendarios comerciantes de Amsterdam del Herengracht.

15.   Durante las guerras carlistas Reus fue testigo de algunos de los peores enfrentamientos. En el folclore tradicional se recuerda el asesinato, ocurrido el 22 de julio de 1834, de veintidós sacerdotes, como venganza por el asesinato de siete miembros de la milicia de Reus a manos de la guerrilla carlista.

16.   Fortuny fue el tema favorito de las revistas *Foment* y *Avui* analizado hasta la saciedad en los debates, lecturas y tertulias en el club cultural con sede en el Centre de Lectura.

17.   Collins, G. & Bassegoda i Nonell, J. *The designs and Drawings of Antoni Gaudí*, Princeton University Press, 1983, pp. 25-26.

18.   Entre Reus y Tarragona, la pequeña ciudad de Constantí también alardea de un mausoleo romano y una casa de campo cuyo complejo de mosaicos, ocultos tras las obras de una masía, fueron descubiertos en 1877 mientras Gaudí estaba acabando sus estudios de arquitectura en Barcelona.

19.   Joan Maragall, *Obres Completes*, Selecta, Barcelona, 1981, p. 705.

20.   Casanelles, E. *Nueva visión de Gaudí*, La Polígrafa, Barcelona, 1965, p. 19.

21.   Bassegoda i Nonell, J., *El gran Gaudí* p. 31.

II.   Voces en el desierto

1.   «Voces en el desierto» fue el título de un temprano artículo firmado por Jorge Miranda, seudónimo del mosén Barrera, dedicado al trabajo de Gaudí y Toda en Poblet. *El Correo Catalán*, 1 de octubre de 1926.

2.   Martinell, p. 23.

3.   Memorándum de Gaudí, 17 de julio de 1978, «Candelabro: apuntes descriptivos del proyecto de candelabro de grupo para plazas y paseos de la ciudad de Barcelona».

4.   Martinell, p. 29.

5.   En una carta a Toda, Gaudí amonesta a su joven amigo, «No hagas como con los cuadros de Goya, que no dices el asunto y ni siquiera haces un poco de crítica».

6.   En *La Razón*.

7.   Traducido por el autor de Bassegoda i Nonell, *El gran Gaudí*, p. 39.

III.   La ciudad de los prodigios

1.   Vicèns Vives, J., «Los catalanes en el siglo XIX».

2.   En ese primer año en los Escolapios en 1863 obtuvo un rotundo suspenso en aritmética práctica y sus principios. En 1867, como hemos visto, sus matemáticas eran de notable-excelente.

3.   Hare, A., *Wanderings in Spain*, Londres, 1873.

4.   Kahn, A. E., *Joys and sorrows – Reflections by Pablo Casals*, MacDonald, Londres 1970.

5.   Los documentos, de octubre de 1869, citan a Pancracio Barnusell, inquilino de la misma casa y posiblemente su dueño, como fiador de Gaudí. Su hermano Francisco acababa de cumplir los dieciocho. Durante los cuatro años siguientes compartirían tres alojamientos y su hermano actuó como fiador. Si aceptamos la afirmación de Toda y Matamala de que Gaudí tuvo que esperar un año por falta de dinero, podemos asumir, sin temor a equivocarnos, que vivieron juntos por motivos económicos y de afecto fraternal.

6.   Proyectado y realizado por Fontseré, Bassegoda ha sugerido que el Gaudí estudiante quizá metió baza en algunos de los detalles.

7.   Milà, E., *El misterio Gaudí*, Editorial Martínez Roca, Enigmas de la Historia, Barcelona, 1994, pp. 28-36.

8.   Martinell, p.31.

9.   Algunos comentaristas han reseñado este incidente en referencia a la admiración de Gaudí por los escritos de Viollet-le-Duc, el «faro» del siglo XIX. Pero es seguro que ha pasado a la posteridad como resultado de la irritación de Emilio

al haber descubierto que un amigo y compañero estudiante le había garabateado un libro.

10.   En 1879 también diseñó un carruaje *ad honorem* para los excursionistas para celebrar el 250 aniversario de la muerte del famoso poeta barroco mosén Francesc García, quien fue párroco de la ciudad balneario de Vallfogona de Riucorb —a sólo cinco kilómetros de la ancestral ciudad de Gaudí, Santa Coloma de Queralt— y que fuera responsable en 1617 de la construcción de la capilla de Santa Bárbara. De acuerdo con la tradición de los santuarios móviles, aún en uso en España, Gaudí coronó el conjunto decorativo con una superabundante cornucopia de productos de la cosecha que pendía en guirnaldas de la estructura de un modesto carro gitano.

11.   Matamala, pp.36-37.

12.   McDonogh, G., *Las Buenas familias de Barcelona*, Omega, Barcelona, 1988.

13.   Para un análisis sobre Domènech véase Elías, J. Cuando Gaudí obtuvo el título de arquitecto sólo hubo un voto en su contra entre los de Villar, Serralach, Fontseré, Vilaseca, Font, Rogent y Domènech. La votación era secreta. Gaudí había trabajado con todos excepto con Domènech. ¿Consideraba Domènech a Gaudí un rival potencial? Gaudí, cuando era aún estudiante, había participado en un concurso junto con Domènech por el monumento a Clavé.

14.   Martinell, p. 39.

15.   Casanelles, p. 32.

16.   Esto incluye a los hermanos Bassegoda, y la dinastía de los Domènech i Montaner y sus primos, los Domènech Estapé, los Domènech Mansana y su hijo Domènech Roura. Había otros maestros como Pere Falqués, Font, Fontseré, Jujol, Muncunill, Puig i Cadafalch, Rogent, Rubió, Sagnier, Vilaseca y el propio Gaudí, entre muchos otros.

17.   Pabon i Charneco, «el valor de la ensenyança és purament de disciplina, de modo que'l criteri dels professors es de major o menor dels deixebles, pero no de llur capacitat», pp. 2-3.

18.   Según el propio Gaudí.

19.   Ràfols, T., *Antoni Gaudí*, Canosa, Barcelona, 1929.

20.   Viollet-le-Duc admiraba a Cost, quien le había hecho notar la belleza de la arquitectura islámica, y a raíz de ello escribió los ensayos introductorios a Jules Bourgoin's *Arts Arabes*, París, 1873 y Léon Parvillées, *Architecture et Décoration Turques au Xè Siècle*, París, 1874.

21.   En la época de la exhibición de París de 1889 Charles Garnier se inspiró en la enciclopedia de Viollet-le-Duc *Historie de Habitation Humaine,* 1875, para crear un modelo de cada edificio conocido por el hombre. A todo lo largo del Campo de Marte los estilos opuestos del Tíbet, Egipto y Tumbuctú estaban todos juntos en un mismo saco, con lo que producían un efecto muy chocante.

22.   Gaudí asistió a conferencias sobre estética de Rubió i Ors y Milà i Fontanals y a una serie sobre historia y filosofía impartida por el eminente crítico Xavier Llorens y Barba.

23.   Sería la primera de las conferencias pronunciadas en la École des Beaux Arts tras su nombramiento en noviembre de 1863, con una violenta oposición, como profesor de arte y estética. Traducida por Michael Keyte en *Eugène Emmanuel Viollet-le-Duc 1814-1879*, Achitectural Design Profile, Academy Editions, Londres, 1980, pp. 20-25

24.   Es irónico que el *Dictionnaire raisonné* de Viollet-le-Duc y su serie de conferencias *Entretiens sur l'architecture* fueran utilizadas más tarde como modelo, y algunas de sus ilustraciones en particular hayan sido relacionadas directamente con trabajos específicos de Gaudí.

25.   Street, G. E., un «duro» cuyos tribunales (1874-1882) fueron los últimos

grandes edificios públicos de estilo gótico, aprovechó esta tendencia natural, quizá de un modo instintivo, en su libro, un homenaje arquitectónico titulado *Gothic Architecture in Spain*.

26.   Los edificios de Jaume Fabré en Mallorca y Barcelona o los trabajos de Guillermo Bofill en Gerona durante el siglo xv situaron a los constructores catalanes entre los más innovadores y atrevidos de Europa. A diferencia de otras regiones de España, Cataluña estaba a la altura de la Europa del Norte y había adoptado fácilmente el estilo prerrafaelita. Fue revelador que Verdaguer, el más famoso poeta catalán, utilizara una imagen de Dante Gabriel Rosetti para ilustrar sus *Cants místics*.

27.   Para un estudio detallado de Rogent y la escuela de arquitectura, véase Pere Hereu, «La idea d'Arquitectura a l'Escola que Gaudí conogué», en *Gaudí i el seu temps*, Barcanova, Barcelona, 1990, pp. 13-42.

28.   Ràfols, p. 22.

29.   Martinell, p. 49.

30.   Traducción del autor de *Calaverada*, *Obras completas* de Maragall.

31.   Matamala, p. 50. Carcasona está añadida con pluma sobre una anotación anterior ahora eliminada. Matamala se mostró de acuerdo con Maragall en que el viaje a Carcasona era la oportunidad para Gaudí de recuperar a su amor perdido.

32.   Bergós Massó, J., *Gaudí el hombre y la obra*, Universidad Politécnica de Barcelona, edición de 1974, p. 23.

33.   Pabon i Charneco, A. *The Architectural Collaborators of Antoni Gaudí* (tesis no publicada), Northwestern University, EE.UU., 1983, p. 3.

34.   Bassegoda i Nonell, J., *El Gran Gaudí*, p. 59.

IV.   El aprendiz de arquitectura

1.   Martinell, p. 36.

2.   Los proyectos incluían sesenta volúmenes de la Biblioteca Arte y Letras, con, entre otras, las *Odas* de Horacio y una colección de sainetes en un acto del dramaturgo del siglo xviii Ramón de la Cruz; mientras, también redactaba titulares para los periódicos *La Renaixença*, *La Veu de Catalunya* y *El Poble Català* y en su tiempo libre escribió tres de los ocho volúmenes de la épica *Historia general del arte*. Más tarde, fiel a su profunda creencia de que el papel y la responsabilidad del arquitecto eran construir la sociedad como un todo, se convirtió en un destacado político catalán. Domènech jugó un importante papel en la preparación de las célebres Bases de Manresa, uno de los primeros intentos de codificar las ambiciones nacionalistas; fue uno de los cuatro miembros de las Cortes en representación de Barcelona; presidió los partidos políticos Lliga de Catalunya y Unió Catalanista, además de actuar como presidente de los Jocs Florals y el Ateneu Barcelonés donde ejerció de presidente cuatro veces, algo sin precedente.

3.   En el ejemplar de febrero de 1878 de *La Renaixença*.

4.   Transcrito de Fernández-Armesto, F., Barcelona, p. 147.

5.   La anotación en el diario de Gaudí del 4 de enero de 1877 registra su asistencia a la cena de celebración en honor de los arquitectos recién aprobados, entre ellos Juan Martorell i Montells, quien había obtenido el título a la relativamente tardía edad de cuarenta y cuatro años. Aunque es el primer apunte de un encuentro debían de conocerse, por lo menos, desde el primer año de Gaudí en la escuela. Gaudí se uniría más tarde al estudio de Martorell donde trabajaría junto a Cascante y Oliveras.

6.   Kent, C. y Prindle, D., *Hacia la arquitectura de un paraíso: Park Güell*, Hermann Blume, Madrid, 1992.

7.   Pagès había alcanzado su posición gracias a sus esfuerzos y había hecho

fortuna en Nueva York antes de regresar a Mataró. Castellar-Gassol, J., *Gaudí: La vida d'un visionari*, Edicions de 1984, Barcelona, 1999, p. 53. También puede que Gaudí encontrara a Pagès en el centenario de Filadelfia de 1876 donde Pagès tenía un *stand*. Bassegoda i Nonell, J., *L'Estudi de Gaudí, selecció d'articles publicats a la revista Temple entre 1971-1994*, Ed. Temple Expiatori de la Sagrada Família, Barcelona, 1996, p. 39.

8.   Es dos décadas anterior a la obra de Behren en AEG y a las obras de la Bauhaus.

9.   Martinell, C., p. 48.

10.   Castellar-Gassol, J., *Gaudí*, p. 67.

11.   Leería con frecuencia los escritos de Luis de León, Luis de Granada, santa Teresa y san Juan de la Cruz.

12.   *La Pedrera: Gaudí y su obra*, Fundació Caixa Catalunya, p. 23.

13.   El mejor archivo de los excursionistas está en el *Butlletí*, la revista del club. Es de gran interés Maria de l'Assumpció Saurí i Pujol, *Associació d'Excursions Catalana 1878-1891*, tesis de Licenciatura, Universidad de Barcelona, septiembre de 1985.

14.   El 1 de febrero de 1880 don Eusebi Güell i Bacigalupi fue bienvenido como nuevo miembro junto a otros nuevos socios. Otros miembros de la *gent de bé*, los Golferichs, los Batlló, los Calvet, el marqués de Dou y el conde de Bell-lloch y otros mecenas de la nueva arquitectura estaban dispuestos a admitir a los que no pertenecieran a la nobleza en la Associació Catalanista d'Excursions Científiques.

15.   Iglesias, J. *Presencia de L'Excursionisme en la Cultura Catalana*, Ed. Fundació Carulla i Font.

16.   En 1879 Valentí Almirall fundó el periódico catalán *El Diari Català*, que duró sólo dos años, y el año siguiente organizó el primer congreso catalanista en un intento por salvaguardar la ley civil catalana del colaboracionismo.

17.   Bassegoda i Nonell, J., *L'Estudi de Gaudí*, p. 60.

18.   El 20 y 21 de noviembre de 1880 Gaudí participó junto a otros quince excursionistas en un viaje de dos días a Vilafranca en el Alt Penedès y a Olesa de Bonesvalls en la comarca vecina del Garraf.

19.   Martinell, p. 49.

20.   Bassegoda i Nonell, J., *L'Estudi de Gaudí*, p. 294.

V.   Vistas del Cielo y del harén

1.   Casanelles, p. 118.

2.   Pla, traducido por Sobrer.

3.   En los tres años siguientes a su fundación la Asociación espiritual recibió apoyo oficial del Vaticano cuando Pío IX le permitió recaudar fondos, la mitad de los cuales, en devolución por este *imprimatur*, encontraron el camino de vuelta para llenar las arcas de Roma. Esto atrajo un respaldo generalizado: se distribuyeron 572.000 medallones, se vendieron 392.00 certificados y se agotó con rapidez la tirada de 15.000 ejemplares del folleto de Bocabella *Los siete domingos de san José*, impreso por iniciativa del padre Rodríguez.

4.   Bassegoda i Nonell, J., *El Gran Gaudí*, pp. 210-212.

5.   Con el problema de la junta resuelto y la satisfacción de Gaudí, el hijo de Villar cambió de táctica. A pesar de las numerosas evidencias escritas en contra, que incluyen declaraciones juradas en presencia de un notario, y un artículo en *El Propagador*, en el cual le daba las gracias por su generosa oferta y que él mismo insistió en que debía ser publicado, Villar negó que jamás hubiera ofrecido sus servicios gratuitos. En la tarde del 23 de abril de 1884 mientras Bocabella caminaba por la calle

Santa Ana fue sometido a amenazas e insultos por parte de un furioso Villar que aún reclamaba el pago atrasado de sus honorarios.

6. Si consideramos su especializado contenido y sus dudosos méritos editoriales, ha demostrado una extraordinaria resistencia y aún hoy se publica bajo el nombre catalán de *Temple*. Josep Pla ha sugerido que una breve ojeada debería bastar. «Échenle un vistazo, no me atrevería a pedirles más, a los volúmenes de *El propagador de la devoción de San José*. Encontrarán, teniendo en consideración el tono inevitable de la época, una de las más vastas y más importantes concentraciones de sandeces, tópicos y basura apológica que este país haya producido nunca.»

7. Bocabella y sus aliados, los padres José María Rodríguez, su consejero espiritual, y José Mañanet Vives debieron de ser muy persuasivos. Durante una década las suscripciones subieron de doscientas a varios miles. Véase Quintana, A., *Tres grandes para un templo: Manyanet, Bocabella, Gaudí*, Ed. Hijos de la Sagrada Familia, Barcelona, 1985.

8. La obra de Ruskin fue popularizada por medio de las traducciones de Cebrià de Montoliu en su revista *Civitas* y en el periódico *Catalunya*.

9. Entre 1902 y 1905 el demacrado mago barbado de la Generación del 98, Ramón María del Valle-Inclán, presentó a su público lector al inimitable marqués de Bradomín, un esteta versado en las artes eróticas, quien como Huysmans fue lo suficientemente religioso como para extraer un perverso deleite de la profanación. Para un análisis más extenso, véase Herrera, J., *Picasso, Madrid y el 98: La Revista «Arte Joven»*, Madrid, 1997, pp. 64-65.

10. En una versión española, el anticlerical como dictaba la moda Antonio Bustamante, marqués de Soler, que utilizaba guantes blancos y vestía *à la Duc de Morny*, fue vecino del marqués de Comillas y un invitado bienvenido en casa de los Güell. Famoso gracias a su pícara imaginación y a su apariencia de un estirado don Quijote era, como tantos otros decadentes, «lascivo de palabra pero puro en la vida».

11. Pabon i Charneco, A., *The architectural collaborators of Antoni Gaudí*, tesis no publicada, Northwestern University, EEUU, 1983, p. 62.

12. Dijkstra, p. 206.

13. Salvador Tarrago.

14. Gaudí, como tantos otros de su generación, tenía un gran interés por los azulejos decorativos. Está documentado, aunque no se conoce la fecha exacta, que Gaudí visitó la fábrica de azulejos de Manises, cerca de Valencia. Es posible que estas investigaciones coincidieran con la Casa Vicens; véase más a fondo en Bassegoda i Nonell, J., p. 108.

15. Recuerda mucho al complejo del jardín amurallado de una carmen en Granada y le hace a uno pensar en el pareado del poeta barroco Soto de Rojas: «Paraíso cerrado para muchos, jardines abiertos para pocos.»

16. La propia casa fue modificada dos veces a partir del proyecto original. Una en vida de Gaudí, en 1925, por Juan Bautista Serra de Martínez, una adaptación que Gaudí aceptó a regañadientes, y otra vez en 1964 cuando las ventanas de la tribuna fueron reformadas. Sin embargo, queda lo suficiente del original como para percibir el concepto decorativo de Gaudí.

17. En 1850 el caprichoso parque del laberinto de Horta tenía la casa principal reformada totalmente en un estilo neomudéjar. En el Paseo de Gracia, en 1872, el maestro arquitecto Domènech Bale i Nadal había finalizado la Casa Pere Llibre, un edificio de cinco pisos en estilo neomudéjar. También en Madrid, la legendaria plaza de toros de Las Ventas, proyectada por Rodríguez Ayuso y Álvarez Capra, fue terminada en 1874. Ángel Isac, en *Gaudí i el seu temps*, Ed. Institut d'Humanitats Barcanova, Barcelona, 1990, p. 51, llama la atención hacia una conferencia celebrada en

la academia San Fernando de Bellas Artes en Madrid de José Amador de los Ríos que, en fecha tan temprana como 1859, tituló *El estilo mudéjar en arquitectura*.

18.   Construido por la empresa de forjados de hierro de Barnard, Bishop y Barnard con sede en Norfolk, tuvo que haber atraído la atención de Gaudí.

19.   Conferencia de 1857 para la asociación arquitectónica en el salón del hotel Inn Lyon.

20.   Martinell, p.475.

21.   Proyectada por Rafael Contreras, restaurador de la Alhambra, la obra concluyó en 1850. La Casa Vicens representa la primera respuesta de Gaudí a un modelo regio.

22.   Moldes similares fueron enviados en 1876 al pabellón español en el centenario de Filadelfia como contribución de la escuela de arquitectura.

23.   Fue suministrado por el fabricante Hermenegildo Miralles Anglés.

24.   Ángel Ganivet, *Idearium español*, Austral, Madrid, 1957, p. 67.

25.   Bassegoda i Nonell, J., *El gran Gaudí*, p. 247.

VI. Los Santos Padres

1.   Martinell, pp. 53-54.

2.   Ramón Menéndez Pidal, *Los españoles en la historia y en la literatura. Dos ensayos*, Espasa Calpe Argentina S.A., Buenos Aires, 1951.

3.   Matamala, p. 89.

4.   Lahuerta, J. J., *Antoni Gaudí 1852-1926 Arquitectura, ideología y política*, Ediciones Electa, España, 1993. En este innovador estudio Lahuerta analiza con mucho esmero la orquestada ascensión de Gaudí a la prominencia. A menudo cita los hallazgos del sociólogo francés Pierre Bourdieu y le sigue la pista a la forma en que los Comillas y los Güell se apropiaron del arte y la cultura para crearse a sí mismos una genealogía ideal.

5.   *El Palau Güell*, colección de ensayos, Jaume de Puig, ed., Diputació de Barcelona, Barcelona, 1990, p. 14.

6.   Puede verse en la Puerta del Cambrón de Toledo y en algunos otros fragmentos conservados en el museo visigótico de San Román en Toledo.

7.   Esto recuerda a la técnica mudéjar esgrafiada que se ve en los edificios castellanos, como en la Torre de Ávila en Segovia, de la cual Gaudí estudió una copia.

8.   Quien mejor describiría la tranquilidad exclusiva de Les Corts sería Verdaguer, que le puso el apodo de Torre Satalia, en honor a un famoso y exuberante bosquecillo de cítricos en Asia Menor que era como un paraíso en la tierra.

9.   Bassegoda i Nonell, J., *L'Estudi de Gaudí*, p. 105. El Palacio Güell fue edificado en un solar que albergaba una lechería y la apretujada e insalubre vivienda de no menos de diecisiete familias.

10.   Richardson, J., *Picasso*, p. 67.

11.   Por consiguiente, algunos lo han visto como un directo homenaje a la herencia italiana de Eusebi Güell por parte de madre, una Bacigalupi de Génova.

12.   En Jaume de Puig, ed., *El Palau Güell*, p. 19, habla del Palacio Güell como un «edificio beligerante».

13.   Pabon i Charneco, p. 386.

14.   Transcrito de Casanelles, p. 48.

15.   Otras alusiones literarias se encuentran en las vidrieras de Alexandre de Riquer, quien representó al rey Lear y Bertram de *Bien está lo que bien acaba*.

16.   Gaudí y Clapés eran anacrónicos. En particular, el estilo de Clapés tenía más en común con los oscuros lienzos espirituales del pintor del siglo XVI Luis de Morales, *el Divino*, y con el artista del siglo XVII Fray Juan Rizi, un monje benedictino

de Montserrat, que con los artistas de su propio tiempo. Rizi era, como Gaudí, un vegetariano partidario de dormir con las ventanas abiertas durante todo el año.

17. Brown, J. y Elliott J. H., «Un palacio para el rey: el Buen Retiro y la corte de Felipe IV», *Revista de Occidente*, Alianza, Madrid, 1985.

18. Véase Lahuerta.

19. Ràfols, p. 62.

20. El proyecto de los sótanos del Palacio Güell se ha relacionado con la cripta del monasterio de San Cugat, y en esa analogía tiene su origen gran parte de su contenido simbólico infernal.

21. Mendoza, C. y E., *Barcelona modernista*, Planeta, Barcelona, 1991, p. 74.

22. Ràfols, p. 62.

23. Alonso Gavela , M. J., *Gaudí en Astorga*, Instituto Fray Bernardino de Sahagún, León, 1971, p. 35.

24. Martinell, p. 60.

25. Luengo, A., *Gaudí en Astorga*, 1954, pp. 17-18, transcrito de Martinell.

26. Pijoan, J., *La Veu de Catalunya*, 20 de enero de 1906, p. 62, transcrito de Martinell.

27. También es muy probable que la insistencia de Gaudí en utilizar el catalán disgustara a los del lugar.

28. Alonso Gavela , M. J., *Gaudí en Astorga*, p. 49.

29. Hija de padres conversos, es probable que santa Teresa poseyera una sensibilidad especial hacia los conceptos derivados de otras religiones. El paraíso islámico también está organizado en siete niveles distintos. Asimismo el número siete poseía un profundo significado simbólico en el diseño de los jardines durante la Edad Media. El poeta Pedro Soto de Rojas había creado su paraíso del siglo XVII, una carmen, en el Albaicín de Granada que consistía en siete estancias al aire libre, citadas con claridad en el inspirado libro de santa Teresa. Para un análisis más extenso, véase Soria Olmedo, A., *Paraíso cerrado para muchos, jardines abiertos para pocos* en *Jardines y paisajes en el arte y en la historia*, cursos de verano de El Escorial 1993-1994, Complutense, Madrid, 1995, p. 251.

30. David Mackay fue quien le encargó Garraf a Berenguer. Es interesante que Mackay, en su apasionado intento de resucitar la reputación de Berenguer, también le diera dos trabajos en la Colonia Güell: la casa del director y la cooperativa. En Solà-Morales Rubió, I., *Joan Rubió i Bellver y la fortuna del gaudinismo*, p. 40, el autor atribuye estos trabajos casi por completo a Rubió.

31. Carner, A. *La verdad sobre la vida y la tragedia de Verdaguer*, Gea, Barcelona, 1971.

32. A mediados de la última década del siglo XIX el doctor Charcot había estado trabajando en París en la confusión entre histeria y posesión demoníaca. En Viena, el diván de la consulta de Sigmund Freud se mantuvo caliente con un sinfín de histéricas y reprimidas sexuales de clase media.

33. La «crisis nerviosa» de Verdaguer y su consiguiente enfermedad están bien tratadas en Delfí Abelle, *Mossèn Cinto vist pel psiquiatre*, 1958, y en Nolle Panades, R., *La tuberculosis pulmonar de Mossèn Cinto Verdaguer*.

34. *1893-1993 Cercle artístic de Sant Lluc*, catálogo de la exposición, Departament de Cultura de la Generalitat de Catalunya, Barcelona, 1993. Otra fuente inestimable es Jardí, E., *Cercle artístic de Sant Lluc*.

35. Richardson, J., p. 62.

36. El dibujo del museo Picasso está catalogado MPB 110.472.

37. En la primera exposición particular en Els Quatre Gats y en competición directa con la brillantez gráfica de Ramón Casas, se dispuso a caricaturizar a los más importantes miembros de la comunidad artística de Barcelona. Es decir, a to-

dos menos a Gaudí y algunos miembros menos importantes del piadoso Sant Lluc.

38. Collins, G. R., *Antoni Gaudí*, Masters of World Architecture, George Braziller, Nueva York, 1960, p. 8.

39. Véase *Picasso y els Quatre Gats: la llave de la modernidad*, bajo la dirección de María Teresa Ocaña, catálogo de la exposición del museo Picasso, Lunwerg, Barcelona, 1995.

VII. Hacia una Nueva Jerusalén

1. En 1845 el periodista neoyorquino John O'Sullivan había escrito que «el cumplimiento de nuestro destino manifiesto es extender el continente que nos ha asignado la providencia para el libre desarrollo de nuestro creciente número de habitantes». Hacia mediados de siglo el Oeste había sido conquistado.

2. Wood, M., «Don't tell nobody», *London Review of Books*, vol 20. N.º 17, 3 de septiembre de 1998, p. 16.

3. Los últimos estudios sugieren que los españoles no hundieron el *Maine* sino que se produjo una explosión en la sala de máquinas.

4. Pabon i Charneco, A., p. 82.

5. *Ibíd.*

6. Uno de los hijos, Eduardo Clavet, economista y político, desde su posición como presidente del Fomento del Trabajo Nacional, presentaría más tarde posibles clientes a Gaudí.

7. Martinell, p. 309.

8. Bassegoda i Nonell, J., *El gran Gaudí*, p. 357.

9. Rogent Pedrosa, F., *Arquitectura moderna de Barcelona*, Parera y Cía., Barcelona, p. 10.

10. Marfany, J. L., «Gaudí i el modernisme», en la colección de ensayos *Gaudí i el seu temps*, Juan José Lahuerta, ed., Barcanova e Institut d'Humanitats, Barcelona, 1990, pp. 86-87.

11. Henri-Guerrand, R., *Art Nouveau Architecture*.

12. Zerbst, R., *Antoni Gaudí*, Taschen, Verlag, Colonia 1993, p. 98. (*Gaudí 1852-1926: Antoni Gaudí i Cornet. Una vida dedicada a la arquitectura*, Benedikt Taschen, Colonia 1991.)

13. Ràfols, p. 141, transcrito de Collins, *The Drawings*, p. 42.

14. Glick, T. F. *From Muslim Fortress to Christian Castle*, Manchester University Press, 1995.

15. Guimard Castell Henriette mezcló en Sèvres (1899-1900) un romántico entramado de madera al estilo del norte con motivos militares.

16. No supone una sorpresa descubrir que la ubicación de Gaudí de Bellesguard y su deliberada distribución geográfica tuviera relación directa con el eje polar, y que las ventanas del hueco de la escalera y sus vidrieras que representan las estrellas y los cielos insinúen aún más significados cristianos y esotéricos.

17. En el mismo año Gaudí diseñó una bandera dedicada a la Virgen de la Misericordia para su compañero Reuseño, residente en Barcelona, con la colaboración de Clapés, quien realizó las escenas bíblicas pertinentes.

18. Erróneamente, la historia se ha atribuido a las otras dos casas construidas por Gaudí para otros clientes y acabadas durante la misma década, la Batlló y la Milà. Ninguna de éstas, diseñadas por Gaudí, disfrutaron del lujo de una simple pared recta. Al final, Bassegoda ha atribuido en firme la historia del piano a la casa de la marquesa de Castelldosrius teniendo en cuenta los planos de planta, la anchura de las puertas y medidas del piano. Bassegoda i Nonell, J., *El gran Gaudí*, p. 435.

19. *Ibíd.*, p. 378.

20. Kneipp fue el párroco de Wörishofen, en Alemania, que promovió el valor de la hidroterapia y el aire libre. Los pacientes recibían un tratamiento de choque de agua fría y caliente y eran alentados a dormir con las ventanas abiertas durante todo el año.

21. Edwards, J., *The Roman Cookery of Apicius*, Rider, Londres, 1984.

22. Bassegoda i Nonell, *L'estudi*, p. 297.

23. Cardoner Blanch, F., «Gaudí en la intimidad», ensayos en *Jornadas Internacionales de Estudios Gaudinistas*, p. 617.

24. Matamala, J., p. 100.

25. Herrera, p. 100.

26. Rhode, E., *The History of Cinema*, Allen Lane, Londres, 1976.

27. Cuando Gaudí trabajó en el parque de la Ciutadella como estudiante de arquitectura se realizó una maqueta de Montserrat para la Exposición Universal.

28. Torii, T., *El mundo enigmático de Gaudí*, Instituto de España, Madrid, 1983, vol. 1, p. 254.

29. En 1900 la ciudad natal de Gaudí, Reus, propuso reformas para el santuario de la Misericordia. Tras realizar bocetos iniciales y una maqueta, los trabajos se interrumpieron en 1906. Si los planes de Gaudí eran demasiado ambiciosos o si fue un arrebato de resentimiento de una población pequeña es otro misterio sin resolver en la trayectoria profesional de Gaudí tras la pérdida de la documentación debida a los saqueos de la guerra civil española.

30. Martinell, p. 411.

31. Matamala, p. 358.

32. Bergós Massó, p. 93.

33. Ellis, H., *The Soul of Spain*, Constable, Londres, 1908, p. 202.

34. La Lliga había surgido directamente del brazo de propaganda religiosa del partido político Unió Catalanista, una pequeña sección bajo el control de Torras i Bages establecida en 1892 en las Bases de Manresa y redefinida más tarde, en 1893, en la Assamblea de Reus.

35. En *Llei de l'art* Torras i Bages sigue el ejemplo de León XIII de reavivar el tomismo y promover un «acercamiento entre el catolicismo y la cultura contemporánea».

36. Otros ejemplos incluyen Pullman City en Illinois (1867); Saltaire, en la región central de Inglaterra (1852), una serie de pueblos construidos por Krupp más o menos al mismo tiempo que la colonia planeada por Güell —Alfredshof (1894), Altenhof (1900) y Margaretenhof (1906)— y los proyectos de viviendas de bajo coste de Richard Riemerschmid, ganadores del concurso para el Dresder Wekstätten für Handwerkskunt.

37. En Cataluña existían otras colonias industriales anteriores a la Colonia Güell, como, por ejemplo: Can Bros (1854), Colonia Rosal (1858), L'Atmetlla de Merola (1864), Viladomiu Nou (1880) y Els Anglesos, fundada el mismo año que la Colonia Güell. Para un análisis más extenso, véase Sobrino, J., ed., *Arquitectura Industrial en España 1830-1990*, Cátedra, Madrid, 1996.

38. En Quaker Bournville también se recomendaba hacer lo mismo.

39. Rubió i Bellver creó un trío de conceptos relacionados entre sí en su manuscrito inédito *De la Integritat*. «Para que una obra de arte sea una verdadera obra de arte necesita tres cualidades. Existen tres cualidades trascendentales que el espíritu cristiano ha dado al arte y sin las cuales la belleza es imposible, a saber: integridad, proporción y claridad.»

40. Perucho, *Una arquitectura de anticipación*, Polígrafa, Barcelona, 1967, p. 66.

41. Viollet-le-Duc, *Entretiens*, 1863, p. 332.

42. Casanelles, p. 111.

VIII. *In Paradisum*

1. Demostraba con ello el conocimiento superficial del trazado orgánico de Olmsted en 1870 para el Central Park de Nueva York.
2. Transcrito de Collins, p. 37.
3. *Ibíd.*, p. 69.
4. Véase la fenomenal monografía de Conrad Kent y Dennis Prindle *Hacia la arquitectura de un paraíso: park Güell*, Hermann Blume, Madrid, 1992.
5. De Fluvià y Escorsa, A., *Una familia catalana de industriales y mecenas ennoblecidos: los Güell*, Instituto Salazar y Castro Hidalguía, Madrid, 1970.
6. Meier, G., p. 294.
7. En Inglaterra, el doctor Benjamín Ward Richardson, un reformista de la sanidad, había solicitado la creación en Gran Bretaña de una ciudad llamada *Hygela*, y, con la vista puesta en el futuro, también en Barcelona. Los catalanes habían mostrado cierta simpatía por el paraíso socialista *Icaria*, del radical francés Etienne Cabet.
8. En Rojo Albarrán, E., *El Parc Güell, Historia y simbología*. Los Libros de la Frontera, 1997, el autor opina que el parque fue diseñado casi como un acto de nostalgia, en referencia directa al Parque de la Fontaine en Nimes donde Eusebi Güell estudió en la universidad y al diseño de algunos monumentos parisinos, la Madeleine, el Obelisco, la Asamblea Nacional y el centro comercial de Les Halles.
9. Vidal i Mas, J., *El llarg camí d'un poble, cròniques cambrilenques*, ed. de l'ajuntament de Cambrils, en Sala de lectura, Reus.
10. Para una interpretación antropológica del significado cultural del arte popular, véase Geertz, C., *La Interpretación de las culturas*, Gedisa, Barcelona, 1981.
11. Jacobs, M., *Between Hopes and Memories. —A Spanish Journey*, Picador, Londres, 1994, p. 215-216.
12. Kent y Prindle, p. 41.
13. Aunque Eduardo Rojo Albarrán en *El Parc Güell*, p. 101, nos llama la atención sobre la aversión de Gaudí por el intoxicante café y relaciona este edificio con la guarida de la bruja de Hansel y Gretel.
14. Véase Kent y Prindle. A través de la conducta cosmopolita de Maragall circuló gran parte de la cultura de fuera de Cataluña: Nietzsche, Goethe, Wagner y Novalis tienen obras traducidas y defendidas por Maragall.
15. Es significativo que Schinkel considerara el orden dórico como el más importante de entre todos los órdenes clásicos. Para un estudio comparativo del uso del dórico por Gaudí y posibles fuentes véase: Bassegoda i Nonell, J., p. 148-149.
16. Quizá sea una adaptación del yacimiento de Karnak, de 3500 años de antigüedad, o del templo de Isis en Filias del siglo III a. C., en parte sumergido.
17. No se trataba de una completa novedad; tanto Paxton, en el Palacio de Cristal, como Fonseré, en el mercado del Borne, habían empleado el sistema con anterioridad.
18. Al mismo tiempo, Jujol, que colaboró en el conjunto decorativo del parque, estaba trabajando en otra casa para el médico Salvador Sansalvador que también era propietario de la empresa de agua mineral Aguas Radial y de su planta embotelladora en la colina que se alza detrás.
19. Transcrito de Hughes, R., p, 499.
20. La formación de la Sociedad Anónima de Tibidabo resultó muy eficaz y atrajo el patrocinio de la *gent de bé*, como las dinastías Arnus, Macaya, Roviralta, Fornells, Casacuberta, Alsina y Fabra i Puig.
21. Bassegoda i Nonell, J., *L'estudi de Gaudí*. La visita se realizó el 30 de octubre de 1911.

22. Meier Graefe, J., Es posible que se trate de una descripción del banco serpenteante en cuyo caso éste sería anterior a lo que se creía.

IX. La casa de los huesos

1. Leblond, M. A., «Gaudí et l'architecture méditerranéen», *L'art et les artistes*, vol. 11, París, 1911, p. 70.

2. Las memorias detalladas de Bayó Font acerca de las obras en curso quedaron registradas en una entrevista con el profesor Bassegoda justo antes de que el contratista muriera en 1970.

3. Desde entonces ha sido destruida por el inquilino actual del edificio, la lujosa marca Loewe.

4. Mackay D., *L'Arquitectura moderna a Barcelona 1854-1939*, Edicions 62, Barcelona, 1989.

5. Solà-Morales, I., artículo en el catálogo de la exhibición *Arquitectura Modernista*, Barcelona, Hayward Gallery, p. 123.

6. Para un análisis esclarecedor, véase Joan-Lluís Marfany, «Gaudí i el modernisme» en *Gaudí i el seu temps*, pp. 71-99.

X. El fuerte sitiado

1. Rubió i Bellver lo retomaría más tarde, tras la muerte de Gaudí.

2. Numerosos arquitectos participaron en política: Domènech i Montaner, Puig i Cadafalch, Joan Martorell, Félix Cardellach y Gallissà.

3. Solà-Morales Rubió, I., *Eclecticismo y vanguardia*, Gustavo Gili S. A., Barcelona, 1980, p. 43.

4. Casanelles, p. 68.

5. Los proyectos incluían la principal plaza de toros de Barcelona, la Monumental, y un salón de baile, La Paloma. Álvarez Izquierdo, R., *Gaudí*, Ediciones Palabras, Barcelona, 1992, p. 134.

6. Bassegoda i Nonell, J., *El gran Gaudí*, p. 512.

7. Entre los años 1901 y 1920 la industria de la construcción registró un promedio de cinco mil nuevas viviendas por año en Cataluña, la mayor parte en Barcelona. Carlos Sudrià, «La modernidad de la capital industrial de España» en Sánchez, A., ed., *Barcelona 1888-1929*, Alianza Editorial, Madrid, 1994, p. 54.

8. Solà-Morales Rubió, I., *Joan Rubió i Bellver y la fortuna del gaudinismo*, p. 25. Solà-Morales comenta la posibilidad de que la transición hacia el estilo de las casas Batlló y Milà fuera asimismo un elemento importante en el enfriamiento de relaciones entre Gaudí y Rubió, a pesar de que nunca se produjera una auténtica pelea. En 1906 Rubió también aceptó un trabajo como arquitecto para la Diputación.

9. El hijo de Jujol en «Se cumple hoy el primer centenario de Jujol», *Diario Español*, 16 de septiembre de 1979.

10. Matamala, p. 564.

11. Estas anécdotas fueron registradas en unas entrevistas de César Martinell con el doctor Alfonso Trias Maxenchs el 2 y el 20 de junio y recogidas en *Gaudí: su vida, su teoría, su obra*, Blume, Barcelona, traducción inglesa 1975, p. 90.

12. Ràfols, J., p. 122; analizado también en Pabon i Charneco, A., *The Architectural Collaborators de Antoni Gaudí*, tesis doctoral no publicada, Northwestern University, 1983.

13. Los edificios de Pere Falqués i Urpí, como los de Gaudí, se convertirían pronto en el blanco de los chistes de los humoristas satíricos, en particular en el semanal *La esquella de la Torratxa*. Pero la atención se centró sobre todo en estas célebres farolas que aún hoy alumbran el Paseo de Gracia.

14. Endell, A., «The Beauty of Form and Decorative Art» en *Decorative Kunst* I, 1897-1898, Múnich, traducción de T & C Benton y D. Sharp, *Form and Function*, Londres, 1975.

15. Bayó recordó a Puig fisgando en cierta ocasión, mientras Gaudí estaba ausente, para echar un buen vistazo a los arcos catenarios que Gaudí estaba utilizando en el ático de la Casa Milà. En 1913 Puig usaría un sistema similar para las bodegas de las cavas Codorniu, Bassegoda i Nonell, J., *El gran Gaudí*, p. 515.

16. Bergós Massó, J., p. 30.

17. Una descripción que se atribuye a George Collins, el gran erudito americano en Gaudí y presidente de los Amigos de Gaudí de América.

18. Zerbst, p. 29.

19. Cirlot, Juan-Eduardo en *Antoni Gaudí*, ensayos, Estudios Críticos, Serbal, Barcelona, 1991, pp. 93-94, editado por S. Tarragó.

20. En Chicago, Louis Sullivan había terminado los grandes almacenes Carson, Pirie, Scoot, apoyados en un armazón de estructura de metal, justo cuando Gaudí empezaba a trabajar en la casa Batlló en 1904.

21. En 1909, Peter Behren estaba consiguiendo en Berlín una forma flexible en la fábrica de turbinas de la AEG que a primera vista también parecía de una solidez enorme. ¡Una moderna pirámide!

22. La sección del Ensanche entre la calle Aribau y el Paseo de Gracia donde fueron edificadas las casas modernistas más notables.

23. Bassegoda i Nonell, J., *El gran Gaudí*, p. 153.

24. La historia la inició Bayó y ha sido aceptada por los expertos profesor Bassegoda i Nonell y el doctor Arleen Pabon-Charneco de Rocafort como un ejemplo de la capacidad sin igual de Gaudí para resolver problemas y para el pensamiento lateral.

25. «Buenos días y vaya usted con Dios.»

26. Eugeni d'Ors, *Obras completas en catalán, Glossari 1906-10*, Selecta, Barcelona. (Trad. en Casanelles, p. 88.)

27. Flores, C., *Gaudí, Jujol y el modernismo catalán*, p. 246-247.

28. Esto se debe en parte a la idea de los estudiantes y admiradores de Gaudí de que celebrar a Jujol es denigrar a Gaudí. En realidad es al revés. El genio de Gaudí no es independiente, radica también en su capacidad de extraer lo mejor de los demás.

29. Ligtelijn, V. y Saariste, R., *Josep M. Jujol*, p. 14.

30. Al alcanzar el milenio es beneficioso señalar que algunas de las más notables obras de arte producidas hoy en día por el artista alemán Anselm Kiefer se centran en el concepto de mirar atrás desde el futuro hacia nuestro mundo industrializado actual pero desintegrado en artefacto arqueológico, rascacielos y plantas industriales engullidos y cubiertos por hierba y pastos.

31. Bohigas, O., Jujol J. M., en *Arquitectura Bis*, marzo de 1976. Moneo, R., «Arquitectura en los márgenes» en *Arquitectura Bis*, marzo de 1976.

32. En su propia obra en la localidad próxima a Barcelona de Sant Joan Despí y en particular en la Torre de la Creu, 1913, conocida cariñosamente como la *Torre dels Ous*, «La torre de los huevos», y en la *Casa Negre*, construida entre 1915 y 1926, y un puñado de iglesias y santuarios medio construidos y abandonados en el Baix Camp subyace la reivindicación de Jujol de su posición como padrino de la escultura abstracta del siglo xx, en particular, de la escuela del *assemblage*.

33. Matamala, p. 445.

34.   Bassegoda i Nonell, J., *El gran Gaudí*, p. 514.

35.   Martinell, p. 84.

36.   Bassegoda i Nonell, J., *El gran Gaudí*, p. 523.

37.   Número de orden 10.526 de la Comisión del Ensanche de Barcelona.

38.   La obra anterior de Gaudí, la Casa Batlló, se ha descrito como una obra de arte de arquitectura «prefigurada» donde el edificio explica un relato a la par que tiene una reconocida personalidad, esto es, el tema de san Jorge y el dragón. Podría ser una coincidencia pero el mayor proyecto de este género, ilustrado además, fue el elefante triunfal de C. F. Ribart de 1758, llamado Grand Kiosque à la Gloire du Roi, ideado para alzarse en los Campos Elíseos. Se trataba de una casa de dos plantas con la forma de un elefante y con la trompa del animal que se desdoblaba en dos, una fuente y un desagüe, que evacuaba el agua sobrante del «tocador» alojado en su cerebro.

39.   Bassegoda i Nonell, J., *El gran Gaudí*, p. 523.

40.   Collins, G. R.

41.   Perucho, J., p. 154.

42.   Casanelles, E., p. 83.

43.   Ruskin, J. pp. 133-134.

44.   Tras la Casa Milà hay también una estética oriental que se advierte en las pinturas populares de Hokusai. La casa de Bruno Cuadras en Vilaseca de 1883 tuvo una clara inspiración oriental así como el hotel España de Domènech. En el siglo XVIII las pequeñas figuras de los grabados de J. B. Fischer von Erlach miran a lo alto hacia unas estilizadas montañas chinas. Es probable que Gaudí hubiese visto los grabados de George le Rouge en sus jardines anglochinos de 1767-1787.

45.   Dalí, S., ilustra ejemplos de estas rocas en su artículo en *Minotaure*.

46.   Hughes, R., *Barcelona*, p. 516.

47.   Torii, T., p. 265.

48.   Bassegoda i Nonell, J. *Antoni Gaudí*, Caixa de Catalunya, Edicions 62 (edición en catalán), Barcelona, 1992, p. 107.

49.   Permanyer, p. 144.

50.   Aquí tampoco tiene valor alguno que «superrealismo» fuera el término que André Breton utilizara primero, mejor que «surrealismo». Hiperrealismo serviría también pero no explicaría la atracción de la Casa Milà sobre Salvador Dalí y muchos de los otros surrealistas.

51.   De Maeztu, R., «El arquitecto del Naturalismo», en *Nuevo Mundo*, n.º 897, 16 de marzo de 1911, en Casanelles, p. 89.

52.   Casanelles, p. 84.

53.   Publicado en *Cu-Cut!*, 21 de enero de 1909.

54.   Transcrito de Hughes, R., p. 499.

55.   Bergós Massó, J., *Gaudí, el hombre y su obra*, Cátedra Gaudí, Barcelona, 1974, p. 49.

56.   Bassegoda i Nonell, J. *El gran Gaudí*, p. 17. Según él, Rosita vive entre los años 1876-1912. Su madre, Rosa, no murió por lo tanto en el parto como han sugerido varios autores, incluido Bergós Massó.

57.   Bergós Massó, p. 49.

XI.   La cueva refugio

1.   En su artículo en *Minotaure* Salvador Dalí atrae nuestra atención hacia el clasicismo apolíneo de la Casa Milà al transformar los ropajes de las mutiladas Parcas del Partenón en esta obra de arte modernista. Con unos cuantos ingeniosos ga-

rabatos y la introducción de unas diminutas figuras el surrealista lleva el edificio de vuelta a la época clásica.

2.   Schama, S., *Landscape and Memory*, Harper & Collins, Londres 1995, p. 404. El modelo dinocrático para el monte Athos fue también, por casualidad, ilustrado por Johann Bernard Fischer von Erlach en su esquema de arquitectura histórica en 1721.

3.   En Carandell, J. M., *La Pedrera: Cosmos de Gaudí*, Fundació Caixa de Catalunya, Barcelona, 1992, el autor señala las similitudes entre una de las puertas de entrada de la Casa Milà y la forma de un feto humano.

4.   En Stoichita, V. I., *Visionary Experiences in the Golden Age os Spanish Art*, Reaktion Books, Londres, 1995, el autor debate sobre los problemas de «retratar lo irrepresentable». En p. 7 escribe: «Según Tomás de Aquino la palabra "visión" tiene dos significados: el primero es lo que percibe el órgano de la visión; el segundo lo que la imaginación o el intelecto perciben en su interior. En el plano místico, la experiencia visionaria no tiene por qué ser óptica aunque lo que queda es la percepción de una imagen.» En este sentido podría ser acertado describir la Casa Milà como una obra de arte «visionaria» de la arquitectura.

5.   *Ibíd.*

6.   Brown, J., *Images and Ideas in Seventeenth-Century Spanish Painting*, Princenton University Press, 1978, p. 36.

7.   Uno de los escultores franceses románticos más radicales, Auguste Préault, muy admirado por Baudelaire, no llevó a cabo la ambición de su vida de esculpir toda la montaña de Le Puy.

8.   Schama, S., p.404.

9.   El escultor Josep M. Subirachs también señala esto en Gimferrer, P., ed., *Gaudí: El jardí dels guerrers*, Lunweg, Barcelona, 1987. p. 150. Subirachs ha sido el designado para finalizar la Sagrada Familia.

10.   *Ibíd.*, p. 63.

11.   Hauser, A. *The Social History of Art*, Routledge & Kegan Paul, Londres, 1962, p. 170. (*Historia social de la literatura y el arte*), Guadarrama, Barcelona, 1982.

12.   Kandinsky, W., *De lo espiritual en el arte*, Barral, Barcelona, 1973.

13.   En *La Pedrera: Cosmos de Gaudí*, Carandell, J. M., el autor cita el cuarto canto de Verdaguer en *La Atlántida* con su cataclismo geológico como posible fuente.

14.   «Materia pútrida como castigo por los pecados que no cesan en su tentación: el paroxismo del amor que no puede ser sino pecado tiene su respuesta en la muerte más ejemplar, la única con la que puede lidiar directamente, la descomposición.» Lahuerta, J. J., en el catálogo de la exposición de arquitectura de Gaudí en la Pedrera 1996, artículo «Gaudí, Dalí: The Elective Affinities», p. 54.

15.   Casanelles.

XII.   Nubes de tormenta

1.   Traducción de Shubert, A., *A Social History of Modern Spain*, Unwin Hyman, Londres, 1990.

2.   De 85.000 en 1800 a 533.000 en 1900. La esperanza de vida en Barcelona en 1900 era de sólo veintiséis años.

3.   Vicens Vives, J., *Els catalans*, p. 165.

4.   En realidad, según la Enciclopèdia Catalana, durante el período 1900-1930 los murcianos no representaban más que el 1,5% de la población catalana, y tan sólo el 17,4% de la inmigración total. En el otro centro industrial español, el País Vasco, los de fuera fueron llamados despectivamente *maketos*.

5. Preston, P., *La Guerra Civil española 1936-1939*, Planeta, Esplugues de Llobregat, 1987.

6. La abulia, una pérdida de voluntad, fue un concepto fundamental en el análisis de la Generación del 98 sobre el declive español. Sobre todo fue utilizado por el filósofo y crítico cultural Ortega y Gasset.

7. La falta de inversión de capital (Comillas fue la excepción) para pasar de la vela al vapor fue en parte la causa del dramático descenso del número de propietarios de embarcaciones.

8. Al igual que otras muchas ideas revolucionarias el anarquismo fue importado del otro lado de los Pirineos. En 1854, el mismo año que la huelga general, el político federalista catalán Pi i Margall había publicado *Reacción y Revolución*, en la cual daba voz a las ideas de Proudhon. «Todo hombre que tiene poder sobre otro es un tirano.» El verdadero espíritu tras el creciente movimiento anarquista en España fue el de Mijaíl Bakunin y el de su discípulo Giuseppi Fanelli, quien visitó España en 1868.

9. El cuarenta por ciento del programa republicano consistía en pura censura anticlerical. Los supuestos enlaces entre la causa de los carlistas monárquicos y la iglesia ultramontana popularizaron aún más la causa anticlerical.

10. Cohn, N., *The Pursuit of the Millenium*, Temple-Smith, Londres 1970, p. 81.

11. Periodista a tiempo parcial y vendedor de seguros, Rafael Shaw ha sido tachado por Raymond Carr de partidista, proporcionando con ello un catálogo perfecto de todos los prejuicios contemporáneos en contra de la iglesia católica.

12. El cumplimiento de la Pascua en Logroño pasó de un setenta por ciento en 1870 a por debajo del cuarenta a finales de siglo. En Barcelona y Vic un indicador más fiable fue el notorio declive de personas que solicitaron la extremaunción. Shubert, A., p.162.

13. Vicèns Vives, *Approaches to the History of Spain*, University of California Press, segunda edición, 1970, p. 145.

14. Shubert, A.

15. El padre Vicent, un jesuita valenciano, en su *Anarquismo y Socialismo* (1895), equipara la pobreza al pecado original.

16. Ullman, J. C., *The Tragic Week*, Harvard University Press, Cambridge, Massachussets, 1968, p. 49.

17. Había incrementado el número de socios a 73.000.

18. Recientemente retirado tras veintiséis años de leal y distinguido servicio en el CID, Arrow se ha hecho famoso como el azote de la división D; conocido y temido por todos en las casas de juego del Soho y la plaza Leicester. Uno de los casos más famosos de Arrow fue la disolución de una banda de jóvenes chantajistas de clase alta del West End londinense y la resolución del famoso caso del reloj perdido del almirante Nelson mediante la aplicación de la nueva técnica de las huellas digitales.

19. De *The Police Review and Parade Gossip*, Metropolitan Police in House Gazette, Londres, 26 de julio de 1907, p. 357 y 2 de agosto de 1907, p. 363.

20. 22 de julio de 1909.

XIII. La Semana Trágica

1. El mejor tratado sobre la Semana Trágica sigue siendo Ullman, J. C., *The Tragic Week*.

2. Cacique al viejo estilo, Foronda había traído a muchos de los trabajadores de su pueblo Castorza en Andalucía. Apartados de la política local y sin representación sindical, los trabajadores descubrieron que su medio de vida estaba por completo a merced de Foronda.

3. Apodado el «héroe laxante», se había tragado una fuerte dosis de laxantes para asegurarse la ausencia a las difíciles negociaciones.

4. En 1886 la obra de teatro de Jaume Piquet *La monja que fue enterrada con vida*, que transcurría en el convento jerónimo, disfrutó de mucho éxito en el teatro Odeón.

5. El hecho de que, con el transcurso del tiempo, todos estos singulares descubrimientos hallaran explicaciones perfectamente razonables no sirvió de mucho en el momento álgido de la tormenta. La imprenta «ilegal» era para la producción de indulgencias, certificados y devotas estampas religiosas; las monjas jerónimas habían heredado esas acciones del gobierno; y la hermosa monja era Leonor, princesa de Aragón.

6. Era práctica común entre los aristócratas el garantizar su propia seguridad «animando» a la guardia civil a hospedarse en sus propiedades. El marqués de Marianao tenía un acuerdo semejante en el parque Samó, al igual que los Comillas en Asturias. Su oficina principal en Ujo estaba al lado del cuartel.

7. Martinell, p. 91. El texto original procede de una entrevista de Martinell con el escultor J. M. Camps Arnau del 27 de abril de 1955.

8. Se le prendió fuego a San Felipe Neri en la calle Sol, así como al convento de las carmelitas descalzas del Portal de l'Àngel.

9. Amalang, J. S., *12 Walks*, p. 145. Maragall escribiría su artículo más famoso, el muy polémico «La Iglésia Cremada», acerca de la quema de San Juan, a finales de 1909.

10. Martinell, p. 90.

11. Bassegoda i Nonell, J., *El gran Gaudí*, p.157.

12. Años más tarde sigue siendo muy actual. El n.º 25 de *Cu-Cut!*, del 19 de junio de 1902, fue dedicado en su totalidad a Verdaguer. En 1904 *En Patufet* dedicó los ejemplares de junio y agosto a este notable personaje.

13. Shubert, p. 162.

14. En 1948 fue enviada una solicitud al Vaticano para promover la beatificación de Claudio López.

15. En Francia Lucien Harmel, un industrial católico, había organizado peregrinajes en la década de 1880. El «éxodo» de 1889 para ver a León XIII fue respaldado por diez mil trabajadores. *Saints and Sinners - A History of the Popes*, Duffy, E., Yale University Press 1997, p. 239.

16. Kent y Prindle, p. 47.

17. Los disturbios en los que Gaudí debía de estar pensando serían o bien los surgidos con la construcción de la segunda basílica por Teodosio II en 415 ante el ataque de los godos y los hunos o bien los grandes alborotos de Nika en 532 tras los cuales el emperador Justiniano prometió que reconstruiría la gran iglesia por tercera vez.

18. Entre las fuerzas de seguridad, la Guardia Civil y los militares hubo 8 muertos y 124 heridos. Las fuerzas alborotadoras contaron 104, un número que muchos historiadores consideran una burda subestimación debido a la necesidad de los alborotadores y sus familias de distanciarse lo más posible de la insurrección durante las semanas siguientes.

19. Rafael Shaw.

20. Bookchin, M.

21. En un principio se pensó que Ferrer había conseguido huir a Francia. De hecho, al igual que los mártires cristianos antes que él, se escondió en cuevas cercanas al Mas Germinal. El error de Ferrer fue verse tentado a salir de su escondite por la necesidad de completar unas transacciones urgentes que alertaron a las autoridades de que aún estaba en España.

22. Benet, J., *Maragall y la semana trágica*, Península, Madrid, 1966.

23. Prat de la Riba era el editor y los censores, el padre Clascar e Ignasi Ca-

sanovas, habían realizado muy pronto severas supresiones. De haberse publicado podría haber salvado la vida de Ferrer. Es típico de la generosidad de espíritu de Maragall el que nunca le guardara rencor a Prat de la Riba por este hecho. Un mes más tarde leyó una loa de Prat en un banquete oficial.

24. *Arts Council Catalogue*, Barcelona, 1985, traducción de Arthur Perry.

25. Benet.

26. *Ibíd*.

XIV. Arrojar un guijarro

1. Martinell, p. 84. La Casa Milà abrió el camino a otras. En particular, según Martinell, el edificio de Vicente Ferrer en la esquina de la ronda de San Pedro y la plaza Cataluña.

2. Martinell lo data el 28 de diciembre de 1910 mientras que Bassegoda i Nonell establece categóricamente el 28 de diciembre de 1909, lo que tiene más sentido, ya que el permiso definitivo para el edificio fue concedido sin reservas el 5 de julio de 1910.

3. Mani compartió con Gaudí una tendencia hacia las megalómanas escalas descomunales. Cuando se le preguntó cuán grande quería su escultura *Els degenerats*, respondió: «Me gustaría verla en el desierto tan grande como la Esfinge egipcia.» Bassegoda i Nonell, J., *L'estudi de Gaudí*, p.307.

4. Torii, p. 270. Citado originalmente de «El Santo Rosario en Cataluña», en *Templo*, Año 103, Barcelona, octubre de 1969, pp. 6-7.

5. Bassegoda i Nonell, *El gran Gaudí*, p. 517.

6. *Ibíd*., pp. 516-517.

7. En otra ocasión hizo alarde de lavarse la cara en el mismo lavatorio que Matamala padre, quien tenía cáncer de piel.

8. Buenaventura Bassegoda i Amigó en su cargo como presidente del colegio de Arquitectos resolvió el caso Milà a favor de Gaudí.

XV. «Símbolos densos como árboles»

1. Antoni Gaudí, *Manuscritos, artículos, conversaciones y dibujos*, Col. de Arquitectos n.° 6, ed. de Marcia Codinachs, Consejería de Cultura del Consejo Regional, Murcia, 1982, p. 123.

2. *Manuales de arquitectura* 7, Jornadas Internacionales de Estudios Gaudinistas. Publicaciones del colegio oficial de arquitectos de Cataluña y Baleares, Blume, Barcelona, 1970, p. 76.

3. Ésta es la cantidad de Martinelli, aunque Bassegoda i Nonell, en *El gran Gaudí*, p. 548, lo cifra en el doble, a saber, ocho mil pesetas; este cálculo, sin embargo, podría incluir los muebles.

4. Martinell, p. 332.

5. Tanto mosén Gil Parés como Ignasi Casanovas fueron ejecutados en 1936.

6. Bassegoda i Nonell, J., *L'estudi de Gaudí*, p.220.

7. Matamala, p. 117.

8. *Ibíd*., p. 501.

9. Joaquín Mir, autor del cuadro *Catedral de los pobres*.

10. Matamala, p. 268.

11. *Ibíd*., p. 605.

12. Años más tarde en una cena oficial de la Asociación de Arquitectos Gau-

dí, para deleite de la concurrencia allí reunida, humilló a Domènech i Montaner al
burlarse de su empleo del pastiche histórico.

13.   Rohrer, J. C., «Una visió apropiada», en ed. Juan José Lahuerta, *Gaudí y
el seu temps*.

14.   Joaquín Vilaplana, un farmacéutico de Vic, adonde Gaudí había ido a re-
cuperarse.

15.   Muchos libros sobre Gaudí hacen hincapié en que la exposición de París
fue un fracaso absoluto.

16.   No existe ninguna confirmación convincente de si Gaudí sufrió una anemia en 1910, antes de su traslado a Vic, y brucelosis en 1911, al año siguiente, cuando fue llevado a Puigcerdà, en los Pirineos, o si los dos colapsos nerviosos fueron
fruto de lo mismo.

17.   Trias, A., «Gaudí visto por un amigo», en *Jornadas internacionales de estudios gaudinistas*, p. 64. Entre la generación de Louis Pasteur era de conocimiento común que la *brucella malitensis* procedía de la leche de cabra, probablemente un inocente regalo de uno de los cabreros de la Sagrada Familia.

18.   Martinell también explica una anécdota según la cual Gaudí a menudo llevaba un huevo crudo en su bolsillo, a modo de tentempié instantáneo, alardeando
de que su cáscara era la materia más fuerte que la naturaleza tenía para ofrecer. Renunció a esta práctica cuando el mayor Alberto Bastardas le dio una jovial palmada
tras la celebración de una misa, lo que provocó que el contenido del huevo se le de-
rramara por dentro de los pantalones. Martinell, p. 114.

19.   Bassegoda i Nonell, J., *L'estudi de Gaudí*, p. 180.

20.   Castellanos, J., «Torras i Bages i Gaudí», en *Gaudí i el seu temps*, p. 176.

21.   Elias, I., *Gaudí*, p. 168.

22.   Martinell, p. 113.

23.   Martinell, p. 92.

24.   *Gaudí and modernisme català. Human Love and Design*, catálogo de la Exposición Mundial de Diseño, Japón, 1989.

25.   Matamala, p. 529.

26.   *Ibíd.*, p. 473.

27.   *Ibíd.*, p. 475.

28.   En Francia, uno de los discípulos de Viollet, Anatole de Baudot, y su ayudante Cottancin desarrollaron un sistema de trabajo con hormigón. Pero en 1897 su
innovadora construcción, la iglesia de St. Jean de Montmartre, fue cerrada durante
tres años por insegura.

29.   Con el *trencadís* se controlan los procesos de desintegración e integración
cuando los objetos que conocíamos con anterioridad se destrozan y hacen añicos para
formar nuevos modelos y motivos. Es una perfecta metáfora del proceso creativo y
el frágil estado de salud de Gaudí al mismo tiempo.

30.   Muchos críticos han subrayado la similitud entre las técnicas de *collage* de
Picasso y Braque. Pero también se alimenta del simbolismo y estilo *cloisonné* de Gau-
guin, con sus secciones de color intenso, mientras da un salto hacia el *collage* dadá
de Kurt Schwitter Merzbau del período de entreguerras. Es revolucionario; una obra
fundamental del arte modernista del siglo xx.

31.   Perucho, p. 140.

32.   Kent y Prindle, p. 179.

33.   Casanelles, p. 87.

34.   Rubió i Bellver, *De la integritat*, manuscrito inédito, p. 14: «*Tres grans qualitats ha de tenir l'obra perque sigui verament una obra d'art. Tres són las trascendentals par-
ticipacions que l'esperit cristià ha comunicat als estils artistics. Son aquelles qualitats sense les
quals no pot existir res que es pugui dir bell: són la integritat, la proporció i la claritat.*»

35.   Bonet Armengol, J., «*La plástica de Gaudí*», en *Manuales de arquitectura 7, Jornadas internacionales de estudios gaudinistas*, Blume, Barcelona, 1970, p. 36.

36.   Mientras estaba en la Escuela de Arquitectura, el joven Gaudí había estudiado las teorías del filósofo natural Robert Hooke, buen amigo de sir Christopher Wren, quien, como comisario de experimentos en la recientemente fundada Royal Society, había elaborado sus ideas acerca del arco catenario. Gaudí había estudiado a Hooke sobre el original o en una más actualizada y clara exposición a cargo del profesor de mecánica en la Royal Institution, John Millington, cuyos *Principios elementales de filosofía natural*, publicados en 1830 mientras trabajaba como jefe de ingenieros en la mina de plata de Guanaxuato, en México, había sido traducido al castellano en 1848. *L'art de Batir*, de Jean-Baptiste Rondelet, 1817, y *Essai sur le signes inconditionnels dans l'art*, 1827, y los escritos de Quatremère de Quincy también habían interesado a Gaudí. La catenaria o arco parabólico y sus asociaciones dinámicas habían hecho reflexionar a Galileo, Descartes, Bernouilli, Huyghens, Leibnitz, el escocés David Gregory e Isaac Newton.
En Collins, G. R. *The Design Procedures and Working Methods of the Architect Antonio Gaudí*, Congreso Internacional de Historia del Arte, Granada, 1973, el autor llama la atención sobre otros modelos funiculares: en el siglo XVIII el análisis de Giovanni Poleni de la cúpula de San Pedro en Roma y las especulaciones teóricas de Heinrich Hübsch de 1830, pero duda de que influyeran de forma directa sobre Gaudí.

37.   Esta idea procedía directamente de la *Summa Theologica* de Tomás de Aquino. El texto prueba la influencia que Torras i Bages, descrito una vez como «la conciencia de Cataluña», asumió casi sin variaciones.

38.   Ruskin, J., *Las siete lámparas de la arquitectura*, p. 2.

39.   Bassegoda i Nonell, *El gran Gaudí*, p. 371.

40.   Moffitt, J. F., *The Arts in Spain*, Thames & Hudson, Londres, 1999, p. 142.

41.   Bergós, J., 1954, p. 96.

42.   Otto, R., *The Idea of the Holy*.

43.   Martinell, p. 113.

44.   Bassegoda i Nonell, *El gran Gaudí*, p. 371.

45.   En particular Eduardo Rojo Albarrán en *Antonio Gaudí: ese incomprendido*, Ernesto Milà en *El misterio Gaudí* y Joan Llarch en *Biografía mágica*.

46.   Lahuerta, J., p. 193 y Castellanos, J., «Torras i Bages i Gaudí», en *Gaudí i el seu temps*, pp. 182-185.

47.   Matamala, p. 479.

48.   Abella, D., *Retrat caracterologic* en *Antonio Gaudí*, Criterion, Editorial Franciscana, Barcelona, 1964, p. 15.

49.   Martinell, p. 114.

50.   Matamala, p. 265.

51.   Trias, A., *Gaudí visto por un amigo*, Jornadas Internacionales, p. 95.

52.   *Ibid.*

53.   Cardoner Blanch, p. 87.

54.   Matamala, p. 275.

55.   Castellanos, p. 186.

56.   Berenguer de Montagut.

57.   Bassegoda i Nonell, *El gran Gaudí*, p. 557.

58.   Esto a pesar de que muchos de sus profesionales, como Gaudí, procedían de la *menestralia* catalana, los hijos de comerciantes, empresarios de poca importancia, expertos trabajadores y artesanos.

59.   Molas, I., *Barcelona, a European City*, Exposición de Arte del Ayuntamiento, p. 89.

60.   Una década más tarde, el Parque Güell, así como Montjuïc, pasarían a ser de propiedad pública.

XVI.   La catedral de los pobres

1.   Matamala, p. 140.
2.   Adquirido en 1999 para la colección de Carmen Thyssen-Bornemisza.
3.   Rohrer, p. 195.
4.   Gaudí tuvo la sensación de que Alfonso era «*llarg de cames i curt de cos*».
5.   Gaudí y Unamuno ostentaban posturas opuestas en lo que a la autonomía de Cataluña se refería. Unamuno estaba orgulloso de haber nacido vasco, pero aún lo estaba más de España como nación, que en su opinión sólo podía mantenerse siendo leal a Castilla.
6.   Collins y Bassegoda, p. 43.
7.   En términos arquitectónicos, su inquieta energía se remonta a Churriguera, o a la capilla de 1732 El Transparente, de Narcís Tomé, en la catedral de Toledo. El Transparente de Tomé invierte la perspectiva al utilizar la técnica barroca de la anamorfosis donde todo está equilibrado si se mira desde el punto de vista de Dios, Apocalipsis 4,1, a través de «una puerta abierta en el cielo». Véase Moffitt, J., pp. 125-126. Esta clase de uso simbólico de la perspectiva la empleó Gaudí en el banco del Parque Güell.
8.   ¿Se trata de la forma de Gaudí de ilustrar las ideas de renacimiento y regeneración en curso en ese momento como las expuestas por el escritor español Azorín, o hace referencia al concepto de Nietzsche de *ewige Wiederkunft*, la recurrencia eterna? ¿Quizá el edificio está atrapado en un estado de flujo Bergsoniano?
9.   Matamala, p. 667.
10.   Para los que no visiten Barcelona en la época adecuada para ver los belenes o el encantador mercado de pequeñas figuras a la sombra de la Sagrada Familia, existe una exposición permanente en el monasterio de Pedralbes que vale la pena visitar y que ahora pertenece a la colección Thyssen.
11.   Los *castells* son práctica habitual en muchas ciudades de Cataluña, Valls es la más famosa en este sentido. Las librerías tienen mucha documentación sobre el tema: *Castells i castellers*, de Xavier Brutons, está muy bien ilustrado, así como *La colla Xiquets de Tarragona*, de Josep Bargalló Valls, pero son insignificantes comparados con la imponente obra en dos volúmenes y dos mil páginas titulada *Món Casteller* y publicada por Rafael Dalmau en 1981.
12.   Richardson, p. 62.
13.   Camille, *The Gothic Idol*, p. 347.
14.   Gómez Serrano, J., *L'Obrador de Gaudí*, UPC, Barcelona, 1996.
15.   Matamala, p. 162.
16.   La tradición del estudio anatómico, considerada a menudo uno de los grandes legados del Renacimiento y el humanismo, comenzó en realidad en la escuela de medicina del monasterio de Guadalupe poco después de 1322 con pleno conocimiento y apoyo de la Iglesia católica. Calvo Serraler, F., *Paisajes de luz y muerte*, Tusquets, Barcelona, 1998, p. 125, cita el libro *La muerte y la pintura española*, de Manuel Sánchez Camargo, publicado en 1954.
17.   Matamala, p. 219.
18.   Trias, p. 95.
19.   Matamala, p. 256.
20.   Para una explicación excelente respecto de la importancia de El Greco en

los artistas del siglo xx, véase el catálogo de la exposición del MNAC *El Greco. Su revalorización por el Modernismo catalán*, Barcelona, 1996.

21.   Martinell, p. 105.

22.   *Ibíd.*, pp. 111.

23.   Ràfols, p. 212.

24.   Matamala, p. 681.

25.   Martinell, C., *Conversaciones con Gaudí*, Punto Fijo, Barcelona, 1969, p. 108.

26.   Trias, p. 96.

27.   En enero de 2000, gracias a un encuentro casual, Joan Bolton, un profesor español en Dorset que conocía bien a la familia Tomás, me relató esta historia, que todos en su familia conocían. Ángel Tomás siempre había deseado aclarar su intervención, en particular en el período de histeria que siguió a la muerte de Gaudí.

28.   Martinell, p. 116.

29.   Álvarez Izquierdo, p. 291.

30.   En ese mismo momento, un Lorenzo Matamala postrado en cama, levantó la cabeza y dijo, según su mujer y su hija Teresa: «Mira. Es don Antoni... ¿No quiere pasar?» Y unos segundos más tarde: «Me alegro de que haya venido... ¡Cuánta luz hay!», Matamala, p. 690.

31.   Martinell, C., *Conversaciones con Gaudí*, p. 121.

32.   Mackay, p. 48.

33.   Lahuerta, J. J., «*Dalí. Arquitectura*», catálogo de la exposición sobre la Casa Milà, Fundació Caixa de Catalunya, Barcelona, 1996, p. 54.

34.   Gimferrer, ensayo de Subirachs «Nocturnal Gaudí», p. 150.

BIBLIOGRAFÍA

ÁLVAREZ IZQUIERDO, R., *Gaudí*, Ed. Palabra, Madrid, 1992.

BASSEGODA I NONELL, J., *Gaudí: La arquitectura del Futuro*, Barcelona, 1984.

—, *Gaudí*, Barcelona, 1985.

—, *El gran Gaudí: La arquitectura del futuro*, Sabadell (Barcelona), 1989.

—, y COLLINS, G. R., *The Designs and Drawings of Antoni Gaudí*, Princeton, 1983.

BERGÓS MASSÓ, Juan, *Antoni Gaudí - l'home i l'obra*, Ariel, Barcelona, 1954.

—, *Gaudí*, 2ª ed. revisada y anotada por Juan Bassegoda i Nonell, ed. Dirección General del Patrimonio Artístico y Cultural, Ministerio de Educación y Ciencia, 1976.

CANELA, M., *La fantasía inacabable de Gaudí*, Barcelona, 1980.

CARANDELL, J., *La Pedrera, cosmos de Gaudí*, Barcelona, 1992.

—, *La utopía del Parque Güell*, Menorca, 1998.

CASANELLES, E., *Nueva visión de Gaudí*, Ediciones La Polígrafa, Barcelona, 1965.

CASTELLAR-GASSOL, J., *Gaudí: la vida d'un visionari*, Barcelona, 1999.

CIRLOT, J., *El arte de Gaudí*, Barcelona, 1950.

COLLINS, G. R., *Antonio Gaudí*, Bruguera, Barcelona, 1961.

—, *A bibliography of Antonio Gaudí and the Catalan Movement 1870-1930*, Charlottesville, Ed. W.B.O'Neal, 1973.

DESCHARNES, R., *La vision artistique et religieuse de Gaudí*, Lausana, 1969.

ELIAS, J., *Gaudí, assaig biogràfic*, Ed. Circo, Barcelona, 1961.

FLORES, C., *Gaudí, Jujol y el Modernismo catalán*, Madrid, 1982.

FUNDACIÓ CAIXA DE CATALUNYA, *La Pedrera - Gaudí y su obra*, Barcelona.

GAUDÍ, CONSTRUCTOR, *Informes de la Construcción*, vol. 42. n°. 408, julio-agosto, 1900, Instituto Eduardo Torroja, Consejo Superior de Investigaciones Científicas, Madrid.

GIMFERRER, P., *Gaudí: El jardí dels guerrers*, Barcelona, 1987.

GÜELL, X: *Antoni Gaudí*, Barcelona, 1990.

KENT, C. y PRINDLE, D., *Park Güell*, Princeton Architectural Press, EE.UU., 1993.

LAHUERTA, J. J., *Antoni Gaudí 1852 - 1926: Arquitectura, ideología y política*, Ed. Electa, Madrid, 1993.

LAHUERTA (ed.), *Gaudí i el seu temps*, Barcanova, Institut d'Humanitats, Barcelona, 1990.

LLARCH, J., *Biografía mágica de Gaudí*, Barcelona, 1982.

MARTINELL, C., *Gaudí. Su vida, su teoría, su obra*, Barcelona, 1967.

MATAMALA, J., *Antonio Gaudí: Mi itinerario con el arquitecto*, en Cátedra Gaudí, 1960.

MILÁ, E., *El misterio Gaudí*, Barcelona, 1994.

MOLEMA, J., *Antonio Gaudí*, Torrelavega, 1992.

MOWER, D., *Gaudí*, Oresko Books, Londres, 1977.

PABON-CHARNECO, A., *The Architectural Collaborators of Antoni Gaudí*, tesis presentada en la Northwestern University, EE.UU., 1983.

PANE, R., *Antoni Gaudí*, Ed. di Comunità, Milán, 1964.

PERUCHO, J., *Una Arquitectura de Anticipación*, Ediciones La Polígrafa, Barcelona, 1967.

PLA, J., *Homenots*, Barcelona, 1969.

POBLET, J. M., *Gaudí, l'home i el geni*, Barcelona, 1973.

PUIG BOADA, I., *El Temple de la Sagrada Familia*, Barcelona, 1929 y 1952.

—, *El pensament de Gaudí*, Barcelona, 1981.

RÀFOLS, J., *Gaudí*, Ed. Canosa, Barcelona, 1929.

ROJO, E., *Antoni Gaudí, aquest desconegut: El Park Güell*, Barcelona, 1986.

—, *Antonio Gaudí, ese incomprendido: La Cripta Güell*, Barcelona, 1988.

SOLA-MORALES, I., *Gaudí*, Barcelona, 1983.

SWEENEY, J. J. y SERT, J. L., *Antoni Gaudí*, The Architectural Press, Londres, 1960.

TAPIÉ, M., *La Pedrera*, Barcelona, 1971.

TARRAGÓ, S., Prólogo: George R. Collins, *Gaudí*, Ed. Escudo de Oro, Barcelona.

—, *Antoni Gaudí*, Estudios Críticos, Ediciones del Serbal, Barcelona, 1991.

TARRAGONA, J. M., *Gaudí: Biografia de l'artista*, Barcelona, 1999.

TOMLOW, J., *Gaudí*, Delft, 1979.

TORII, T., *El mundo enigmático de Gaudí*, Madrid, 1983.

VINCA MASINI, L., *Gaudí*, Londres, Hamlyn, 1970.

ZERBST, R., *Antoni Gaudí*, Taschen Verlag, Colonia, 1993.

BIBLIOGRAFÍA GENERAL

ALLISON PEERS, E., *Catalonia Infelix*, Methuen & Co., Londres, 1937.

ANDREWS, C., *Catalan Cuisine*, Headline Book Publishing PLC, Londres, 1989.

ASTON, D., *Picasso on Art*, Thames & Hudson, Londres, 1972.

ASLIN, E., *The Aesthetic Movement - Prelude to Art nouveau*, Ferndale Editions, Londres, 1981.

BALCELLS, A., *Catalan Nationalism*, Macmillan Press, Londres, 1996.

BOHIGAS, O., *Reseña y catálogo de la arquitectura modernista*, Barcelona, 1983.

BOOKCHIN, M., *The Spanish Anarchists: The heroic years 1868-1936*, Free Life Editions, Nueva York, 1977.

BRETT, D., *C.R. Mackintosh. The Poetics of Workmanship*, Reaktion Books, Londres, 1992.

CAMILLE, M., *The Gothic Idol - Ideology and Image-making in Mediaeval Art*, Cambridge University Press, 1989.

CARANDELL, J. M., *Salons de Barcelona, dibuixos Aurora Altisent*, Lumen, Barcelona, 1984.

CARR, R., *Spain: 1808-1939*, Oxford at the Clarendon Press, 1966.

COHN, N., *The Pursuit of the Millenium*, Temple Smith, Londres, 1970.

COLLINS, P., *Papal Power*, Fount Harper Collins, 1997.

CONRADS, U. y SPERLICH, H. G., *Fantastic Architecture*, The Architectural Press, Londres, 1963.

CROW, J., *Spain: The Root and the Flower*, University of California Press, 1985.

CROW, T., *Modern Art in the Common Culture*, Yale University Press, 1996.

Dalí Architecture. Catálogo de la exposición en La Pedrera (1996). Fundació Caixa de Catalunya, ensayo de J. J. Lahuerta: *Gaudí, Dalí: las afinidades electivas*.

DIGBY, G. W., *Meaning and Symbol*, Faber & Faber, Londres, 1955.

DIJKSTRA, B., *Idols of Perversity*, Fantasies of Feminine Evil in Fin-de-Siecle Culture, Oxford University Press, 1988.

DIXON, R. y MUTHESIUS, S., *Victorian Architecture*, Thames & Hudson, Londres, 1978.

ELLIS, H., *The Soul of Spain*, Constable & Co., Londres, 1908 y 1937.

FERNÁNDEZ-ARMESTO, F, *Barcelona*, Oxford University Press, 1992.

GANIVET. A., *Idearium Español - Spain: An Interpretation*, Eyre & Spottiswoode, Londres, 1946.

GOLDWATER, R., *Symbolism*, Harper & Row, Nueva York, 1979.

GRAY, P., *Honey from a Weed*, Prospect Books, Londres, 1986.

HANSEN, E. C., *Rural Catalonia under the Franco Regime*, Cambridge University Press, 1977.

HAUSER, A., *The Social History of Art*, Routledge & Kegan Paul, Londres, 1962.

HOWARD, E., *Garden Cities of Tomorrow*, ensayo de Lewis Mumford. *Tomorrow: a Peaceful Path to Real Reform 1898*, Faber & Faber, Londres, 1945.

HUGHES, R., *Barcelona*, Harvill, 1992.

JARDÍ, E., *Torres García*, Ediciones La Polígrafa, Barcelona.

KAMEN, H., *The Phoenix and the Flame: Catalonia and the Counter Reformation*, Yale University Press, New Haven y Londres, 1993.

KANDINSKY, W., *Concerning the Spiritual in Art*, Dover Publications, Nueva York, 1977.

MACKAY, D., *Modern Architecture in Barcelona 1854 - 1939*, Oxford, 1989.

MCDONOGH, G. W., *Good Families of Barcelona*, Princeton, 1986.

MCKIM-SMITH, G., *Spanish Polychrome Sculpture 1500-1800*, catálogo de la exposición en el Spanish Institute New York, Meadows Museum, Dallas, L. A. County Museum, 1994.

MEAKER, G. H., *The Revolutionary Left in Spain, 1914-23*, Stanford University Press, 1974.

MEIER-GRAEFE, J., *The Spanish Journey*, Ed. Jonathan Cape, Londres, 1906 y 1926.

MENDOZA, C. y E., *Barcelona Modernista*, Barcelona, 1989.

MENDOZA, E., *La ciudad de los prodigios*, Seix Barral, Barcelona, 1986.

ORTEGA Y GASSET, J., *Velázquez, Goya and The Dehumanization of Art*, Studio Vista, Londres, 1972.

PERMANYER, L., *Barcelona: A Modernista Landscape*, Ed. La Polígrafa, Barcelona, 1993.

PEVSNER, N. y RICHARDS, J. M., *The Anti Rationalists*, The Architectural Press, Londres, 1973.

PRAZ, M., *The Romantic Agony*, 2ª ed. O.U.P, 1970.

PURDOM, C. B., *The Garden City*, J. M. Dent & Sons Ltd., Londres, 1913.

RAMÍREZ, J. A., *The Beehive Metaphor: From Gaudí to Le Corbusier*, Reaktion Books, Londres, 2000.

ROSEN, C. y ZERNER, H., *Romanticism & Realism. The Mythology of Nineteenth Century Art*, Faber & Faber, Londres, 1984.

RICHARDSON, J., *A life of Picasso*, Vol. 1: 1881-1906, Jonathan Cape, Londres, 1991.

RUSKIN, J., *The Seven Lamps of Architecture*, Smith, Elder & Co., Londres, 1849.

RUSSELL, F. (ed.), *Art Nouveau Architecture*, Academy Editions, Londres, 1979.

SÁNCHEZ A. (ed.), *Barcelona 1888 - 1929: Modernidad, ambición y conflictos…*, Alianza Editorial, Madrid, 1994.

SCHAMAS, S., *Landscape & Memory*, Harper Collins, Londres, 1995.

SCHAPIRO, M., *Romanesque Art*, Chatto & Windus, Londres, 1977.

SEMBACH, KLAUS-JÜRGEN, *Art Nouveau Utopia: Reconciling the Irreconcilable*, Benedikt Taschen Verlag, Alemania, 1991.

SHAW, R., *Spain from Within*, T. Fisher Unwin, Londres, 1910.

SHIMOMURA, J., *Art Nouveau Architecture*, Academy Editions, Londres, 1992.

SOBRER, J. M., *Catalonia, a Self-Portrait*, Indiana University Press, Bloomington e Indianápolis, 1992.

SOLÀ MORALES RUBIÓ, I., *Eclecticismo y vanguardia*, Ed. Gustavo Gili, Barcelona, 1980.

—, *Joan Rubió i Bellver y la fortuna del gaudinismo*, Barcelona, 1975.

STOICHITA, V. I., *Visionary Experience in the Golden Age of Spanish Art*, Reaktion Books, Londres, 1995.

STOKES, A., ed. Lawrence Gowing, *The Critical Writings of Adrian Stokes*, Vol. 1, 2, 3., Thames & Hudson, Londres, 1978.

SUTHERLAND, H., *Spanish Journey*, Hollis & Carter, Londres, 1948.

TÓIBÍN, C., *Homage to Barcelona*, Londres, 1990.

TRUETA, J., *The Spirit of Catalonia*, Oxford University Press, Londres, 1946.

ULLMANN, J. C., *The Tragic Week*, Harvard University Press, Cambridge, 1968.

UNAMUNO, M. de, *Poemas de los Pueblos de España*, Ediciones Cátedra, Madrid, 1982.

USSHER, A., *Spanish Mercy*, Victor Gollancz, Londres, 1959.

VICENS VIVES, J., *Cataluña en el siglo XIX*, Ed. Rialp, Madrid, 1961.

—, *Approaches to the History of Spain*, University of California Press, 1967.

—, *An Economic History of Spain*, Princeton University Press, 1969.

WARNKE, M., *Political Landscape: The Art History of Nature*, Reaktion Books, Londres, 1994.

CRONOLOGÍA

1298-1900 Construcción de la catedral de Barcelona.

1329-1384 Se completa con inusual rapidez la construcción de Santa María del Mar.

1833-1876 España se ve sacudida por una serie de guerras civiles conocidas como guerras Carlistas.

1833 Publicación de *Oda a la patria* de Aribau, que se convierte en himno del creciente renacimiento catalán, la Renaixença.

1835-1837 El primer ministro Juan Álvarez Mendizábal introduce una serie de leyes para la expropiación de propiedades eclesiásticas.

1836-1840 Proyecto de los Porxos de Xifré de Josep Buixareu y Francesc Vila.

1849 Publicación de *Las siete lámparas de la arquitectura,* de John Ruskin.

1851 Publicación de *Las piedras de Venecia*, de John Ruskin.

1852 Nacimiento de Antoni Gaudí i Cornet (25 de junio).

1853 Reinstauración de los Jocs Florals, certamen poético medieval en catalán.

1854 Publicación del *Dictionnaire raisonné de l'architecture,* de Viollet-le-Duc.

1863 Gaudí inicia sus estudios en los Escolapios de Reus, en el convento de San Francisco. Publicación de *Entretiens sur l'architecture* (primera serie), de Viollet-le-Duc.

1868 Abdicación de la reina Isabel.

1869 Gaudí inicia sus estudios universitarios en Barcelona con un curso preparatorio en la Facultad de Ciencias.

1872 Publicación de *Entretiens sur l'architecture* (segunda serie), de Viollet-le-Duc.

1873 Gaudí ingresa en la Escuela de Arquitectura, de reciente apertura. (A partir de entonces trabaja durante unos años en las fuentes del parque de la Ciudadela, el mercado del Borne, Montserrat y en varios proyectos industriales.)

1873-1874 La Primera República dura tan sólo un año (finaliza en enero de 1874).

1874 Gaudí pierde el concurso para el diseño de un monumento en honor del musicólogo catalán Anselm Clavé.

1875 En febrero, Gaudí es aceptado en las reservas de Infantería.

1876 En septiembre fallece Francisco, hermano mayor de Gaudí.

En noviembre fallece Antonia, madre de Gaudí.

1877 Gaudí pierde un concurso abierto para la Escuela de Artes Aplicadas en el Ateneo Barcelonés. Jacint Verdaguer gana los Jocs Florals con su poema épico *L' Atlàntida*.

1878 Gaudí obtiene el título oficial de arquitecto (15 de marzo). (Sus primeros proyectos son: su escritorio de trabajo y tarjeta de visita, farolas para el ayuntamiento y un quiosco de flores/urinario para Enric Girossi —nunca construido—, un puesto para el fabricante de guantes Comella en la Exposición de París de 1878 y el mobiliario para el panteón/capilla de los Comillas en Comillas.) Domènech i Montaner publica su fundamental ensayo *En busca de una arquitectura nacional*.

1879 Gaudí proyecta el reacondicionamiento de la farmacia Gibert en el Paseo de Gracia. Se incorpora a la sociedad de los excursionistas. Finalizan las obras del pasaje del Credit, una calle entera construida sobre columnas de hierro fundido que parte de la calle Ferran en el barrio Gótico, lo que supone una demostración de la flexibilidad de dicho material. Fallece Rosa, hermana mayor de Gaudí.

1879-1882 Gaudí completa dos proyectos para un altar en el convento de Jesús María en San Andrés del Palomar y una capilla en el colegio de monjas Jesús María de Tarragona.

1880 I Congreso Catalanista.

1881 Gaudí proyecta la cooperativa La Obrera Mataronense.

1881-1886 Domènech i Montaner construye el edificio de la editorial Montaner i Simon, una de las obras características del estilo modernista.

1882 El obispo Urquinaona pone la primera piedra de la Sagrada Familia (19 de marzo). Proyecta un pabellón de caza para la finca de los Güell en Garraf (nunca construido).

1883 Gaudí inicia las obras en la Casa Vicens, en Gracia. Traza planos para una capilla en San Félix de Alella (nunca completada). Proyecta El Capricho en el pueblo de Comillas; las obras son supervisadas por Cristóbal Cascante Colom. El 3 de noviembre asume el proyecto de la Sagrada Familia del arquitecto Francisco de Paula del Villar.

1884 Gaudí aparece en documentos como arquitecto oficial de la Sagrada Familia (28 de marzo). Inicia las obras en la finca de Güell en Pedralbes, conocida como Les Corts de Sarrià.

1885 En enero, un amplio espectro de nacionalistas catalanes presenta a Alfonso XII el *Memorial de Greuges*, una lista de aspiraciones y quejas catalanas. Gaudí diseña un altar privado para la familia de Bocabella, fundador de la asociación de la Sagrada Familia y promotor de las obras en la misma. Epidemia de fiebre amarilla en Barcelona. En noviembre fallece Alfonso XII y la monarquía da paso a la regencia de María Cristina.

1886 Gaudí inicia las obras en el Palacio Güell.

1888 Inauguración de la Exposición Universal de Barcelona (20 de mayo). Gaudí exhibe en la Expo su pabellón para la Compañía Transatlántica del marqués de Comillas. El Arco de Triunfo, gigantesca construcción de ladrillo erigida por Josep Vilaseca, se convierte en el centro de la exhibición. Domènech i Montaner construye el Grand Hotel y el Castell dels Tres Dragons para la Expo. Gaudí inicia las obras en el convento de las Teresianas.

1888-1891 Realización de los proyectos de Gaudí para la Casa de los Botines en León y el palacio episcopal en Astorga.

1891 Probable visita de Gaudí a Tánger con el marqués de Comillas para desarrollar el proyecto de una misión franciscana (nunca completado).

1892 Políticos catalanes liderados por Domènech i Montaner aprueban las Bases de Manresa, en que exigen una separación creciente de los poderes legislativo y judicial en las regiones. Primera Festa Modernista en Sitges organizada por Santiago Rusiñol y los demás «decadentes» de Els Quatre Gats.

1893 Gaudí abandona las obras en Astorga tras la muerte del obispo Grau. Intento de asesinato del capitán general de Cataluña Martínez Campos (24 de septiembre). Maragall es testigo de la explosión de una bomba en el Liceo que causa la muerte de veinte personas. Formación de la sociedad católica de arte Cercle Artístic de Sant Lluc.

1894 Expulsión de Jacint Verdaguer de la casa de los Comillas. El ayuno cuaresmal de Gaudí le lleva al borde de la muerte. Anatole de Baudot construye en París la iglesia de Saint Jean de Montmartre, primera de hormigón encofrado.

1895 Gaudí y Berenguer inician las obras en las bodegas de Güell en Garraf, al sur de Barcelona. Una insurrección estalla en la colonia española de Cuba. Joan Maragall publica su primer libro, *Poesies*.

1896 Abre sus puertas Casa Martí-Els Quatre Gats (centro de los modernistas bohemios), diseñada por Puig i Cadafalch. El atentado contra la procesión de Corpus Christi, en que mueren once personas, intensifica la anarquía. La dura represión y las torturas subsiguientes, centradas en la prisión de Montjuïc, exacerban un llamamiento internacional a la revisión de la causa.

1897 El primer ministro Cánovas del Castillo es asesinado (8 de agosto).

1898 Gaudí inicia las obras de su premiada Casa Calvet. Asimismo, empieza la maqueta catenaria para la cripta de la Colonia Güell. Ingresa en el católico Cercle de Sant Lluc. La guerra hispano-americana acaba con la humillante derrota de España y la pérdida de muchas de sus colonias, desde Cuba a las Filipinas. Victor Horta construye la Maison de Peuple en Bruselas.

1900 Gaudí inicia el proyecto de desarrollo del Parque Güell y empieza las obras en Bellesguard. Restauración de la casa del doctor Santaló, amigo de Gaudí, en el número 32 de la calle Conde del Asalto. Realización del estandarte del Orfeó Feliu de Sant Feliu de Codines. Gaudí proyecta un salón árabe para el Café Torino en el Paseo de Gracia. Como contrapunto, inicia las obras del santuario del Primer Misterio en Montserrat.

1901 Gaudí se encarga de la reforma de la casa de Isabel Güell y trabaja en las puertas de entrada de la finca Miralles. La formación de la Lliga Regionalista, primer partido auténticamente catalanista, gana cuatro de los siete escaños en las elecciones locales. La semana de la huelga general de mayo pone de manifiesto el creciente descontento ante las duras condiciones laborales.

1902 Alfonso XIII asciende al poder. Fallece Jacint Verdaguer (10 de junio). Publicación de *Garden cities of tomorrow*, de Ebenezer Howard.

1902-1912 Proyecto de Domènech i Montaner para el Hospital de San Pablo.

1903 Gaudí inicia la restauración de la catedral de Mallorca, que le llevará diez años. En julio, el católico Cercle de Sant Lluc se hace con el edificio de Els Quatre Gats, lo cual supone un triunfo sobre sus rivales bohemios (Rusiñol, Casas, Utrillo, Picasso, etc.).

1904 Gaudí diseña parte del complejo de cines de la Sala Mercé en las Ramblas de Barcelona. Inicia el proyecto de la Casa Batlló, la «Casa de los Huesos». (Trabaja también en proyectos para una estación ferroviaria, una casa para Lluís Graner, un taller para los hermanos Badia y un refugio obrero en La Pobla de Lillet.)

1904-1914 Obras de Rubió i Bellver en El Frare Blanc.

1905 Gaudí, su padre y su sobrina Rosa Egea se trasladan al Parque Güell. En noviembre, incidente del *Cu-Cut!*, en que la caricatura que la revista hace de la incompetencia del ejército conduce al ataque de las oficinas de *Cu-Cut!* y *La Veu de Catalunya* por parte de los militares.

1905-1908 Finaliza la construcción del Palacio de la Música Catalana, de Domènech i Montaner. Hans Hoffman edifica su templo a las artes en Bruselas, el Palais Stoclet.

1906 Gaudí sugiere la reforma del santuario de la Misericordia en Reus (su primera obra allí), pero no logra el apoyo necesario. Sus planes para un viaducto sobre el torrente de Pomeret también son rechazados. Diseña un estandarte para el gremio de cerrajeros. Se aprueba un «proyecto de ley de jurisdicciones» que introduce de manera efectiva un estado de ley marcial bajo ciertas condiciones. En respuesta, la formación de Solidaritat Catalana, una alianza de partidos catalanes, presagia una creciente fricción entre Barcelona y Madrid.

1906 Publicación de *La Nacionalitat Catalana*, de Prat de la Riba (mayo). Gaudí rechaza una oferta de dedicarse a la política. En octubre fallece Francisco, padre de Gaudí.

1906-1909 Gaudí inicia las obras de la Casa Milà, «la Pedrera».

1907 Proyecto incompleto de Gaudí para un monumento a Jaume I.

1908 Corre el rumor de que Gaudí ha conseguido el encargo de un gigantesco hotel-salón de exposiciones en Nueva York. Se inician las obras de apertura de la Via Laietana a través del barrio de la Ribera, a cargo del arquitecto Enric Sagnier.

1909 A mediados de julio y como reacción ante la creciente insurrección en Marruecos, el gobierno español toma medidas para proteger sus intereses mine-

ros, pertenecientes al conde Romanones, Güell y Comillas. Soldados recluta-
dos predominantemente en Barcelona se embarcan hacia allí. Las manifestaciones en Barcelona, que se inician con una huelga general el 26 de julio, conducen a la revuelta anticlerical conocida como la Semana Trágica. Más de un
centenar de personas resultan muertas cuando docenas de conventos, iglesias
y escuelas religiosas son arrasados. La represión subsiguiente es muy dura.

1910 Primera exposición de Gaudí en el extranjero, en el Grand Palais de París.
Eusebi Güell recibe el título nobiliario de conde Güell. Primera publicación
en Europa de la obra de Frank Lloyd Wright por parte de los editores alemanes Wasmuth.

1911 Gaudí contrae brucelosis y se retira a Puigcerdà, en los Pirineos, acompañado del doctor Santaló.

1912 Fallece Rosita Egea i Gaudí, sobrina del arquitecto (11 de enero). Gaudí
diseña el púlpito de la iglesia de Santa María, en Blanes. La publicación de
la obra de Eugeni d'Ors *La ben plantada* anuncia el surgimiento del movimiento noucentista.

1914 Fallece Francesc Berenguer (8 de febrero). Estallido de la Primera Guerra
Mundial; España permanece neutral. Sant'Elia propone una ciudad futurista.

1915 Jujol empieza la edificación de su obra maestra, la Casa Negre en Sant Joan
Despí. Fallece el obispo Campins de Mallorca.

1916 Fallece el obispo Torras i Bages (7 de febrero).

1917 Barcelona se abre cada vez más a la vanguardia internacional: Picabia publica su revista *391* y Picasso visita de nuevo la ciudad con la producción de los
Ballets Rusos *Parade*. Fundación de *De Stijl* en los Países Bajos. El 2 de agosto fallece Prat de la Riba; le sucede Puig i Cadafalch como presidente de la
Mancomunitat (un parlamento catalán limitado).

1918 Fallece Eusebi Güell (8 de julio). La única obra que le queda ahora a Gaudí
es la Sagrada Familia.

1919-1921 La anarquía en Barcelona conduce a una serie de huelgas y asesinatos.
El 8 de marzo de 1921 el primer ministro Eduardo Dato es asesinado.

1920 Publicación de *L'Esprit Nouveau* de Ozenfant y Le Corbusier. Éste visita Barcelona y declara que las escuelas de la Sagrada Familia de Gaudí son una obra
maestra.

1923 En septiembre, golpe de Estado de Miguel Primo de Rivera, capitán general
de Cataluña, al que sigue la introducción de una legislación anticatalanista y
la censura de prensa.

1925 En enero y bajo la supervisión de Gaudí se terminan en la Sagrada Familia la
primera de las torres de los apóstoles, la de San Barnabás y la fachada del Nacimiento. Abolición de la Mancomunitat.

1926 Walter Gropius acaba la nueva Bauhaus en Dessau. El 7 de junio
Gaudí es atropellado por un tranvía. Tres días después, el 10 de junio, fallece.

1936 Profanación de la cripta de la Sagrada Familia y destrucción de los archivos
y maquetas de Gaudí (20 de julio).

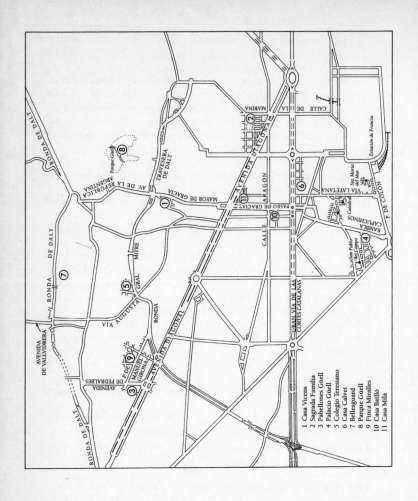

1 Casa Vicens
2 Sagrada Familia
3 Pabellones Güell
4 Palacio Güell
5 Colegio Teresiano
6 Casa Calvet
7 Bellesguard
8 Parque Güell
9 Finca Miralles
10 Casa Batlló
11 Casa Milà

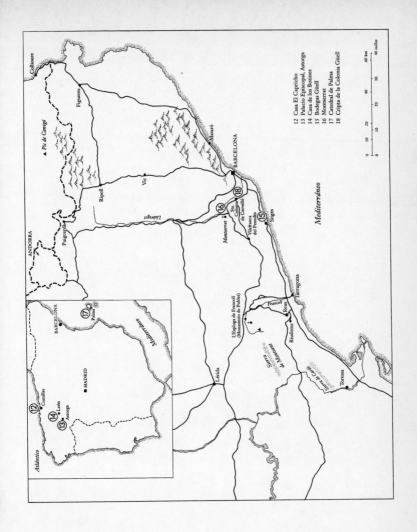

Collioure

Figueres

▲ Pic de Canigó

Ripoll

Vic

ANDORRA

Puigcerdà

Llobregat

Mataró

BARCELONA

18

16

Sta. Coloma
de Cervelló

Vilafranca
del Penedès

15

Sitges

Montserrat

Mediterráneo

Tarragona

Francolí

Reus

Riudoms

L'Espluga de Francolí
(Monasterio de Poblet)

Lérida

Sierra de Montsant

Sierra y Caza

Tortosa

Atlántico

Comillas

12

14

13

León

Astorga

MADRID

BARCELONA

17

Palma

Mediterráneo

12 Casa El Capricho
13 Palacio Episcopal, Astorga
14 Casa de los Botines
15 Bodegas Güell
16 Montserrat
17 Catedral de Palma
18 Cripta de la Colonia Güell

0   10   20   30   40   60 km
0   10   20   30   40 millas

PROCEDENCIA
DE LAS ILUSTRACIONES

Ilustraciones integradas en el texto
Edmund W. Smith, *The Moghul Architecture of Fathpur-Sîkrî*: 71.
Museu Comarcal Salvador Vilaseca, Reus: 85.
Owen Jones y Jules Goury, *The Alhambra*: 116.
Cátedra Gaudí: 206, 207.

Pliegos de ilustraciones
Se indica el orden correlativo de las imágenes (de arriba abajo y de izquierda a derecha).
Arxiu Històric de la Ciutat de Barcelona: 22, 36, 48, 49, 51, 52, 57, 58, 84, 85, 86.
Birmingham Museums & Art Gallery, foto del Courtauld Institute of Art: 21.
Cátedra Gaudí: 1, 23, 25, 27, 45, 50, 54, 56, 59, 60, 62, 63, 71, 87, 89.
© Foto Raymond: 24.
Francesc Català-Roca: 6, 8, 9, 16, 29, 31, 34, 46, 64, 69.
Gijs van Hensbergen: 3, 4, 5, 7, 10, 11, 12, 13, 14, 15, 17 (cortesía de la Fundació Caixa Catalunya), 18 (colección del autor), 28, 30, 32, 33, 35, 38, 39, 47, 65, 66, 67 (colección del autor), 75, 76, 77 (cortesía de la Fundació Caixa Catalunya), 78, 79, 80, 81 (colección del autor), 82 (colección del autor), 88.
Index: 44.
Institut Amatller d'Art Hispànic: 2, 42, 43, 53, 55, 61, 68, 83.
Klaus Lahnstein/Tony Stone Images: 19.
Luis Gueilburt/Centro de Estudios Gaudinistas, Barcelona: 37.
Museu Comarcal Salvador Vilaseca, Reus: 26.
Museu Picasso, Barcelona, © Succession Picasso/DACS 2001. Photo © Arxiu Fotogràfic de Museus, Ajuntament de Barcelona: 41.
Ricard Opisso i Sala, © DACS 2001: 40.
Robert Descharnes/© Descharnes & Descharnes: 20.